自民党長期政権の政治経済学

The Political Economy of the LDP Regime

利益誘導政治の自己矛盾

斉藤 淳
SAITO Jun

勁草書房

序

「元来，政党というものは，それが新時代と一致しているときに，支配的になるのである．つまり，党の原理，思想，方式およびその型などが，いわば新時代のそういったものと一致しているときである．…支配というものは，強いか弱いかの度合の問題というよりもむしろ，影響の問題である．そして，これは信念と結びつく問題なのである．つまりいってみれば，支配的な政党というものは，世論が支配的であると信じているところのものである．…支配的な政党の敵対者でさえも，自分たちの投票を支配的な政党に与えるのを拒否する市民たちでさえも，支配的な政党の優越的な位置やその影響力を認める．つまり支配的な政党を承認はしているが，それを嘆き悲しんでいるのが現状である．」

モーリス・デュベルジェ（1951）[1]

戦後日本はその大部分を，自由民主党が支配政党としての地位を占める「新時代」として過ごした．1955年11月の結党以来，2009年8月の総選挙で衆議院の過半数を譲り渡すまで，ごく短期間の非自民連立政権（細川・羽田内閣）を除き，自民党は一貫して政権の座にあり続けた．本書は，自民党が支配政党としての地位をいかに維持し，なおかつ日本の公共政策にどのような結果をもたらしたのかを分析する．そして，自民党の政権維持戦略の論理，つまり利益誘導政策そのものに，長期的にはその支配政党としての地位を危うくする矛盾があったことを明らかにする．

なお筆者は2002年8月から2004年2月まで山形4区において民主党公認の衆議院選挙候補者，2002年10月から翌年10月まで現職の衆議院議員として活動する機会を得た．インタビューに基づく情報で，この時期のものは政治家の立場で見聞したものである．コラムはこの時期の経験を中心にまとめた．

※を付した節は，ゲーム理論モデルの説明を中心としている．読み飛ばして

---

[1] 岡野加穂留訳（1970）333.

序

も本書の大要を理解する上で問題はない．

自民党長期政権の政治経済学
利益誘導政治の自己矛盾

目次

目次

序

第1章 自民党長期政権の謎：
　　　政治不信にもかかわらず政権が続いたのはなぜか ……1

　Ⅰ．はじめに：民主主義と自民党（1）
　Ⅱ．長期政権に関する従来の説明（3）
　Ⅲ．逆説明責任体制としての自民党（7）
　Ⅳ．分析を進める上での仮定（10）
　Ⅴ．本書の概略：利益誘導政治の自己矛盾（16）

第2章 自民党型集票組織と投票行動 ……21

　Ⅰ．はじめに：民主主義と競争（21）
　Ⅱ．利益誘導：便益と票の交換ゲーム（23）
　Ⅲ．自民党型集票マシーンと利益誘導ゲーム（33）
　Ⅳ．自民党以外の政党を支援した政治運動集団（47）
　Ⅴ．結　語（50）

第3章 人口動態と選挙戦略：長期的趨勢への政治的対応……53

　Ⅰ．戦後経済と人口動態（53）
　Ⅱ．選挙結果（63）
　Ⅲ．人口統計による説明の限界（66）
　Ⅳ．結　語（76）

第4章 支持率の変動と選挙循環 ……79

　Ⅰ．はじめに：政治危機と公共政策（79）

Ⅱ．政治危機と補償（81）

　　Ⅲ．政治危機と解散時期の選択（84）

　　Ⅳ．政治的予算循環（92）

　　Ⅴ．結　語（100）

第5章　集票のための補助金 ………………………………………103

　　Ⅰ．はじめに：分割支配のための補助金（103）

　　Ⅱ．分配政治と地方自治制度（105）

　　Ⅲ．選挙区間配分の計量分析（114）

　　Ⅳ．選挙区内配分（121）

　　Ⅴ．結　語（124）

第6章　利益誘導と自民党弱体化：我田引鉄の神話 …………125

　　Ⅰ．はじめに：インフラと票田の荒廃（125）

　　Ⅱ．インフラ整備と自民党得票：事例研究（127）

　　Ⅲ．インフラ投資が票田を荒らす理由：理論的説明（137）

　　Ⅳ．インフラ完成までの生存時間解析（142）

　　Ⅴ．インフラ投資の得票への影響（145）

　　Ⅵ．結　語（148）

第7章　利益誘導と政界再編 ………………………………………151

　　Ⅰ．はじめに：政界渡り鳥現象とインフラ（151）

　　Ⅱ．1990年代の離党・復党行動（152）

　　Ⅲ．インフラ整備による説明（156）

　　Ⅳ．高速交通インフラと選挙：比較事例研究（161）

Ⅴ．地図分析：議員の地盤と離党行動（170）

　　Ⅵ．計量分析（172）

　　Ⅶ．結　語（180）

第8章　選挙制度改革と政策変化：政権交代への道のり …………181

　　Ⅰ．はじめに：細川政権が打ちこんだ楔（181）

　　Ⅱ．選挙制度改革と政権維持戦略（182）

　　Ⅲ．政権維持のための適応（190）

　　Ⅳ．政権交代へ向けての変化（198）

　　Ⅴ．結　語（204）

第9章　同時代史としての自民党長期政権：
　　　　逆説明責任体制の帰結 ……………………………………207

　　Ⅰ．政治学と自民党（207）

　　Ⅱ．政権維持動機と政府支出（208）

　　Ⅲ．自民党と地域経済（213）

　　Ⅳ．結　語（218）

参考資料/索引

あとがき/謝辞

目次

コラム①　辻立ちの思い出（5）
コラム②　候補者から見た選挙カー（17）
コラム③　投票用紙の不思議（33）
コラム④　投票所の不思議（41）
コラム⑤　農業予算の変遷（59）
コラム⑥　自民党と減反（69）
コラム⑦　所得補償政策と農協（77）
コラム⑧　実績を宣伝しない自民党（85）
コラム⑨　現代の参勤交代：東京での陳情合戦（109）
コラム⑩　陳情団の一日（115）
コラム⑪　陳情団の地元：期成同盟会（133）
コラム⑫　高速道路無料化論の思い出（139）
コラム⑬　高速道路無料化論への反発（149）
コラム⑭　新幹線のエスノグラフィー（167）
コラム⑮　整備新幹線構想の幻（173）
コラム⑯　待てど暮らせど開通しない高速道路（189）
コラム⑰　県庁幹部の嘆き（191）
コラム⑱　汚職の計測手法（211）
コラム⑲　公共事業とその成果：日本の場合（217）

第1章 自民党長期政権の謎：
政治不信にもかかわらず政権が続いたのはなぜか

> 「通産事務次官を務めた佐橋氏は，『国会は単に『官僚機構の出張所』に過ぎず，日本は法治国家などではなく，行政による統治が行われているのだ』と認めた．」
>
> Chalmers Johnson（1975）11.

> 「しかし，少なくともこう断言できる．法案の成否は自民党が握っている，という平凡な原理は，佐橋氏ほどの強烈な自信，使命感をもってしてもゆるがすことは出来なかった，と．」
>
> 朝日新聞（1970）136.

> 「いまや大蔵省は自民党の下請け作業機関になりはてた．」
>
> 毎日新聞社社会部（1956）205.

I. はじめに：民主主義と自民党

　民主主義の要件の一つは，市民が自らその政治代表を選ぶことが出来ることである（Ware 1987）．日本では自民党が，1955年末の結党以来，2009年に至るまで半世紀以上にわたって，政権の座に留まってきた．1993年のただ一度の例外を除き，自民党は衆議院選挙で勝ち続け，政権を維持してきたのである．世界的にも稀に見る長期政権は，一体いかなる条件によって可能になったのであろうか．そしてこの長期政権の終焉はなぜ2009年に訪れたのか．
　民主的な政治体制とは，少なくとも「手続きとしての定義」に基づくならば，定期的に競争的な選挙が行われ，国民が幅広くこれに参加し，自らの政治指導者を選ぶことが出来る体制のことである（Tilly 2007: 7-8）．同様に，政治指導者が恣意的に権力を濫用することに対する制度的抑制が十分に機能していなければならない．そもそも実質的に選挙が存在しないか機能しない権威主義体制

の国とは異なり，自民党は，民主的かつそれなりに競争的な選挙を勝ち進めながら，長期間にわたって与党としての地位を独占し続けてきたのである．

この自民党長期政権は，世界各国の政治指導者にとって驚異の的であったとも言える．一例として，かつてカリフォルニア州知事を務めたピート・ウィルソンは，次のように発言している．「私が政治学の大学院生で，研究課題を探しているとしたら，きっとメキシコの制度的革命党と日本の自民党を比較するだろう．」[2] 確かにメキシコでは，1929 年以来 2000 年まで，制度的革命党（PRI）が継続して政権を握っていた．国民行動党（PAN）からビセンテ・フォックス大統領が当選するまで，71 年間にわたって制度的革命党という単一の政党から大統領が選出され続けてきた．制度的革命党の支持基盤は，労働組合，経済界，宗教界，軍部，農民に至るまで広範にわたっていた．自民党とメキシコ PRI を比較した場合に，自民党が労働組合を直接的に掌握しなかった点を除けば，包括政党として多くの共通点を持つと言える．

しかしながら，自民党が制度的革命党と同様の政治戦略を取ってきたと短絡的に結論づけることは出来ない．世界の政治体制を継続的に格付けしているポリティ指標によれば，日本は戦後初期，少なくともサンフランシスコ平和条約を締結した 1952 年以降，一貫して民主的政治体制として分類されているが，メキシコは 1990 年代になって初めて，民主主義国として分類されるようになった[3]．自民党と制度的革命党の双方ともに，恩顧主義的な利益誘導政治によって知られるが，日本の選挙競争はメキシコとは異なり，広範かつ深刻な不正によって選挙結果が覆されたり，政治的暴力による脅迫が日常的な問題になったりすることも少なかった[4]．メキシコでは報道機関が制度的革命党の実質的な支配下にあり，大部数を誇る新聞社の多くが公的な助成を受け，政治報道の多くは政権党の政治宣伝そのものであったといわれる（Morales and Young 1999：294）．日本の政治報道も，政府の意向と全く無関係に公正になされている保証

---

[2] *The New York Times*, November 4, 2002.
[3] ポリティ指標は次のウェブサイトからダウンロードできる．http://www.cidcm.umd.edu/inscr/polity/
[4] とはいっても，日本の選挙戦が公正かつ清潔に運営されてきたわけでもない．明白な不正行為が全国的に大々的に行われることは無かったかもしれないが，各種の嫌がらせや小規模な違反行為は頻発し，選挙後の違反行為の取り調べはどちらかといえば落選候補に対して厳しいものとなることが通例であった（石川 1999）．

はなく，むしろ記者クラブ制度という実質的なカルテルにより与党に有利な情報操作がなされている可能性が指摘されるものの（Freeman 2000），マスコミが与党に対するチェック機能を果たしたことも多々あった[5]．

一党優位制とは言っても，日本の自民党政権は例えばシンガポール型の非自由民主主義体制もしくは「手続きとしての民主主義」モデルとも異なる（Zakaria 1997）．シンガポールでは，野党関係者は訴訟によって公民権を剥奪されるなど，選挙以外の方策で政策過程への関与を妨げられてきた．また選挙区境界が恣意的に引かれるゲリマンダリングにより，シンガポール人民行動党はほぼ自動的に選挙での勝利を収めることが出来た[6]．反面，自民党は明白な不正行為や，野党指導者を政治過程から全面的に排除するなどの措置を講ずることなく，より緻密な手段を用いて支配政党としての地位を築き，これを維持してきたのである．

II. 長期政権に関する従来の説明

それでは，自民党が基本的には民主的な手続きに則りながら長期政権を維持し得たのは，いかなる要因に基づくものであろうか．既存の議論を政治文化，世論，恩顧主義の三つの側面から振り返る．

1. 日本の政治文化

自民党長期支配を理解する上で，これまで多くの論者が，日本人特有の，和を以て尊しとなす従順な政治文化の存在を強調してきた（例 Van Wolfren 1989）．こうした見方を取るなら，日本の有権者が権威に対して隷属的であるが故に，大規模な政治変動は起こりにくかったのである．80年代終盤から90年代初頭にかけて修正主義者と呼ばれたウォルフレンやファローズの言葉を借りるなら，日本にはそもそも民主主義とその基底をなす個人主義的価値観の存在しない，西欧とは異質な国なのである（Van Wolfren 1989; Fallows 1989）．

---

[5] 例えば立花隆による一連のルポルタージュは『文藝春秋』に掲載され大きな反響を呼び，結果的に田中角栄首相の退陣への流れを作ることになった．また『朝日新聞』社会部によるリクルート疑惑に関する調査報道は，竹下登内閣の退陣につながった．

[6] ポリティ指標によればシンガポールは1965年以降，すなわち人民行動党が政権を掌握して以来，非民主主義体制として分類されている．

第1章　自民党長期政権の謎：政治不信にもかかわらず政権が続いたのはなぜか

しかし，日本史を少しでもひもとくなら，世界各国においてそうであったのと同様に，政治権力に対する暴力を伴う反抗は，決して稀な出来事ではなかった（Apter and Sawa 1984; White 1995）．帝国憲法下，戦前の強権的な政府でさえ，1918年米騒動の再発を恐れていた．戦後に少なくとも表向きには民主的な政治体制で，選挙によって選ばれ続けてきた自民党は，なおさらこうした社会的混乱を回避することに多大な関心を持ってきたはずである．実際に，三井三池炭坑争議，日米安全保障条約改定に伴う社会的混乱など，自民党政権は幾多の政治危機を乗り越え，政権を維持してきた．

有権者もまた，時として自民党現職を落選に追いやる牽制的投票行動を取ってきた（蒲島 1988）．1960年代，日本全国の数多くの都道府県，地方都市で革新系の知事，首長が誕生した．国政にあっても，参議院選挙で自民党が改選議席の過半数を割ったのは決して珍しいことではなかった．にもかかわらず，2009年に至るまで，衆議院総選挙で自民党が決定的な敗北を喫したと言えるのは1993年だけであり，しかも93年は現職議員の離党が契機であった．

2. 世論の支持

これまでの研究によれば，自民党が現実的かつ穏健な政策を採ったことによって，経済成長と所得再配分を両立させ，政治的安定を確実なものにしてきたのだという（Kabashima 1984）．自民党は，新たな政策課題に柔軟に対応し，経済成長を実現し，再分配への要求に応え続けることで選挙に勝ち続けてきたのだとする（猪口 1983; 佐藤・松崎 1986; Curtis 1988; 蒲島 2004）．こうした見方を採るなら，自民党が政権の座にあったのは，ただ単に，数ある政党の中で，自民党が最良の選択肢であったということになるだろう．

しかしながら，政治への満足度，政治制度への信頼等に関する国際比較統計を検討する限り，日本人の自国の政治に対する評価は芳しいものではない．民主主義の機能に関する代表的な国際比較世論調査である「選挙制度国際比較（CSES）」プロジェクトの研究成果によれば，自国の民主主義の機能について，日本人の51.6%が満足と回答しているが，これは北欧諸国やイギリス，アメリカなどの7割以上の数値と比べて低い．イタリアの33.6%は上回るが，ドイツの50.9%と並び，先進民主主義国の中では低位である（表1.1）．この他にも中日新聞がギャラップ社と共同で1999年11月に行った日米仏比較世論調査統計で，自国の政治制度と政治家を信頼すると回答した日本人は僅か23%

Ⅱ．長期政権に関する従来の説明

> **コラム①　辻立ちの思い出**
>
> 　筆者が政治家として活動していた 2002 年 8 月から 2004 年 2 月までの間，国会活動で不在の場合を除き，地元活動の一日は朝 7 時，交差点や駅頭での挨拶から始まった．朝 8 時から，街頭での演説を始める．2 分，5 分，10 分の三通りの演説草稿を頭に入れ，一日に 40 カ所から 60 カ所ほど移動しながら政策を訴える．一日 50 カ所の辻立ちを 2 ヶ月継続すると 3000 カ所で演説したことになり，選挙区内の集落と町内会の大部分を網羅できる．夜になると自分の演説の声が頭の中で反響し続けたものだ．
>
> 　候補者が演説している間，ボランティアの皆さんが政策文書を近所の家庭に配布する．予算を抑えるために，輪転機で印刷した簡素なチラシが主体だ．選挙カーは小刻みに移動を繰り返し，候補者本人は，戸外に出てきて下さった方々と握手する．演説の末尾には打ち合わせ通り，移動の合図を入れる．例えば農業戸別所得補償の話を始めたら，一斉に車に戻り，次の集落での活動に備える．これを一日中繰り返す．選挙区内をくまなく廻ることで，道路状況を点検し，農作物の作柄を把握し，対応が必要な場合には，霞ヶ関や県庁にも働きかける．夜はいくつもの集会に参加する．政党が政策を訴えるのも大切だが，やはり政治家が地域の人間関係や政策課題を学んでいって初めて民主主義が機能するのだと実体験で学ばせていただいたと思う．

表 1.1　民主主義の機能に対する満足感

国　名	調査年	満足(%)	不満(%)	その他(%)	標本数
カナダ	2004	70.4	29.0	0.7	1,674
フランス	2002	55.4	43.4	1.2	1,000
ドイツ	2002	50.9	48.7	0.4	2,000
イタリア	2006	33.6	52.7	13.7	1,439
日　本	2004	51.6	20.9	27.5	1,977
イギリス	2005	70.2	27.9	1.8	860
アメリカ	2004	77.5	21.4	1.1	1,066

注：選挙制度比較研究プロジェクト（www.cses.org）第二モジュール設問 B 3012 に対する回答を集計．日本での設問は「全体的にみて，あなたは日本における民主主義のあり方に満足していますか．この中ではどれにあたりますか．」

原典：The Comparative Study of Electoral Systems (www.cses.org). CSES Module 2, Full Release, June 27, 2007.

であった（表 1.2）．同調査でアメリカ人およびフランス人の回答はそれぞれ 53 %，32 % だった[7]．同調査によれば，日本人は自らの生活水準についても決して満足していないことが示されている．回答者の 33% が現在の生活に不満を

表1.2 政治制度に対する信頼,生活への満足感

国　名		日　本	アメリカ	フランス
回答者数		500	502	510
政治制度と政治家を信頼していますか?	はい	23%	53%	32%
	いいえ	77%	47%	67%
現在の生活水準に満足していますか?	はい	67%	89%	89%
	いいえ	33%	11%	12%

出典:『中日新聞』2000年1月16日,1999年11月実施世論調査.

感じているが,同じ数字はアメリカで11%,フランスで12%に過ぎなかった.

すなわち,日本の民主主義政治,そして自民党長期政権を理解する上で逆説的なのは,国民は決して政治の現状に満足していないわけではない.にもかかわらず自民党が政権を維持してきたのである.

3. 日本型恩顧主義

このように,国民が政治に強い不満を抱きながらも,結局は自民党が政権を維持する構図について,カルダー,石川・広瀬はそれぞれ,公共政策の操作により与党として生き残る自民党の姿を分析した(Calder 1988; 石川・広瀬 1989).公共政策と集票活動の研究は,近年では新たな恩顧主義,クライエンテリズムの分析として再び注目を集めている(Fukui and Fukai 1996; 小林 2000; Scheiner 2005a, b; 河田編 2008).

分析視角としての恩顧主義は,利益分配を通じて結びつきあった庇護者(patron)と随従者(client)の稠密な関係によって公共政策が左右され,しばしば公共利益が侵害される様子を概念化したものである.民主主義体制で公職者は自らの権力維持のために,後援会や利害集団による集票活動や政治献金に依存せざるを得ない.この見返りとして,個別主義的,裁量的に政策便益が配分される.

日本政治研究の伝統において,恩顧主義は中心的な研究テーマの一つであったが(例: Ike 1972),近年では小林(2000)が日本型恩顧主義を,丸山(1957)に代表される戦後政治学の延長線上で再検討している.深井・福井は稲作地域特

---

7 世界経済フォーラムが定期的に実施している国際比較世論調査においても,同様の傾向が見受けられる.経済人を中心に2009年に実施されたアンケートで,調査対象となった世界133カ国中,日本の政治家に対する信頼感は54位であり,先進国では低位であった.

有の，草の根ならぬ票田ネットワークの特質に着目する（Fukui and Fukai 1996）．このような日本の歴史的，環境的要因に着目する研究に対してシャイナーは，日本の政治体制を「競争のない民主主義」として規定し，地方政府における自民党の優越こそが，自民党長期政権を可能にしてきたと論じた（Scheiner 2005a, b）．この議論では，中央集権的な財政制度と並んで議院内閣制，そして候補者個人を重視する選挙制度と恩顧主義的取引自体に対する制度的な保護措置がそれぞれ累積的に働くことで，自民党が長期政権を維持することが可能になったのである．

　本書は，恩顧主義に基づく既存の議論と同様に，私的な利益と投票の交換に焦点を当てるが，一方で庇護者と随従者の双務的関係というよりはむしろ，随従者の側が直面した集合行為問題と，庇護者による監視と強制のメカニズムに着目する．そうすることで，民主主義的政治制度に内在する本人＝代理人問題の新たな側面を明らかにする．すなわち競争的民主主義では，主権者たる国民（本人）により選ばれた代理人として，政治家は国民の利益に尽くすべきはずのところが，逆に国民の直面する集合行為問題を利用しながら自らの政権維持に腐心する主客転倒劇こそが，本書の主題である．

III. 逆説明責任体制としての自民党

1. 恩顧主義と説明責任

　政権選択肢としての政党間競争は，民主的説明責任を考える上での最重要概念の一つである．競争的な民主主義体制では，複数の政党が政策選択肢を提示し，有権者がこれを選択する．そして，有権者が選択肢を持つからこそ，政党は政策論争を行い，競争するのである．この過程がはたらくからこそ，民主的説明責任が，政治エリートから有権者全般に対して担保される（Schumpeter 1942）．選挙で多数党としての地位を確保するために，政党の側が有権者の選好とその分布を把握し，自らの政策を調整することで競争する．こうして競争的な民主主義体制における政治市場は，競争的な経済市場同様に効率的な結果をもたらすのである（Wittman 1989）．

　このような競争的民主主義的体制に対して，恩顧主義の議論は，政治的取引関係を庇護者（patron）と随従者（client）との信頼関係に基づいた互恵的取引

関係に着目する．恩顧主義的政治体制は，身内による身内のための政治に陥る点で，競争的民主主義体制とは異なる．庇護者が一定程度の便益を狭い範囲で提供する一方，随従者は庇護者の権力維持に協力することで，便益にありつく．この議論では，身内同士で，つまり日本の文脈では自民党とその支持者の間にある種の双方向の説明責任が存在することを暗黙のうちに仮定している．シャイナーの言う「競争のない民主主義」は，選挙区内の票田において後援会という名の下に組織された自民党地方組織を中心に行われる恩顧主義的取引のために，野党陣営が深刻な集合行為問題に直面し，政権交代が長期にわたって不可能になった状況を描いたものに他ならない．

しかし，国政レベルで政権交代による競合的な選択肢のない状況は，実際には随従者間の競争という「逆説明責任」的状況を招いた．つまり長期的に政権を担う自民党の存在を前提に，利益分配にありつくための競争が，有権者の間で展開されることになったのである．すなわち，地域住民や地方自治体あるいは利害団体が陳情合戦を行い，自民党のために選挙運動を行うという，非常に苛烈な競争である．これまで中選挙区制時代の日本の選挙競争に焦点を当てた研究は，再選をつかみ取るために自民党公認候補者同士が競争する側面を強調してきたが（例：Cox and Thies 1998; McCubbins and Rosenbluth 1995），一方で利益を獲得するために有権者が相互に競争しなければならなかった側面は看過されてきた．こうした状況では，有権者が政府与党に対して，自らの支持の強さについて説明責任を果たさなければならないという意味で逆説明責任だったのである．

2. 戦後政治と日本国憲法

こうした逆説明責任体制としての自民党政権が存続した背景には，有権者が直面した深刻な集合行為ジレンマが存在する．そしてそのジレンマの基本構造を規定すると同時に，さらに，後に自民党政権が長期化していく中で，集票目的で様々な制度や政策を自民党が操作していく際に，その限界を規定したのが日本国憲法であった．

国会は憲法改正を発議できるが，その前提として両院の3分の2の賛成が必要になるなど，高いハードルが設定されている．このため，政権にあるものが自らの再選動機・政権維持動機を達成するために憲法条項を操作することは事実上不可能であり，長期にわたって政権を維持し続けた自民党でさえその例外

III. 逆説明責任体制としての自民党

ではない．従って，長期政権を維持するための政策的操作は，憲法という制約条件を課した中での最適化行動，特に予算と規制を手段としたものとなった．

より長期の歴史的趨勢の文脈に照らして検討するならば，自民党の存在そのものが，個々の保守系現職政治家による選択によって生じた内生変数であった (Kohno 1997a 第5章)．自民党の結党は，保守系の猟官的 (office-seeking) 政治家個々人が，戦後の政治制度の中で集合的に適応していった結果だったからである．

仮に日本国憲法が大統領制をとっていたとしたら，日本国の戦後政治史はいかなる形で展開していったであろうか．大統領制は，大統領と立法府との対立が，民主主義的政治体制の定着を妨げるほどまでに先鋭化することも多く (Linz 1990; Ackerman 2000)，仮定法によって反事実的な推論を行うこと自体に大きな意味を見いだすことは出来ないかもしれない (Fearon 1991)．しかしながら，異なる憲法制度という比較の枠組みを仮定することで初めて，議院内閣制がいかなる形で自民党政権の確立と政権の長期化に貢献したのか，推論を行うことが可能となる．

まず第一に日本の議院内閣制では，衆議院で過半数を支配するものが首班の指名すなわち行政府を支配することに直結するため，再選と昇進をねらう現職議員は，大統領制の議員と比較した場合，安定的かつ継続的な連合関係を構築する強い動機を持つ．一方で，シュガート (Shugart 1998) が示したように，大統領制での議会内政党規律の強さは，議会とは別個に選出される大統領の権限の強さと負の相関関係を持つ．日本国憲法が大統領制であったなら，保守政党が合併し単一の支配政党を形成する動機はかなり弱かったであろうと考えられる．我が国の野党は政策過程に対して非常に限定的な影響力を持つに過ぎないとする見解が有力であったが (Baerwald 1974; Pempel 1975; Dore 1986)，一方でこの議院内閣制に根ざす特質のためにこそ，自民党所属議員は政党規律に反する行動を取ることを抑止されてきたのである．

第二に，選挙のタイミングが固定されていることの多い大統領制の国々とは異なり，議院内閣制をとる政治体制の殆どで，下院選挙のタイミングは首相が戦略的に決める．そのため，現政権党は政権交代が起こりかねない状況で解散総選挙に突入することを回避することが出来る (Kayser 2005; 本書第4章)．

第三に，首班指名が衆議院での過半数によってなされるため，定数格差をはじめとする選挙制度の持つバイアスが与党を利することにつながる．例えば全

国単一の選挙区で行われることが多い大統領選挙では,定数格差は働きようがない.選挙制度にこのようなバイアスが内在する場合には,政権党は予算と規制をてこにした「分割統治」戦略をとることで,より容易に政権を維持することが可能になる.

しかしながら世界中で,全ての議院内閣制の国が一党優位制に置かれているわけではない.小選挙区制を取る英国やカナダで政権交代が頻繁なのは,改めて指摘するまでもない.むしろペンペルが主張したように,準比例代表制の選挙制度が一党優位制の必要条件といえる(Pempel 1990).ペンペルによる一党優位体制比較研究は日本,イスラエル,イタリア,スウェーデンを対象としているが,これら諸国はいずれも当時,比例代表または準比例代表ともいえる中選挙区制を採用していた.また日本政治の研究者は,戦後比較的に早い時期から,日本の選挙戦が政策競争とは無縁の,候補者本意の動員合戦になっていたことを指摘している(Richardson 1967; Curtis 1971).中選挙区制という選挙制度が我が国独特のものだったことを考え,これらがいかなる影響を及ぼしてきたか子細に検討する必要がある.

IV. 分析を進める上での仮定

本書は自民党という政党組織を利益誘導と集票活動の視点から研究したものに他ならないが,分析を進める上で,いくつか大胆な仮定を置いている.仮定はあくまでも仮定であり,結論を導く上で有益であればその分析上の目的は達成されると考えられる.しかし,本書の仮定には,従来的な日本政治分析の学説史では異端と見なされるであろう見解も含まれるため,ここで一旦その根拠を整理しておきたい.

第1の仮定は,議員の再選インセンティブ(誘引)の死活的重要性である.第2の仮定は,企業体としての自民党の性格を考える上で,派閥や族議員などの党内構造をあえて捨象し無視することである.第3の仮定は,自民党が官僚組織に対して優位に立っていたか,もしくは官僚機構と一体化したと見なすことである.そして最後に,日本の民主主義を考える上で,様々な行為主体による多元的かつ戦略的相互作用は,あくまでも自民党を媒介することで成立していたと仮定する[8].以下,それぞれの仮定について,その妥当性を点検しよう.

IV. 分析を進める上での仮定

1. 再選誘引の死活的重要性

かつてメイヒュー（Mayhew 1974：81）は，米国議会政治分析の文脈の中で次のように言及している．「米国議会の制度的枠組みは，個々の議員の再選を達成するために非常に整合的に作られている．別の言い方をするならば，政治制度の設計家集団が集い，議員一人一人が何年にもわたって再選を達成できるように議会の仕組みを作ったとしたら，現状の議会に付け足すものは殆ど何もないだろう．」米国議会でそうであるのと同様に，日本の現職国会議員は選挙戦をくぐり抜けて来たのであり，そうすることに失敗した候補者は，そもそも政策決定過程において観測されることすらない．そして何よりも自民党は，与党に所属することを希求する候補者もしくは現職議員の集合体に他ならない．

公共政策として望ましいものであったとしても，再選という至上の目的に反する政策は，そもそも採用されないか，採用されたとたんに一部の現職はその影響を受けて落選してしまうのである．つまるところ本書は，戦後日本政治経済を事例に「劣悪な政策の理論」（Robinson 1998），すなわち政策を実行に移すことで現職政治家が不利になるような場合，そのような政策は採用されないのだという議論を実証するのである．

2. 企業としての自民党：集票組織の均質的集合体

これまで自民党研究は，その内部組織に関するものが主体であり，特に極めて不安定な指導力と，分権的な組織構造が関心を集めてきた．中でも高度に制度化された党内派閥や[9]，族議員として特定の政策分野に特化していく様子は[10]，政党組織論の興味深い事例として取り上げられてきた．

しかし本書全体を通じ，自民党の内部構造は可能な限り捨象し，自民党を一枚岩的な合理的行為主体もしくは比較的均質な内部組織の同型写像と仮定して

---

8 本書は議論を国内政治に限定し，国際関係から見た自民党政権の基盤については立ち入らない．ただし自民党が結党初期，米国からの支援を受けていた点には留意が必要である（Weiner 2007：133-140）．

9 派閥については Leiserson（1968）; Cox and Rosenbluth（1993）; 川人（1996）; McCubbins and Thies（1997）; Cox, Rosenbluth, and Thies（1999, 2000）などを参照．

10 族議員と政策特化については猪口・岩井（1987）; McCubbins and Rosenbluth（1995）; 建林（2004），特に肥大化した本部機構については野中（2008：113-115）を参照．

分析を行う．これはこれまで多くの研究者が興味を持って分析してきた党内抗争の歴史と，いわゆる分権的で（例：Richardson 1997; Curtis 1999），リーダーシップの欠如した自民党像（野中 2008）を鑑みるならば，大胆な仮定に思われるかもしれない．筆者は，これまでの自民党研究が政治学において果たしてきた功績を否定するものではないが，しかし一方で派閥抗争や主導権争いは，自民党が政権に留まるという至上命題を達成し続ける限り許容されたのだという事実を指摘したい．1993 年の一つの例外を除き，政権転落につながるような党内抗争はこれまで起こってこなかった．また自民党が決定的な敗北を被る 2009 年総選挙でも，党が割れることはなかった．この事実こそが重要なのである．

上記の理由から，第一義的接近として，あえて自民党内部組織の形成と発展，もしくは個々の総理＝総裁による政治戦略の違いはあえて捨象する．むしろ政党としての自民党が単一の主体として最適化行動を取る姿を通じ，戦後政治経済を再分析する．集票組織としての後援会については，自民党のミクロ構造を理解する上で不可欠であり，第 2 章で詳述するが，この活動の基本的な論理，すなわち有権者の監視と利益分配は個々の派閥や族議員の性質によって変化するものではなく，自民党の内部に普遍的に存在していたものである．自民党は「後援会」や「業界団体」という，ある意味で利益分配と集票を役割とする均質的な組織の集合体として存在し，これが勝利連合として集合的に過半数議席を維持していたのである．集票組織という基本単位が無数の同型写像（isomorphism）を構成していた姿こそが，本書全体を貫く自民党の概念モデルである．

こうした試みは，ミクロ経済学の初歩的なモデルで，企業を利潤最大化主体として捉えながら，企業の内部構造を捨象するのと同じ意味で正当化されるであろう．企業が労働や資本などの投入要素を組織し，製品を市場で販売し利潤を最大化する主体として近似されるのと同様に，政権政党は有権者の動向を研究し，政策実現や利益分配によって政権維持確率を最大化するのである．そして，利潤を最大化しない企業がやがて倒産し市場から退出するのと同様に，政権維持確率を最大化しない政権党は，政権の座を追われる．この観点から日本の政治市場において政権を維持し続けた政党の行動と，その政策的帰結を分析することこそが本書の課題であり，内部構造はあくまで副次的な関心に過ぎない．

3. 官僚機構に対する自民党の優位

　日本政治に関する多くの見方とは異なり，本書は自民党が官僚機構に対して優位にあったと仮定する．あるいは政権与党と癒合し一体化した官僚機構が，自民党システムの一部として機能していたことを前提とする．これまで内外の分析者の間では，官僚機構こそが日本の政策を動かし，日本の公共政策を理解する上で自民党は無意味だとする見方が多かった．例えばチャーマーズ・ジョンソン（Johnson 1975, 1982, 1987）に代表される修正主義者と呼ばれる研究者は，日本の政治経済体制を「ソフトな権威主義」,「重商主義」，そして「開発国家」の三位一体として特徴付けた．政策決定の主導権を握るのが選挙による競争にさらされない官僚機構だからこそ，政府は長期的視野に立った施策を取ることが可能であり，市場の論理と整合的な政策を合理的に計画し，幼稚産業の保護育成を図りつつ，斜陽産業を市場から退出させながら国家の経済力増進に邁進することが可能になるのだと主張した．

　こうした見方を採る論者は，自律的な官僚機構の起源を戦前の総動員体制に見いだし，戦後政治経済の特質を，戦前期との連続性の中で捉え直した．この議論では，産業政策を司る経済官僚が，長期的な経済成長という政策目標を実現するために日本の進路を決定していたことになる[11]．

　開発国家論の主張は，数々の経験的検証によって精査され批判にさらされてきた．中でも多元主義者と呼ばれる研究者の多くは，日本での政策決定は開発国家論者が主張するほど集権的ではなく，実態は長期的視野に立った合理的計画とはほど遠いつぎはぎに近いものだと指摘してきた（村松 1981; 佐藤・松崎 1986; Muramatsu and Krauss 1987）．しかし分権的な政策決定構造にもかかわらず，国際比較の文脈で考えるならば日本の国家は自律的であり，官僚の主導性も高いと主張する論者もあった（猪口 1983; Samuels 1987）．

　仮に官僚機構が日本の最終的な政策決定者であったとするなら，一体誰が省

---

[11] こうした議論はこれまでに，辻（1969），ペンペル，ヴォーゲル，オキモト，フィングルトン，野口（2002）らによってなされた（Pempel 1977; Vogel 1979; Okimoto 1989; Fingleton 1995）．ザイスマンも，先進5カ国の金融制度の比較分析を通じ，日本の経済制度がフランス同様に国家主導であると特徴付けている（Zysman 1983）．ジョンソンは日本型政治経済体制は，合理的計画経済であり，アングロ・サクソン型の規制型経済体制とは異質であることを強調した（Johnson 1975, 1982）．

庁間の利害調整を行っていたのか，旧通産省や旧大蔵省の事例研究だけでは明確には分からない．官僚主導国家論では，選挙による競争にさらされることのない官僚が政策を決定するが故に，日本の政治体制には説明責任が欠落してしまう．この問題を最も明確に強調しているのはおそらくウォルフレンであろう．『日本権力構造の謎』において，ウォルフレンは日本の政治経済体制を頂点のないピラミッド，あるいは「頭のない鶏」に喩え，誰も政策決定に責任を持たず，ただ単にシステムが動き続けるだけだとしている（Van Wolfren 1989）．この点において，官僚主導国家論は丸山真男（1957）につらなる集合的無責任論の焼き直しでもある．

あるいは官僚国家論自体が自民党長期政権の結果なのかもしれない．官僚優位論を論ずる上でしばしば提示されてきた経験的根拠は，国会を通過する法案の殆どが官僚によって起草され，国会はこれにゴム印を押して承認しているに過ぎないという「事実」である（Pempel 1974; Johnson 1975）．しかし官僚機構と政権党の選好が一致している場合には，政権党が国会でゴム印を押すことは当然に予想される帰結である．従って立法過程を近視眼的に見た場合，官僚機構が政権党に隷属している場合と，逆に与党が官僚機構に隷属している場合は，全く同じように見えると予想される（Calvert, Moran, and Weingast 1987）．

しかし本書がこれから示すように，官僚機構が好むと好まざるとに拘わらず，日本の公共政策はしばしば選挙目的で操作され，自民党の政権政党としての地位を延命するために重要な役割を果たしてきた．この意味で，日本の政策決定過程は政党優位か，少なくとも官僚機構と政権政党との相互依存関係として理解されるべきものである．いずれにせよ，本書全体を通じ，官僚機構の利害関係やその影響力については捨象した形で議論を進める．また官僚優位論者が主張するような説明責任の欠如は，有権者が直面した深刻な集合行為問題の反映であり，むしろ有権者の側が逆説明責任の論理に巻き込まれていったのである．

4. 多元的政治体制における自民党への集中

官僚国家論は数多くの批判を惹起し，日本の政策過程の再検討を促した．サミュエルズは日本の国家が開発志向であることは認めながらも，国家が国内の政策需要に対して自律的であるとの仮説に対して疑問を呈し，むしろ業界団体と官僚機構との交渉過程に着目している（Samuels 1987）．官僚優越論に対する反論を試みる論者はいずれも，「パターン化された多元主義」「官僚的多元主義」

IV. 分析を進める上での仮定

「限定付多元論」「分散多元主義」など，自らの学説を形容詞の付いた多元主義として特徴付けた．

最も広範な形での概念規定は，猪口 (1983) による官僚的包括型多元主義であろう．この議論には，戦前からの歴史的要因により，日本では他の先進民主主義国に比べて官僚機構の自律性は相対的に強いものの，フランスなど他の官僚主導国家に比べて，自民党を通じた利害代表過程で大衆包括性が高いとの仮説である．福井は限られた成員による多元主義という意味で限定的多元論を提唱し (Fukui 1977)，中邨 (1984) は自民党組織が利益集団と相互作用しながら分権的に政策決定する様を分散多元主義と名付けた．

米国政治を分析する際には，連邦国家機構が分断化され弱体なために，利益集団が自由競争市場においてロビー活動を行うとの暗黙の仮定がある．やや極端な見方をするなら，政治家と利益集団は結果的に自らの望む結果を，最終的には金銭的取引において手に入れるため (Becker 1983)，あるいは政治制度が利益集団の利益を実現するために内生的に変更されるため，政治的制度によって権力の監視および抑制を図ることは無意味である (Peltzman 1980)．こうした米国型多元主義の伝統と比較した場合，日本型多元主義は極めて消極的に定義されているに過ぎない．日本の政治経済は，協調主義体制もしくは官僚国家と呼ぶには権力が分散しすぎているものの，米国ほどは十分に多元主義的ではないと言う暗黙の前提がある．

日本型多元主義は，戦後日本憲法によって定義される制度的文脈や，支配政党としての自民党の地位を所与のものとして捉えてきた．しかしこのため，特に 55 年体制において自民党の地位が安定的な中で，戦略的相互作用が展開する文脈が内生的に形成，維持されていく過程を看過してしまった．国家が社会からの要求表出に対してある程度まで自律的だとの暗黙の仮定が置かれ，たとえ複数の行為主体が無視できない影響を及ぼしている場合においても，歴史的に形成された官僚機構の優越という神話を繰り返し語り継いできた (Silberman 1982; 野口 2002)．村松＝クラウスによれば，「日本の政策決定過程は，自律的な自己利害を持つ強い国家と，エリート間の制度化された調整が，多元主義的な要素と相互作用を持つ点で特徴的」なのであった (Muramatsu and Krauss 1987 : 537)．すなわち日本型多元主義は官僚国家論に対するアンチ・テーゼとして消極的に登場したに過ぎず，官僚機構が日本政治の唯一の政策決定者であるという帰無仮説を棄却する努力は行ったものの，積極的な意味で日本の公共

政策を分析する視角を提供することには，十分な形で成功することが出来なかったのである．

これに対して本書では，日本政治の持つ各種の政治制度的特徴と，自民党結党時の初期条件から，自民党とこれを支える中央省庁へ権限が集中したことに注目する．日本型多元主義は自民党を媒介とすることを条件付けられた取引関係に他ならなかった．単独では常に少数派集団である利益団体は，自民党が半永久的に与党であり続けることを予見しつつ，自民党への支持の強度を示す競争に参加し，自民党を支持することを積極的に顕示することで，利益分配に与ってきたのである．

V. 本書の概略：利益誘導政治の自己矛盾

しかし，逆説明責任体制としての自民党政権は深刻な自己矛盾を抱えていた．利益誘導をてこに集票を行うためには，選択的な誘引を用いて，投票を促さなければならない．これを行うためには，集票実績に対する監視と，集票に応じた利益分配と同時に潜在的な報復手段がなければならない．しかし，この監視体制は経済が発展し都市化が進展することにより弱体化していくことを宿命づけられていた．他方で集票組織を維持することが自己目的化した利益誘導政策は経済的に非効率であり，長期的な経済成長を犠牲にするだけでなく財政的に維持可能なものではなかった．つまり，逆説明責任と利益誘導の論理自体に，長期的には両立し得ない矛盾が潜んでいたのである．

皮肉なことに与党の政治家は，地元後援会や業界団体の要求に全く応じない場合には支援を受けられないが，逆に早期に要求を実現してしまうと，その後の支援体制が弱体化する可能性が高かった．自民党は利益誘導を媒介に，多数政党としての地歩を確固たるものにしていったが，公共財として経済効果の高い事業を完成させた場合には得票力が衰え，一旦政治危機が発生するや議員に対する締め付けが効力を失い，議員が離党した場合には復党する確率が低かったのである．高速道路を例に取るなら，着工までは地元の利害団体や自治体を巻き込んで建設期成同盟会を組織し，集票活動の運動体として機能させることが出来る．しかし一旦高速道路が開通してしまえば，誰がどの政党を支援したとしても，高速道路による経済効果は消えてなくなることはない．しかもインフラの整備は都市化を加速化することにつながり，地縁を活用した従来型集票

V. 本書の概略：利益誘導政治の自己矛盾

> **コラム②　候補者から見た選挙カー**
>
> 　日本の選挙運動で，選挙カーは不可欠の存在である．選挙カーの一般的な形態は，ミニバンにアンプとスピーカーを搭載し，公職選挙法に抵触しない範囲で，候補者もしくは政党名を大きく示した看板を車上に掲げたものである．選挙カーによる運動は日本だけでなく，諸外国でも用いられている．かつては米国でも選挙カー（キャンペーン・バス）を用いた選挙運動が行われていたが，テレビの登場とともに実質的に姿を消した．
>
> 　選挙カーと言えば，候補者が政策を訴えるために使っていると思われがちだ．しかし候補者は，有権者が普段考えるのとは違う角度から選挙カーを使っている．選挙カーは監視と動員の手段，つまり逆説明責任体制の文脈で運用されている．候補者から見ると，街頭に立ち，行き交う車にひたすら頭を下げ，手を振るだけの活動でも，非常に多くの情報を得る．応援して下さる方々はクラクションを鳴らしたり，手を振り返したり様々な形で応援の気持ちを伝えてくれる．こうした方々がどの業者のトラックに乗っているか，どの方向から通勤してくるか，街頭に立つとよく分かる．窓から手を振って下さる方の数，戸外に出て握手を求めて下さる方の数から，当該地域での浸透具合を知る．組織戦を繰り広げている候補者であれば，組織からの指示が末端まで行き渡っているかどうかの点検に選挙カーを用いるだろう．
>
> 　一方で反応は熱烈だが，期待したほど票の入らない地域もある．公共事業への依存度が高いある地域では，どの陣営が入ってきても声援を送るそうだ．応援が手ぬるいとの理由で，事業が削られることを予防しているわけである．これは地域住民が様々な形で逆説明責任体制に組み込まれ，その論理で生活してきたからであろう．こうした地域での票固めは，地縁，血縁，利害関係が密接に絡む分，むしろ水面下で静かに行われる．

マシーンの機能を弱体化させてしまう．

　一方で票田を維持することが可能な利益誘導政策は，土地改良，ダム，干拓など，目に見える経済効果を伴わない，事業予算の消化を自己目的化した土木事業が中心であった．これらの事業は経済効率の面で問題を抱え，結果的に大きな財政負担を後世に残すことになった．日本は先進諸国中最大の財政赤字を抱え，急速に高齢化する人口を脆弱な社会保障制度で支えることになったのである．

　つまり，自民党による利益誘導政策を長期的な視点で見るなら，経済効果の高いインフラ事業を推進した場合には支持基盤が弱体化し，経済的に非効率な公共事業を集票目的で推進した場合には財政基盤が弱体化するという，ジレン

マに陥っていたのである．この自己撞着を明らかにする目的で，本書は次のように議論を展開する．

　第2章は，自民党の選挙組織の特質を概観し，これが公共政策にいかなる意味を持つのかを分析的に検討する．特に，逆説明選択の論理と集票を目的とする監視・動員ネットワークについて，繰り返し囚人のジレンマを用いながら，本書全体を貫く分析枠組みを提示する．

　第3章は，長期的な経済成長と人口動態が日本政治の勢力図にどのような影響を及ぼしたかを考察する．第2章で分析した自民党的集票組織を動員する選挙戦略だけでは，農村集落共同体の弱体化と人口の都市化によって，長期的には多数党としての地位を維持できなくなっていたことを明らかにする．これに対して，第4章と第5章は，自民党が財政政策的にどのような政治的対応を行い，政権を延命させてきたかを分析している．

　第4章は，全国的な支持率変動に対する自民党の戦略的，政策的反応を分析する．衆議院の議席率が高い状況では解散総選挙を遅らせ，内閣支持率と経済成長率が著しく低い時期は選挙を避ける傾向にあった．一方で，選挙のタイミングを操作することの出来ない参議院では，内閣支持率の低い場合のみ財政出動が行われる傾向があった．

　第5章は，選挙区間及び選挙区内の補助金配分について検討する．自民党は地方自治体という公的な政府組織を自らの集票組織として取り込むことで，選挙基盤を強化していった．その際に，自治体は近隣自治体との集票合戦に参加し，補助金配分額は自治体の集票努力に関連づけられることとなった．

　第6章は交通インフラという地域公共財による利益誘導が自民党得票率に与えた影響について検討する．利益誘導を通じて集票を行うためには，報復手段が作用し得る私的財を供与する必要がある．経済成長に寄与する公共財は集票に寄与しないだけでなく，都市化を促進させてしまうため，集票力が弱体化するのである．実際に高速道路と新幹線が開通した地域では自民党の得票率が落ち込む傾向が見られたことを示す．

　第7章は，政界再編と選挙制度改革につながる政治変動の背後に，利益誘導政治，インフラ投資があったことを指摘する．1993年に自民党が分裂し，一時的に野党に転落した際に，離党を選択した議員は新幹線沿線から選出された者が多かった．自民党は公共事業の配分を左右することで政権を維持したが，皮肉なことに完成した公共事業は逆に自民党組織の規律を蚕食したのであった．

V. 本書の概略：利益誘導政治の自己矛盾

　第8章は，非自民連立政権期に成立した選挙制度改革により，公共政策と自民党の集票組織にどのような変化が生じたかを述べる．特に自公連立と市町村合併が，長期的に自民党の集票組織を弱体化させるに至ったことを示す．また，こうした変化が累積的な効果を示し始めたことで，政権交代が起こったのである．

　第9章は，従来の自民党観を批判的に再検討すると共に，本書全体の知見を通じて，長期政権が日本の公共政策にもたらした帰結を再解釈する．そうすることで，日本の戦後民主主義を振り返る上での規範的課題を探求する．

第2章　自民党型集票組織と投票行動

「選挙しつつ組織し，組織しつつ選挙する．」[12]
　　　　　　　　　竹下登（1924-2000）　自由民主党総裁（1987-1989）

I. はじめに：民主主義と競争

　シュンペーターは，民主主義を論ずるにあたって，政治エリートが有権者の支持をつなぎ止めるために競争する側面に注目した（Schumpeter 1942）．エリートが有権者たる市民に対して説明責任を果たすことで，市民は統治者に政策決定を委任するのである．この議論に従うなら，複数の政策選択肢，政党を有権者が比較し，劣ったものを選挙において淘汰することで，政治に緊張感が生まれ，最終的に有権者の意向が政策に反映されるのである．いわば，政権交代が起こりうる競争的な選挙制度が，政治エリートに対する「雇用契約」として機能することで，有権者は主権者たりえるのである．

　しかし多くの政治体制において，競争にさらされたのはむしろ有権者の側であった．統治エリートの意向に従わず，賛意を示さない市民は，享受すべき便益を取り上げられ，不利な立場に立たされることが多い．極端な例では，独裁制，特に個人崇拝型体制では，体制を批判した市民が政治的権利や生命を剥奪されることがある．たとえ民主主義的な政治体制でも，有権者は，政権党からの利益誘導を得るために競争しなければならないことがある．この状況を，ストークスは逆説明責任もしくは説明責任の倒錯状態（perverse accountability）と名付けた（Stokes 2005）．日本の自民党政権では，政策を実現するために，有

---

[12]　花岡・小林（1987）213.

権者の側が陳情合戦を繰り広げなければならなかったが，これはまさに逆説明責任的状況そのものである．本書は，この逆説明責任という概念を手がかりに，戦後日本政治を解読していく．

　これまで，日本の利益誘導政治に関する研究は，何らかの形で支持団体に利益が供与され，支持者に恩恵が及んでいたと論じてきた．多元主義的分析は，多くが暗黙のうちにそのような仮定を行っている．しかし本書の主張は，与党はその支持基盤を経済的に発展させ競争力を強化させることをせずに，むしろ利益誘導手段に従属させることで集票してきた可能性を示す．票田となる地域は経済発展の機会を喪失し，利益集団はむしろ監視と動員の体制に組み込まれたのである．

　競争的な民主主義体制では，選挙結果によって政権の座に就く政党が替わる．このような政治体制のモデルとして，現政権与党が浮動票をねらい打ちする形で便益を供与するという理論（Lindbeck and Weibull 1987; Dixit and Londregan 1998）と，むしろ根強い地盤に対して便益を供与するという理論（Cox and McCubbins 1986）が対抗する形で発展してきた．日本では選挙によって政権党が入れ替わることがほとんど無かったため，自民党は「与党であることで与党であり続ける」ことができた．要するに長期的な取引関係を前提に，アメとムチを組み合わせた利益誘導政治によって政権を維持してきたのである．

　自民党の選挙運動は，従来地域共同体の人的ネットワークに依存する方式をとり，個人後援会を主体とする活動を行ってきた（Curtis 1971, 1992; Fukui and Fukai 1996）．後援会は候補者を主体とする集票マシーンに他ならないが，自民党の地方組織を実質的に形づくってきたのはこうした各候補者の後援会であり，これが地元有力者，経済界，農業団体，女性団体やその他利益集団を糾合する形で組織されてきた．中でも，県議会議員や市区町村議員の多くは，事実上，有給の選挙運動員として機能してきた．多くの地方議員は政党色を薄め，保守系無所属として立候補するが，何らかの形で自民党地方組織に所属している者が大多数である．こうした地方議員個々人もまた，何らかの形で個人後援会を維持・運営している．そしてこの個人後援会が，地縁・血縁と経済的利害が錯綜する中で，有権者を監視・動員していく主体となるのである．

II. 利益誘導：便益と票の交換ゲーム

　与党として，自民党が各地域の集票マシーンを動かすためには，有権者の投票態度に応じて，便益提供の程度を加減しなければならない．この文脈では，利益分配のコストを節約しつつ得票を行いたい政権党と，本来なら野党に投票することを望むかも知れぬ有権者との関係は，囚人のジレンマ的である[13]．利益誘導ゲームの利得構造が囚人のジレンマ的な状況では，一回限りの取引ではなく，有権者と与党が長期間にわたって，互いに取引の終末を意識せずに票と便益を交換するからこそ，両者の協調関係が維持される．しかも，便益が当事者に限定される私的財を分配することで利益誘導を行い，野党に投票した場合は便益提供を中止する，便益が停止されれば野党に投票するという報復戦略が機能するからこそ，票と便益の交換が機能しうるのである．

1. 利益誘導ゲーム

　一回限りの選挙に対して，一回限りの利益分配が行われる状況を考えよう．プレーヤーは有権者と与党である．ここで有権者は，選挙区の「代表的個人」ではなく不特定の任意の個人であり，この投じた一票によって選挙結果が変わることはない[14]．与党は有権者に対して便益を提供するか否かを決定する．一方で，有権者は与党または野党に投票するかを決定する．両者の決定は同時になされる．ここで言う協調解は，与党と有権者の間で票と便益の交換が成立する状況のことである．

　ここでの便益とは，集団的に利益が発生する地域公共財であれば高速道路や公立病院の建設，個人に限定的に裨益する私的財であれば，公共事業を通じての雇用の提供などが考えられる．有権者が便益 $b>0$ を受け取るとき，与党は費用 $c>0$ を支払わなければならない[15]．この費用は定数格差や選挙区毎の所

---

[13] より典型的な囚人のジレンマについては例えば　渡辺（2008：26-27）を参照．
[14] 一般的に，ある有権者が投じた1票によって政権党や当選者が変わる確率は事実上ゼロである（Schwartz 1987）．特に自民党一党支配下の日本では，この議論がなおさらよく当てはまる．従って本章では投票による効用を，投票が自己表現手段であるとの議論を前提とし（Brennan and Buchanan 1984），選挙結果次第で特定の政策が実行されることによる効用（Riker and Ordeshook 1968），つまり決定的有権者モデルは採用しない．

得の違いなどを理由に，変動し得る．有権者が受け取る便益は$b>0$であるが，$b=-c$との前提は置かない．政策手段によって，投下された費用に対し，これを上回る資産効果や生産性向上効果を持つ場合がある．逆に行政費用が嵩むだけで有権者に対して便益を生み出さない事業もある．

有権者から見た場合，選挙で投票する行為には，自己表現に伴う効用が発生すると仮定する．野党に投票する効用を0として基準化し，与党に投票する効用をg_iとする．すなわち$g_i>0$なら有権者は与党への投票を好み，$g_i<0$なら野党への投票を好む．すなわちg_iが大きな値を取るなら与党に対する好感度が高く，g_iが減少するほど野党に対する好感度が高い．もしくは，政策空間モデルでの，与野党双方に対する政策的距離と置き換えて解釈しても差し支えない．有権者が与党に投票した場合，与党は利得として一票当たりの価値$h>0$を得る．この価値は，与党が直面する政治状況，例えば選挙区毎の追加議席の獲得可能性などによって変動し得る（第8章）．ゲームの標準形は表2.1のように表される．

（1）**有権者が与党支持の場合：$g_i>0$**

与党支持者は，野党と比較して，与党に投票することで高い効用を得る有権者の集団である．従って$g_i>0$である．数値例として，利益配分費用$c=1$に対して1票の価値$h=3$，与党への投票による効用$g_i=1$と分配される便益$b=3$の場合を考えよう．利得は表2.2の通りになり，ゲームの利得構造は囚人のジレンマとは異なる．この場合明らかに与党，有権者にとっての支配戦略はそれぞれ「便益供与せず」「与党に投票」であり，ナッシュ均衡は（便益供与せず，与党に投票）である．ゲームの均衡解が示唆するところでは，与党は支持者に対して便益供与を行わないが，それでも与党支持者は与党に票を投ずる[16]．

（2）**有権者が野党支持の場合：$g_i<0$**

野党支持者は，野党に投票することでより高い効用を得る有権者の集団である．従って$g_i<0$である．与党側の効用は前例と同様とし，有権者側の効用を$g=-1, b=3$, とする．利得は表2.3の通りで，ゲームの構造は囚人のジレン

---

[15] 共有財源問題が深刻な場合，与党，特にその地元組織は国家財源からの支出を費用として内部化していない可能性がある．従ってここで言う費用とは，有権者への便益の移転に伴う私的利益（レント）の減少分として捉えるのが自然であろう．

[16] 政権交代後も自民党支持率は10％台を保っているが，こうした固定的な支持層は，自民党からの利益分配とは無関係に自民党に投票する層であると考えられる．

II. 利益誘導：便益と票の交換ゲーム

表 2.1　利益誘導ゲーム

		有権者	
		与党に投票	野党に投票
与党	便益供与	$h-c, g+b$	$-c, b$
	便益供与せず	h, g	$0, 0$

注：c は便益供与のコスト，h は票の価値，b は便益の価値，g は与党投票による効用．

表 2.2　利益誘導ゲームの数値例—与党支持者

		有権者	
		与党に投票	野党に投票
与党	便益供与	2, 4	$-1, 3$
	便益供与せず	3, 1	0, 0

注：$c=1, h=3, b=3, g=1$．

表 2.3　利益誘導ゲームの数値例—野党支持者（囚人のジレンマ）

		有権者	
		与党に投票	野党に投票
与党	便益供与	2, 2	$-1, 3$
	便益供与せず	3, -1	0, 0

注：$c=1, h=3, b=3, g=-1$．

マである．

　この有権者にとって最も望ましいのは，野党に投票した上で利益供与を受けることである．一方，与党にとって最も望ましい状況は，利益誘導の費用をかけずにこの有権者の票を得ることである．ナッシュ均衡は（便益供与せず，野党に投票）であり，便益と票の交換は行われず，有権者は野党に投票する．

（3）　まとめ：単一取引としての利益誘導ゲーム

　利益誘導ゲームは，一回限りの取引を前提とする限り，協調解すなわち（便益供与，与党に投票）は均衡たり得ない．有権者が与党を支持しているか否かとは無関係に，与党は有権者の投票に対して常にただ乗りし，費用を節約する誘引が働く．一方で有権者も，与党が提供する便益にただ乗りし，本来の政党支持に基づく投票を行う．このため交換が成立しない．このように単純な利益誘導ゲームを一回限りプレイするだけでは，票と便益の交換は発生しないが，これはゲーム理論モデルに内在的な欠陥があるからではなく，むしろ取引が発生

するための条件をさらに検証していくための新たな手がかりを提供しているのである．

　それでは，実際の政治過程において，与党が利益誘導政策をちらつかせ，有権者がこれに吸い寄せられるように投票を行うことがあったのは，いかなる要因によって説明できるであろうか．よく知られるように，囚人のジレンマは，ゲームを無限回繰り返すことにより，協調解が均衡たりうる条件を導くことが出来る（渡辺 2008; Axelrod 1984）．無限回繰り返すとは，ゲームに終わりが訪れることが想定できない，いつ終わるかわからないという状況である．つまり，終わりを意識しない長期的な取引を前提に，有権者と与党は，票と便益の交換を行っていたのである．しかもこの取引は，相手が裏切った場合には報復する戦略があって初めて維持される．

2. 無限繰り返し囚人のジレンマと利益誘導：票田のミクロ的基盤※

　一回限りのプレイとは異なり，今裏切ることで利得を追求するよりも，長期にわたって取引関係が継続する利益が大きくなる場合，協力関係が発生しやすくなる．与党と有権者の双方が，現在の自らの行動が相手の将来の行動に影響を与えると信じるに足る状況にある時，互いに協調することで高い利得を生み出すことが，自己利益にかなう状況が生ずるのである．

　利益誘導を繰り返しゲームとして捉えた場合，与党が利益を供与するのは，利益供与無しでは野党に投票する可能性が高い有権者である．利益供与無しでも与党に投票するであろう支持者が「野党に投票する」と表明したとしても，その脅し文句には信憑性がない．反対に，供与する便益額をつり上げても投票態度を変えることのない頑固な野党支持者が与党への投票意向を仄めかしても信憑性がない[17]．いずれの場合にも与党が便益を供給することはない．要するに便益によって態度を変更しうる，やや野党志向の有権者が利益誘導政治の対象になるのである（Stokes 2005）[18]．そして先述のように，野党支持者と与党が相対する時の利得構造は，囚人のジレンマとして捉えることが可能である．

　一般的に，無期限繰り返し囚人のジレンマで協調解が維持されうるのは，互いに報復戦略を持ち，長期的な利得を重視する場合においてである[19]．代表的

---

[17] 野党の堅い支持者は，便益の提供によって与党への投票に転ずることのない有権者であり，$g_i < 0$ かつ $b + g_i < 0$ である．

[18] つまり $g_i < 0$ かつ $b + g_i > 0$ の場合である．

な報復戦略には，グリム・トリガー（Grim-Trigger）戦略，しっぺ返し戦略などがある．グリム・トリガー戦略とは，最初は協力的な態度を取り，相手が協力する限り協力を続けるが，相手が1度でも非協力的な態度を取れば非協力に切り替え，以後永久に非協力的対応を取る報復戦略である．ある意味，永続的に村八分という制裁を行うことに他ならない．しっぺ返しは，最初は協力し，次に相手が協力なら協力，相手が非協力なら非協力でその都度応じる戦略である．

長期的な利得を重視するとは，現在の利益に対して，1回後，2回後，と無期限に続く将来の取引（この場合は選挙）から生じる利益をどの程度にまで重要視するかということである[20]．現時点で手にしている1000円と，1週間後に受け取る予定の1000円を比べた場合，常識的には手中にある1000円の方が価値が高い．ゲーム理論では，割引因子$0<\delta<1$を用いることによって将来の利得を現在の価値に置き換える．割引因子は，将来に利益が実現するかどうかの不確実性を表現していると解釈することも出来る．ゲームのプレーヤーが短気であれば，相対的にδが小さく，将来の協力による不確かな利得よりも，現在の裏切りによる利得を追求しがちになる．反対に長期的な利得を重視する場合には，δが1に近づき，将来の協調から得られる利益を重視している．例えば$\delta=0.9$の場合を考えよう．1000円の利得を現在手にする価値は1000円である．1回後に手にする1000円を現在の価値に換算すると900円，2回後の1000円は$\delta^2\times 1000=810$円となる．この数値例で1回当たり1000円の利得を，無限回繰り返して得る総和を現在価値に換算すると1万円になる[21]．これに比較して短期的利得を重視する状況，例えば$\delta=0.5$において，総和の現在価値は2000円である[22]．

選挙と利益誘導の文脈で考えるなら，例えば頻繁に引っ越しを繰り返す有権者にとっては，将来の選挙で得られるかどうか不確かな利益よりも，現在の選

---

19 繰り返し囚人のジレンマに関する一般的な説明については，Axelrod（1984），渡辺（2008：289-308），研究史については清水（2001：補論1）を参照．

20 いかに安定的な長期政権でも，国際関係の変化など外生的に要因によって取引関係自体が終了してしまうなどの不確実性が考えられる．

21 割引因子$\delta\in(0,1)$の時に，1回当たり便益βを受け取る場合，無限数列の総和は$\beta\sum_{t=0}^{\infty}\delta^t=\beta/(1-\delta)$である．$\delta=0.9$のときに，一回1,000円の利得を足しあわせていくと，無限回取引による利得の総和は1,000/0.1=10,000円となる．

22 同様に1,000/0.5=2,000.

挙で確実に得られる利益が重要になる（δ が 0 に近い）．反対に長期間にわたり同じ場所に居住する有権者は，今回裏切ることで短期的な満足を追求するよりも，長期間にわたる利益の供与を選ぶ可能性が高い（δ が 1 に近い）．

次に有権者と与党が，選挙を無限回繰り返す，もしくは終末回がいつ訪れるか互いに知らない場合を考える．ここで，有権者と与党の双方がグリム・トリガー戦略を採用すると仮定する[23]．すなわち，双方がこの戦略をとる場合，有権者が一度でも野党に投票した場合，与党は以後の便宜供与を取りやめる．同様に，与党が一度でも便宜供与を行わなかった場合，有権者はその後一切，与党に対して投票することをやめ，野党に投票する．

与党と有権者の割引因子を $\delta \in (0, 1)$ とする．利得が表 2.1 の通りで，囚人のジレンマ状況を考える．今回，野党支持者が野党に投票すると，次回以降は便益を得ることができない．このため期待利得は $V_{DEV}=b$ である．一方で今回も与党に投票した場合，便益と票の交換が将来的に継続することで得られる期待利得は $V_{GT}=(b+g_i)/(1-\delta)$ である．今回の選挙で与党に投票する条件，$V_{GT} \geq V_{DEV}$ となるのは，

$$\delta \geq -g_i/b = \delta_i^* \qquad (\text{式 2.1})$$

の場合である．すなわち割引因子が，与党投票による不効用（精神的苦痛）を便益によって除した比率を上回ることである[24]．同様に与党が便益を配分し，得票を続ける期待利得は $W_{GT}=(h-c)/(1-\delta)$ であり，一度裏切ることによって以後の集票を放棄する期待利得は $W_{DEV}=h$ である．$W_{GT} \geq W_{DEV}$ である条件は

$$\delta \geq c/h = \delta_{LDP}^* \qquad (\text{式 2.2})$$

である[25]．割引因子が「買収費用」を一票の価値で除した比率に等しいか，上回らなければならない．式 2.1 と 2.2 が同時に満たされる時に，両者がグリ

---

[23] ここでトリガー戦略を仮定する理由は，分析が単純であるだけでなく，自民党得票の傾向的低下（本書第 3 章），つまり一度投票をやめた有権者が与党支持に戻ってこなかった可能性を反映している．

[24] また $\delta_i^*<1$ であるためには，明らかに $g_i+b>0$ でなければならない．つまり，受け取り便益額が，与党に投票する不効用を上回らなければならない．

[25] 協調解が存在するためには $\delta_{LDP}^*<1$ でなければならず，このためには当然ながら $c<h$ である．すなわち一票の価値が買収費用を上回らなければならない．

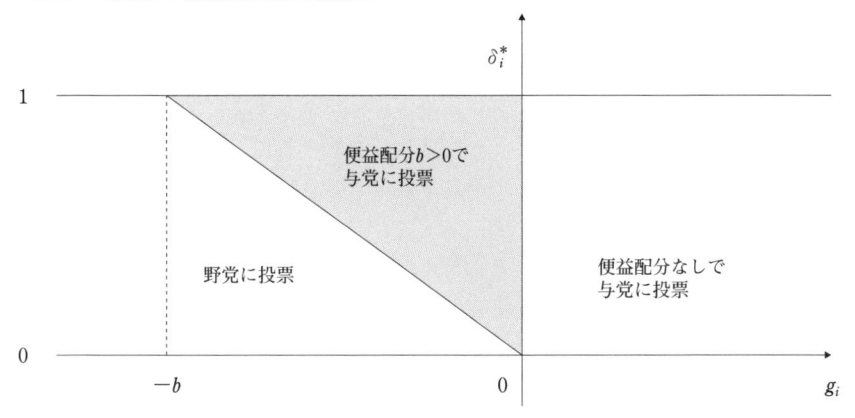

図 2.1　有権者の与党支持態度と協調関係

```
        δ_i*
    1 ────┬──────────────────────────────
         │╲
         │ ╲   便益配分 b>0 で
         │  ╲   与党に投票
         │   ╲
         │    ╲
         │野党に投票 ╲      便益配分なしで
         │      ╲     与党に投票
         │       ╲
    0 ───┴────────┴──────────────────→
        -b         0                g_i
```

ム・トリガー戦略を取ることで，協調を維持することがナッシュ均衡になる．

次に野党支持者（$g_i<0$）に対して与党による便益供与が均衡となる条件を詳細に検討しよう．野党支持の有権者については，与党に投票する効用 g_i が野党への投票による効用（=0）に近づくほど，そして便益額 b が大きくなるほど，δ_i^* は小さくなるので，協調が成立しやすくなる．与党については，買収費用 c が小さく，得票 h の価値が大きければ δ_{LDP}^* の値は小さくなり，協調が促進される．

図 2.1 は，有権者の与党支持の強度 g_i を横軸に，協調条件 δ_i^* を縦軸に図示したものである．野党支持者でも，g_i がゼロに近い有権者は，与党と野党の差を重要視していない．こうした有権者は，便益 $b>0$ に対して，比較的小さな割引因子を持つ場合でも協調関係を保ちやすい．一方で g_i が左側に位置する野党志向の強い有権者は，δ_i が大きい，すなわち長期的取引関係を重視する者のみが協調関係を維持する．便益額 b を増加させていけば，より左側の有権者に対して支持を広げることが出来るが，便益によって与党への拒否感を相殺することのできない，より左側の有権者は野党に投票する．

3. 与党の監視能力と利益誘導の効果[※]

ここで問題になるのは，便益と票の取引が，与党，有権者ともに互いの選択を完全に観測しながらなされていると暗黙の前提を置いていることである．例えば投票態度の集計値が公式の統計として発表される自治体を単位として考え

るなら，与党はある自治体においてどの程度の票を掘り起こすことができたか，完全に監視できる．しかし選挙は一般的に秘密投票を原則として行われるため，特定の有権者が与党に投票したか否かを検証することは，建前の上では不可能である．仮に与党の側で，誰が野党に投票したか全く検証できない状況では，野党支持者は供給される便益に「ただ乗り」を続けることが出来る．また与党側でも，集団内で個人を選別して便益を供与する意味がなくなるので，便益は供与されない．

しかし実際には，与党は完全とは言えないまでも，個人の投票意向を監視し，動員を促す努力を行ってきた．監視が投票に与える影響を分析するために，集団jに属する有権者iと与党との取引関係について，二つの仮定を置く．

（ⅰ）有権者は与党の行動を，利得を通じて完全に観察することが出来る．

（ⅱ）与党は$-c$を得ることで有権者の裏切りを認識するものの，裏切った有権者を個人単位で確実に特定することは出来ない．有権者が裏切った場合，与党がその有権者を特定できる確率をp_jとする．

ここで集団とは自治会・町内会，地方自治体，選挙区もしくは利害集団や宗教団体など，有権者を任意の形で区分するグループ分けのことである．この集団で集票することによって得られる一票当たりの価値をh_jとする．これらを前提に，無限繰り返しゲームをマルコフ・サブゲーム完全均衡として解く．与党が裏切りを特定した場合に次回から報復し，有権者の裏切りが確率$1-p_j$で特定されなかった場合，次回のゲームで両者ともグリム・トリガー戦略を取る状況を考える．野党支持者（$g_i<0$）の場合，今回も与党に投票することで得られる期待利得は$\hat{V}_{GT}=\dfrac{b+g_i}{1-\delta}$である．一方で裏切って野党に投票することによる期待利得は$\hat{V}_{DEV}=b+\delta(1-p_j)\hat{V}_{GT}$となる．今回の選挙で与党に投票する条件，$\hat{V}_{GT}\geq \hat{V}_{DEV}$が成立するのは，

$$\delta \geq \frac{-g_i}{p_j b-(1-p_j)g_i}=\delta_i^{**} \qquad (式2.3)$$

の場合である．ここで$\delta_i^{**}<1$となるためには$b+g_i>0$でなければならない[26]．

与党が協調を続ける利得の現在価値は$\hat{W}_{GT}=(h_j-c)/(1-\delta)$，一度裏切ることの利得は$\hat{W}_{DEV}=h_i$である．$\hat{W}_{GT}\geq \hat{W}_{DEV}$である条件は

---

[26] $\delta_i^{**}>0$は$b>\dfrac{g_i}{(1-p_j)p_j}$，であれば良く，野党支持者は$g_i<0$であることから，常に成り立つ．

図 2.2　与党の監視能力と協調

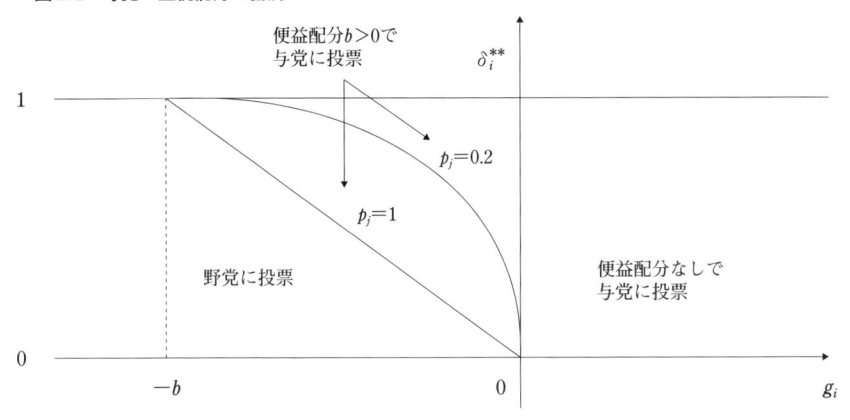

便益配分 $b>0$ で
与党に投票

δ_i^{**}

$p_j=0.2$

$p_j=1$

野党に投票

便益配分なしで
与党に投票

$-b$　　　　　　　　　　　0　　　　　　　　　　　g_i

注：監視能力 p_j が低下することで，協調的関係を維持することが困難になる．

$$\delta \geq c/h_j = \delta_{LDP}^{**} \qquad (\text{式 2.4})$$

また $\delta_{LDP}^{**}<1$ となる条件は $c<h_j$ である．つまり利益誘導費用が，一票の価値を下回れば良い．式 2.3 と 2.4 が同時に満たされれば，票と便益の交換を続ける協調関係が均衡解となる．ここで比較静学を検討する．$\dfrac{\partial \delta_i^{**}}{\partial b} = \dfrac{p_j g_i}{[(1-p_j)g_i - p_j b]^2}<0$ であることから，便益額が大きければ大きいほど協調が成立しやすくなる．さらに $b+g_i>0$ ならば，$\dfrac{\partial \delta_i^{**}}{\partial p_j} = \dfrac{(b+g_i)g_i}{[(1-p_j)g_i - p_j b]^2}<0$ である．つまり裏切りを特定する確率が上昇すれば協調が維持されやすい．また $\dfrac{\partial \delta_i^{**}}{\partial g_i} = \dfrac{-p_j b}{[(1-p_j)g_i - p_j b]^2}<0$ であり，与党投票による不効用がゼロに近づくほど，協調が維持されやすい．同様に与党側から見た場合，一票の価値が大きく，買収費用が安いことで協調が容易になる[27]．

　図 2.2 は，与党による監視能力 p_j が均衡条件に与える影響を図示したものである．横軸は g_i，縦軸は δ_i^{**} である．$p_j=1$ のとき，与党は完全な監視能力を持ち，便益配分により与党への投票を行う有権者は図 2.1 と同様である．ところが，p_j が低下するとより大きな割引因子 δ_i^{**} が必要となり，与党の集票力が低下する．

27　比較静学を検討すると明らかに $\dfrac{\partial \delta_{LDP}^{**}}{\partial c}>0$，$\dfrac{\partial \delta_{LDP}^{**}}{\partial h_j}<0$ である．

4. 便益配分手段と報復措置の信憑性

　ここまで見てきたように，繰り返し囚人のジレンマで協調的関係を維持するためには，有権者と与党の双方で，信憑性のある報復戦略を持つ必要がある．それでは現実の選挙戦や利益誘導政治において，報復戦略をとることは技術的に可能であろうか．有権者が与党に対して報復を行使する場合，脅しを実行するのは比較的容易である．投票所に行くことをやめる，もしくは投票所に出向いて野党に投票すれば良い．与党による監視が成立している状況では，脅しの行使はなおさら有効になる．しかし，与党が便益を取り上げるという脅しを行使する上では，政策手段として実施する上で技術的困難が伴う．政策手段によっては，支出を政治裁量によって左右することが困難で，便益が支出とともに費消されるとは限らないものが多い．

　例えば便益が地域公共財として供給される場合を考えよう．公共財とは，その消費において非排除性と非競合性が作用する財であり（Varian 1992：414），一旦これが供給された場合，特定の消費者を排除できない．地域公共財によって便益が供給される場合，与党に投票しなかった有権者が，政策便益を享受するいわゆる「ただ乗り」状況が発生する．公共財は財の特質として非排除的であるが故に，野党支持者が消費することを拒否出来ない．例えば，道路や水道を利用する際に，前回の投票実績によって利用資格を定めたり，料金差別を行ったりすることは，現実的に不可能である．

　さらに与党にとって悩ましいのは，ある種の政策便益は持続的であり，一旦便宜供与の決定がなされると，これを取り下げることが困難なことである．例えば集落に集会所を建設した場合，一度工事が完成してしまえば，投票態度を理由に，施設を撤去したり利用を禁止させたりするようなことは難しい．高速道路などの経済インフラも同様である．工事代金という資金のフローが重要な建設業者とは違い，地域住民にとっては集会所や高速道路という物的な財が重要なのである．

　つまり投票態度とは無関係に便益が発生する場合には，長期的取引を支える報復戦略に，信憑性がなくなってしまう．あるいは利得構造が変化するため，ゲーム自体が囚人のジレンマとは別種のものになってしまう．第6章では，高速交通インフラの開通した自治体で自民党得票率が有意に低下したことを明らかにし，第7章では，交通インフラの開通した選挙区を代表する議員が，自民

> **コラム③　投票用紙の不思議**
>
> 　日本の投票用紙は自署式である．つまり有権者が投票を行う際に，候補者名もしくは政党名を正確に手書きで記入して初めて有効票と見なされる．日本の選挙で秘密投票が完全に徹底しない原因の一つに，自署式投票用紙と半開きの投票記載台という制度的要因が挙げられる．一方で諸外国ではマークシート式や穴あけ式の投票用紙が一般的だ．
> 　自民党は，自署式投票用紙を維持することに強いこだわりを見せてきた．1994年の選挙制度改革法案成立に伴い，衆議院の投票用紙はいったんは記号選択式に改められた．しかし新方式の投票用紙は実際に用いられず，自民党政権復帰後の1995年11月に自署式に再変更されたのである．

党を離党する確率が有意に高かったことを示す．つまり，監視と動員による逆説明責任体制は，便益を取り下げることが可能な，私的財の供給によって維持されて来たのである．

5. まとめ：利益誘導と集票組織

　以上，長期的な取引関係の繰り返しとして利益誘導政治を考えた場合，票と便益の交換が発生しやすいのは，(1) 便益の供給無しでは野党に投票する可能性が高い有権者を対象に，(2) 長期間の利得を重視する環境において，(3) 与党側で有権者の投票意向を監視することが容易で，(4) 報復戦略が機能している状況においてである．すなわち，個別有権者の投票実績に応じて，便益の取り下げという脅しが実行可能でなければならない．

　利益誘導による得票は，実際にはかなり制約の多い選挙戦略である．これらの条件が少しでも欠落した場合には，本来なら野党を支持している有権者は，自らの政策的な選好に基づき投票する可能性が高いのである．以降，本書の全体を通じて分析していくのは，自民党が上記の条件を満たす政策を実施し，得票を重ねていくためにどのような戦略をとり，政権を維持していったのかということである．

III. 自民党型集票マシーンと利益誘導ゲーム

　政党とは政権を奪取するための組織的な営みであるという，シャットスナイダーの見方を取るなら（Schattschneider 1942:35），政党は自らの政治的生き残

りにおいて最も有益な社会集団を組織化し，維持して行くであろう．これまで日本の選挙過程をめぐる議論では，都市と農村の対立図式は，選好の違いや比較優位に根ざす利害対立を反映するかのように捉えられてきた（Rogowski 1987; Scheiner 1999）．もしくは，地域的な所得水準の違いが政治運動に従事する機会費用の違いを生み出したとの解釈がなされてきた（井堀・横山 1998）．しかし実際には，都市部と農村部との違いを際だたせるのは，こうした対立軸もさることながら，監視体制の強度と便益の選択的供与であった．農村部は元来社会主義思想に根ざす農民運動が強大な組織力を誇っていた時代があり，必ずしもイデオロギー的な意味で保守的だったのではない．農村部にも都市部にも，何らかの形で自民党型集票組織は存在し，都市と農村という居住形態の違いそれ自体が異なる投票行動を生み出したのではない．

　制度的には，監視態勢の強度は，人口一人当たりの地方議員数と密接な関係があった．市町村議会の議員定数は人口規模によって規定されてきたが，人口規模が小さく，人口一人当たり地方議員数が多い地域で自民党がより多くの得票を得てきた．それだけでなく，地方議員を事実上リストラすることにつながった自治体合併が終息した段階で，自民党は政権を失ったのである．

　ここでは農漁村，旧市街，新興住宅街，以上三種類の地域共同体について，自民党の集票マシーンによる監視機能が，どのように作用してきたかを分析的に概観する．またこれを支えてきた政治的基盤として地方自治体が存在していたことに触れ，続いて利害団体の関与，未組織の支持者，野党支持団体と自民党との関係について整理する．

1. 日本的住民共同体と長期的取引関係

　日本の住民自治・地方行政の基本単位は，市区町村という公的な地方自治団体の中に，非公式な形で存在する町内会，自治会と呼ばれる地域住民組織である．最近の日本史研究の成果に拠れば，日本型住民組織の歴史的起源は中世後期の惣村に遡る（稲葉 1998）．

　町内会は日常的に接触が可能な地理的範囲で成立し，居住地による結びつきを共通の基盤に，行政組織の末端であるとともに自治組織としての役割を果たしてきた．惣村の原型となった日本の農村集落は，コメ生産を行う上での集合行為問題を解決するために発生し，定着したものであった．すなわち灌漑事業を実行し，水利権をめぐる紛争を解決するために，地域共同体を発展させる機

Ⅲ. 自民党型集票マシーンと利益誘導ゲーム

能的な必要性があったのである (Haley 2008). 稲作を主体とする他のモンスーン・アジア諸国にも，日本の町内会と類似する古い歴史的起源を持つ住民自治組織が，近代的地方自治制度の枠外で存続し続けているが (中川 1980：4-5)，これは決して偶然ではないだろう.

江戸時代に入ると，キリシタン禁制を実施し，浪人の流入を阻止する目的で，農村部だけでなく都市部でも，五人組という相互監視制度が導入された．また，キリスト教流入以前に，同じ集落に居住する人々が鎮守を祀る慣習があり，住民自治組織は民間信仰の担い手でもあった．今日まで，神社の祭礼，地蔵盆，盆踊りなどの行事は，主として町内会によって維持されてきた．明治維新による近代的統治制度の導入により，五人組は法的基盤を喪失したが，近代的な市町村制度が確立されてからも，五人組は住民の日常生活と自治体の間に媒介組織として存在した．住民団体は市街地では「町内会」「自治会」，農村では「村落会」「部落会」などと呼ばれるようになった．

やがて第二次大戦に突入していく過程で，国家総動員体制の一部として，これらの媒介組織はさらに細分化されて隣組として編成されていった．隣組は，国家が地域社会あるいは家庭に滲入していく中で銃後を守る砦として位置づけられ，近隣の数家庭によって構成されていた．これら媒介組織の役割は，戦前期に自治体財政が困窮する中で，部落会や町内会への非公式な委任事務が増大したことで相対的に強化されていくことになった．戦前期，地域住民の日常生活は，細部に至るまで行政の介入を受けることになったが，「地域の住民の自発的な公共活動も，全て区長の指導の下に行政体系の分肢と化した」のである (河中 1961：539).

媒介組織としての地域住民団体の強固な相互監視機能が戦後の民主化を阻害することを危惧した占領軍は，1947年5月に「町内会・村落会などその他類似団体」に対する解散命令を発している．しかし，戦後の民主化は結果的に，選挙を通じてこれらの媒介団体を行政の一部として再編成することになった．河中 (1961：544) の言葉を借りれば，「町内会解体後は，行政は自治体当局で管轄されたが，しかし間もなく地元代表を自任する地方議員が，PTAとか商店会とか「自治会」とか防犯協会とか納税協力会とか何々期成同盟などなどの地区組織を通して住民と接しつつ行政を媒介した」のである．

戦後も実質的に復活した町内会・自治会は，氏神信仰の中心として住民から寄付を募り，事実上の徴税権を持っただけでなく，地域利害を代表させる意味

で特定の候補者を推薦するなど，選挙運動でも一定の役割を果たすようになった．政党の側も住民自治体の機能を看過することはなかった．戦後を代表する政治学者の一人である松下圭一（1961：515）は，自民党が結党して僅か数年の頃に，「この自民党党組織の末端を担うのが，現在戦後的形態で再編成されつつある部落会・町内会であることはいうまでもない」と喝破している．事実，1961年の自民党運動方針は「市区町村支部を整備し，旧町村に分会組織，さらに部落，町内に班組織を作るよう指導する」としている（松下 1961：515）．

松下（1961）は，名望家を地域行政機関，住民団体のリーダーとして組織化していく過程に着目しているが，選挙によって選任される地方議会議員の他に，有給もしくは無給の名誉職としてあてがわれる役職が多数あり，地域の有力者を役職に任用することで自民党は自治会の組織化を図ったと言える．行政補助としての役割として，民生委員，児童委員，青少年委員，保護司，伝染病予防委員など，福祉，教育，衛生など，あらゆる分野に至るまで「政治任用」が徹底していた．このような公式，非公式な役職を通じた取り込みは，経済的な動機にも裏付けられたものであった．松下（1961：518）は次の様に指摘している．

「しかも，この町内会・部落会を中心に地元政治を掌握しているのは，生産点と生活点が分離し得ない，すなわち土着性の強い保守的な中間層であることは周知のごとくであるが，この地元有力者層は官僚統治機構を地域末端で支えるのみならず，保守政党の末端活動家としても活動する．戦後の新憲法体制においても，15年間の保守連続政権の下で地元有力者層と中央官僚，保守政党との三位一体が革新勢力の台頭に対決しながら強化され，市町村レベルの自治体がその結節環となっているといっても過言ではない．この三位一体を助成したのがいわゆる『補助金行政』であった．」

隣保団体，住民組織は公的な地方行政組織との密接なつながりを維持しながら地域的な利害表出を行ってきた．また，町内会は地方議員，国会議員に個人的な接触の場を提供することにもつながった．地域的行事での挨拶は，候補者が知名度を高めるための絶好の機会である．また住民自治会も，地域的な要求を解決するために議員とのつながりを活用したと言える．

こうした住民団体による監視・動員体制の強さは，地域的な特性や時代による変化にさらされることになる．便宜的に本書では，地域共同体を（1）農漁村，（2）旧市街，（3）新興住宅街の三つの範疇に分類するが，興味深いのはいずれの共同体においても，何らかの形で監視と動員の仕組みが維持されてきた

Ⅲ．自民党型集票マシーンと利益誘導ゲーム

ことである．

（1） 農村・漁村

　農村・漁村は，選挙における相互監視機能が最も強固に機能する共同体である．経済活動と居住地が一致することが多く，地理的に便益を配分し，得票を監視する体制をとることが比較的容易である．住民の多くは長期間にわたる居住者である．小中学校の学区は，複数の集落にまたがる形で形成されるが，早期教育の段階から私立学校という選択肢が存在する都市部とは異なり，農村社会では学区内の児童生徒は同一の公立小中学校に通学する．子ども時代からのつきあいだけでなく，PTAや学校行事などを通じ，人的ネットワークを形成していく．このような顔見知りによって構成される地域共同体では，当然ながら住民による相互監視がより効果的に機能し，選挙も例外ではない．農村部では一カ所の投票所が数集落を管轄するだけのことも多く，投票者と投票管理者が顔なじみであることも多い．しかも農村部の自治体はおしなべて人口規模が小さく，人口一人当たりの市町村議員数が多い．それだけ選挙目的の監視・動員ネットワークが稠密なのである．

　利益分配の側面では，農協や漁協を中心とする職能団体が重要な役割を果たす．農村地域で自民党の支持母体を形成する団体には，農協（JA），全国農業会議所に連なる農業委員会，土地改良区，農業共済組合などがある．農協は，理念の上では農民が自主的に結成した協同組合だが，実質的には全員加入である．農協は集落単位の自治会と密接な人的つながりを保ちながら，農業行政や営農指導の末端を担ってきただけでなく，戦後初期は肥料の配給元として，また食糧管理制度による固定米価体制でのコメ集荷流通を独占することによって，その農村における地位を確固たるものにした．減反が制度化されると，その実施機関としての役割をも担った．農協役員に当初から地方議員を務めるものが多かったこともあり，農協は米価要求などの圧力団体としての性格と同時に，選挙対策組織としての機能を強化していくことになる．同様に，漁協は漁業者に大きな影響を及ぼした．農協も漁協も，金融機関であると同時に資機材の販売元として農民漁民の生活を左右する存在であり続けてきた．

　農村は，農業所得の傾向的下落により，特にコメ農家の間で兼業化が進んだが，雇用の受け皿は主として建設業であった．建設業者は，投票当日に選挙民を投票所にマイクロバスで送迎したり，選挙運動期間中，制服で集会に顔を見せたりするなどの形で忠誠心を表してきた．

（2） 旧市街

　農村・漁村ほど強固とは言えないものの，旧市街でも戦前からの住民組織が存在する．それだけでなく，城下町以来の旧家や，古くからの商家が名家としての声望を保っている．経済活動と生活の場は，農村部ほど密接に一致する訳ではないが，近接している場合も多く，特に商店街では商店が居住地を兼ねることが多い．長期的な居住者も多く，町内会が選挙において果たす役割は，農村部の集落自治会と同様である．高木（1960）は，東京都内の町内会が，圧力団体として独自の要求表出能力を強化しながらも，自治体の補助機関として機能していることを指摘している．

　旧市街は地域経済の中核機能を果たすことが多く，地方自治体の庁舎だけでなく，地方銀行や信用金庫の本支店，商工会議所や法人会など業界団体が集中する場所でもある．医師会，歯科医師会，薬剤師会などの医療関係専門家団体や，特定郵便局長会，若手企業経営者によって構成される青年会議所など，自民党支援団体の地域支部が位置する．地方中核都市には，必ずと言って良いほど旧制中学に端を発する名門高校があり，この同窓生を中心とする政治・経済エリートのサロンが存在する．地域によっては複雑な派閥や企業系列の関係が輻輳しており，旧市街は選挙の時期には様々な情報戦の場となる．

　自民党はいわゆる護送船団方式によって，都市銀行だけでなく地方銀行や信用金庫を保護してきた（Rosenbluth 1989）．農協が農民にとって金融機関として重要だったのと同様に，旧市街で家業を営む者にとって，地元金融機関からの融資，商工会議所を通じた様々な助成措置や，旧国民金融公庫，旧中小企業金融公庫などを通じた融資制度は，特に不況期において渡りに船のことが多い．融資の口利きに政治家が介在したという噂話は，都市伝説とは限らない[28]．長期的に便益が持続する公共財とは異なり，融資の斡旋は，投票態度や選挙動員における協力態度如何では便益を取り下げることが出来る，すなわち報復可能な政策手段である．

　このように，農村地域とは若干異なる形で監視，動員機能が作用する旧市街

---

[28] 公的制度金融の都道府県別配分総額を分析した今井は，自民党長老議員の地元において，多額の融資が行われる傾向にあることを示している（Imai 2009b）．また石原慎太郎東京都知事による中小企業経営対策の一環として発足した新銀行東京について，当時の都政与党政治家による融資斡旋が明るみに出ている．「内部記録は語る：石原都知事ファミリー口利き案件」『週刊朝日』2008年7月18日号，18-22．

ではあるが，票田としての大きさを考える時に，決して無視できない．無論，旧市街地も再開発が進み，新住民が大量に流入する中で，新興住宅街的な側面を強めてきた．

(3) **新興住宅街・団地**

農村部と旧市街が長期居住者によって構成される「内輪」の世界であるのに対し，新興住宅街では「よそ者」が生活する世界である．新興住宅街は遠距離に通勤する人口が多く，生産活動と生活の場が分離している．短期間に引っ越しを繰り返す住民も多く，地縁が形成，維持される機会が限定される．事業所，特に大企業に勤務する労働者は労働組合によって組織され，自民党的集票ネットワークの枠外に位置していた．

鳥越（1994:38-66）は，東京都府中市四谷地区の地域共同体が，農村社会からベッドタウンへと変貌していく過程を報告しているが，農村集落の自治組織が予算，権限の面で大きな役割を果たしていたのに対し，戦後ベッドタウン化が進む地域の自治会は，公式の行政機関の補完的な役割を果たす存在になっていった．農村部や旧市街の自治会は，行政協力組織として各種行政事務を処理することが常であり，実質的に全員加入であったが，高度成長期に拡大した集合住宅では，自治会は任意加入であることが多く，従来的自治会のような形で上意下達の行政補助機関としての役割を果たすことも困難であった（綿貫 1967: 199）．

新興住宅街選出の地方議員を面接調査した若田（1981）は，地域住民にとって自治会以外の利害表出の経路が限定されているために，むしろ新興住宅街では活発な自治会活動が見られるとしている．新興住宅街では，自治会の会長や地域代表として自治体議員を務める者は退職後の男性が多いものの，自治会活動の主要な担い手は女性，特に専業主婦であった（若田 1981，第7章）．女性の労働参加率が先進諸外国に比べて際だって低い日本では，女性による社会参加の回路として自治会活動が存在していた．

人口の流出入の激しい大都市部では投票者と投票管理人が顔見知りである確率は非常に低く，結果的に農村部や旧市街と同じような形で監視機能を発揮させることが難しい．新興住宅街では監視コストが高いだけでなく，便益配分手段も限定されている．生活保護や公団住宅の斡旋などは，新興住宅街での便益配分手段となり得るが，これらは既に供与した便益を取り上げる，すなわち「報復」が非常に困難な政策手段でもある．

もっとも，日本型の農村や旧市街と比較した場合に長期的関係が希薄な新興住宅街も，他国の新興住宅街と比較した場合には，長期的な監視・動員体制が作用しやすい構造にあった．日本の住宅市場が抱える特殊性により，住民は地域共同体に長期的に関与する誘引を持ち続けたのである．住宅市場で流通している住宅に占める中古住宅のシェアを見ると，日本では2003年時点で13.1%に過ぎない．一方でほぼ同時期に米国では77.6%，英国では88.8%，フランスでは66.4%である（国土交通省 2007）．住宅が投資の対象となる欧米とは異なり，日本の住宅市場では，購入した住宅の価値が時間とともに急速に減少するため，住宅を購入し，いったん定住した共同体から退出することが困難である（Schoppa 2009）．価値の上昇した住宅を売却し，他の共同体へ移ることを繰り返す他国と異なり，日本では住民が共同体の価値を保つための行動を迫られるのである．

農村や旧市街が戦前からの住民組織や寺社団体を拠り所に地域共同体を維持し，組織し続けていたのとは異なり，新興住宅街の住民の多くは従来宗教とのつながりが希薄であった．ニュータウン住民が地域共同体を再発見する時に，その宗教的基盤を提供したのは主として新宗教であった（玉野 2008）．戦後に勢力を拡大した新宗教は，主として日蓮宗系の教団であったが，中でも創価学会は，政治との結びつきにおいて最も積極的であった．創価学会が支援する公明党は，少なくとも1998年までは公式に中央で自民党と連携することはなかったが，地方政界では与党入りすることが頻繁であった．野党時代の国政選挙でも，公明党が候補者を擁立していない選挙区では，自民党の候補者を支持することも決して少なくなかった．

公明党が中央政界で野党陣営の一員であった時期は，創価学会と競合関係にある宗教団体は，ほとんどが自民党の支援団体であり，参議院全国区・比例区を中心に独自の推薦候補を自民党公認候補として国政に送り出してきた．宗教法人は非課税であり，少なくとも自民党を支持することで経済的な庇護を受けてきたと言える．公明党が自民党と連立し，創価学会が自民党支持団体としての性格を強める中で，旧来創価学会と競合関係にあった宗教団体が，民主党への支援を強化し始めたのは最近の現象である．

> **コラム④　投票所の不思議**
>
> 　日本の投票所では，投票者が候補者名・政党名を記載する際に用いるテーブルには，背中を隠すカーテンやスクリーンはない．隣接する記載台を仕切る隠し板はあっても，投票者の様子は，明瞭に監視することが出来る．さらに，投票用紙は自署式であり，多くの場合はアルミニウム製の記載台の上で鉛筆で候補者名を記入する際には，それなりに大きな音がする．投票用紙に記入する際の画数で，どの候補者に投票したか，それなりの確度で推測することが出来ると言われる．
>
> 　さらに表向きは選挙の公正を期す目的で，投票所には地域の有力者，多くの場合は自治会長らが投票管理者・立会人として，投票者の様子を見守っている．日本の選挙での投票とは，このような地域共同体内の監視圧力の中で行われてきたのである．一方で海外の投票所では，秘密投票を保証するためのカーテンが設置してあることが多い．国際組織の選挙監視団が日本の投票所を見たらどう思うだろうか．

2. 集票マシーンと監視能力

（1） 監視の技術

　日本の選挙過程において実際には，秘密投票制度を乗り越える手立てが，創造力豊かに考案されてきた．秘密投票原則を完全にかいくぐる手段の一つが，数珠つなぎ不正投票である[29]．これは先に入場した投票者が白紙の投票用紙を持ち帰り，候補者名を記入した用紙を次の投票者に持たせ，その投票者は白紙の投票用紙を持ち帰る手法である．この記入済み投票用紙の投票と，白紙用紙の持ち帰りを繰り返すことで，どの候補者に投票したか確実に監視できる．しかし，大多数の有権者がこうした明らかな不正行為に参加していたという形跡はなく，むしろ日本の政治家は合法的な手段を用い，より巧妙に秘密投票原則を回避しつつ，広大な票田を深く耕してきた．

　日本型の自署式投票用紙と半開きの投票所は，秘密投票原則が侵害される原因の一つとなっているが，自民党はこれを積極的に維持してきた．投票当日に行われる監視努力だけでなく，投票日に至る長い運動期間中にも，秘密投票原則をかいくぐる努力がなされている．テレビでの政策ディベートの機会が乏しく，いたずらに街宣車で名前を連呼する運動スタイルは[30]，日本型選挙運動の

---

[29] 最近の事例としては，北九州市議選での選挙違反事件がある．『朝日新聞』北九州版，2009年4月14日参照．

いびつな形態として紹介されることが多い[31]．しかし，候補者本人や運動員が街頭で露出するスタイルの選挙運動はあくまで表面上の活動であり，日常の票固めは先述の社会的ネットワークを活用しながら水面下で行われる[32]．公的に認められた選挙運動期間中以外にも，候補者は政治的権利として認められた後援会拡大活動に従事するが，この活動において死活的に重要なのが後援会名簿を通じた支持基盤拡大と支持状況点検活動である．

（2）　監視組織としての後援会

後援会は，候補者個人に帰属する支援組織として理解されることが多いが，実質的にはどの有権者が自陣営を支持しているかを把握するための監視動員組織である．日本の公職選挙法では，法的に定義される期間外に「選挙運動」をすることは禁じられ，選挙目的での戸別訪問をすることは許されない．しかし候補者は「政治活動」もしくは「後援会拡大活動」として，選挙区内の住居や事業所を訪問する[33]．候補者は資金的にも時間的にも厳しい制約の中で政治活動を行っており，無作為に戸別訪問を行うような余裕はない．入念に計画を練り，効率的に「営業活動」を行うためには，支持者の名簿が不可欠である．戸別訪問を繰り返すことで，個人的支援者から，主要支援者の紹介を得，さらに主要支援者を通じて支援者の拡大を図る．こうした活動を通じて，候補者（もしくはその代理を務める秘書や血縁者）は，支援者の政策的な選好に関する情報を収集する．一対一の対話から，ミニ集会や企業での挨拶などの手がかりを掴むと同時に，新たな名簿紹介者やポスター掲示協力者を捜す．

投票日が近づいてくると，こうして収集した名簿を頼りに政策文書を頒布し，投票依頼はがきを発送し，集会への参加を招請する．候補者の陣営では，事務所開きへの支援者の集まり具合，集会参加者の人数だけでなく顔ぶれをチェックし，票の出方を予想する[34]．さらに名簿を頼りに選対事務所から投票意向確

30　街宣車による運動は，候補者名を浸透させる目的の他に，住民が住宅や自動車から手を振って呼応するか，支持の度合いを地域ごとに確認する点検活動としての側面を持つ．

31　日本の選挙戦を詳細に描く記録画像として，想田（2006）および Klein（2008）を参照．候補者本人による体験談については山内（2007）がある．

32　野党候補や新人候補は，社会的ネットワークを活用するための資源が乏しいため，相対的に街宣活動を重視することになる．与党系候補者の場合，既に後援会を固めきった候補者が得票のさらなる上積みをはかるために街宣活動をすることが考えられる．

33　例えば McElwain（2008）は公職選挙法の規制によって，政権与党の側が政治的な利益を享受してきたことを示している．

認の電話をかけ，電話口の声色から反応の強さを見極め，記録する[35]．名簿の紹介者からの投票依頼が十分に浸透しているか，点検するのである．

熟練した選対スタッフであれば，投票日までに有権者の動向はおおよそ把握し，誰が誰に投票するか，どの地域でどの程度票が出るかは大体の予想が出来るようになる．そして投票日には，必要があれば投票管理者を通じて投票行動を監視できる．また最終的な投票までは完全に監視できない場合でも，特定の個人や企業が，票を獲得するために努力したかどうかについては正確に監視できる[36]．そして最終的に公表される得票状況と照合することで，運動員の努力を査定し，誰が寝返ったかを特定できる．しかし，このような監視，動員を効果的に行うためには，地域社会に緻密な社会的ネットワークが存在していなければならない．つまり，地域社会の特性によっては，監視費用がいたずらに高く，監視と動員に基づく選挙運動が効率的でない可能性がある．

(3) 政府組織を通じた直接的監視：一党支配のための地方自治

地域社会ネットワークのハブである住民自治会を束ね，地域社会での監視・動員活動に，正統性と財源的裏付けを与えてきたのが，地方公共団体，すなわち市区町村レベルでの地方政府であった．地方公共団体は，総じて「地方自治体」と呼ばれるが，自治とは名ばかりで実質的に自民党政府の賛助組織として機能し続けた．中でも市区町村という，戦後の地方自治法において公式に位置づけられた自治体において有給の政治家として職務を果たしてきたのが自治体議員であった．戦後の自治体議会選挙は，単記非移譲式の大選挙区制をとった．自治体全体が単一の選挙区を構成しながらも，議員選出の非公式な地理的境界は，自治会を単位に構成されていた．市町村議員はそれぞれが地域での人的ネットワークを維持し，有権者と対話し，情報を収集する．また，自らの再選運動をかねて国政選挙の運動員として活動する（石川 1995, 浅野 1998, Horiuchi 2005).

---

34 自陣営の支持を確認するだけでなく，誰が相手陣営を応援しているか監視することも日常的に行われる．相手候補の戸別訪問や街宣活動を尾行したり，選対事務所への人の出入りを監視することは日常茶飯事である．

35 悪質な場合は，世論調査を装って支持者の真の投票意向を探る場合がある．特に農村共同体に居住する有権者は，自己防衛のために与党支持と答えることが多くなる．このため，世論調査の数字は常に選挙での与党得票率よりも高めにでがちであった．

36 同様に，対立政党の候補者の運動に誰が参加しているかの監視も行われる．例えば2000年総選挙で島根2区では，野党候補の集会に誰が出席しているかを点検する目的で，ビデオカメラによる撮影が行われていたという（坂本 2000).

図 2.3 自治体人口と市町村議会定数（地方自治法第 91 条）

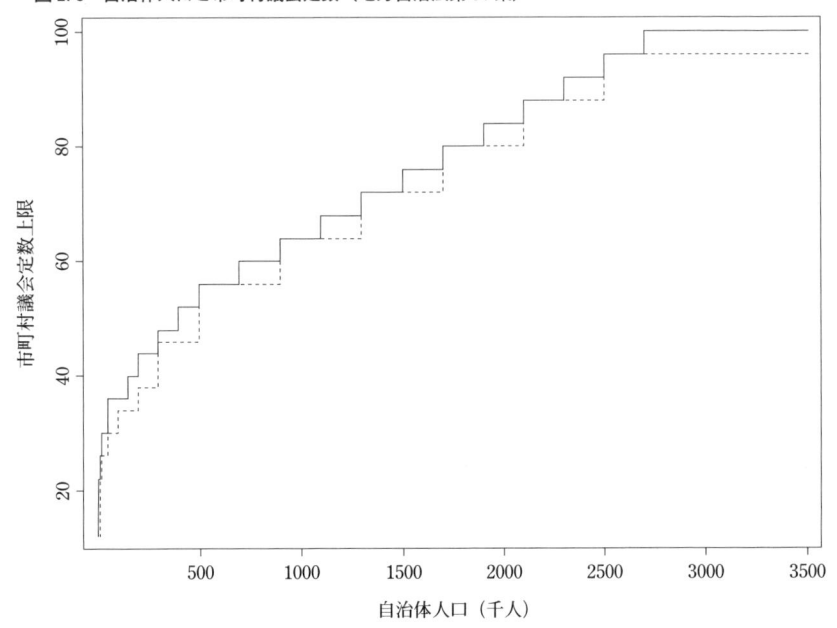

注：実線は 1947 年 4 月から 2002 年 12 月までの法定定数．破線は 2003 年 1 月施行の定数上限である．

すなわち，自民党の選挙運動で，現場の中核を担ったのが，この地方議員団であった．

ここで注意しなければならないのは，地方自治法 91 条の規定により，市町村議会議員の定数上限は図 2.3 のように人口の階段関数になっていることである．しかも自治体議員数の増加幅は，人口規模の増加幅に比べて緩やかであり，人口規模の小さな自治体では議員一人当たりの人口が少なく，比較的少数の票を固めることで当選できる．そして自民党の選挙運動は地方政治家の活動に強く依存するものであるため，その得票率は一貫して小規模自治体において高かったのである．図 2.4 は，自治体人口と与党得票率の関係を二次式で近似し，ほぼ 10 年間隔で示したものである．中選挙区制の時代，自治体人口が増加すると与党得票は急速に低下していったが，並立制に移行し公明党と連立を組んでからは相対的に都市部での集票力を強化している．しかし合併により小規模自治体の数が減少し，地方に配分される補助金が削減されたことで，全国的に得票率が落ち込み，自民党は政権から滑り落ちることになった．

図 2.4　自治体人口と与党得票率

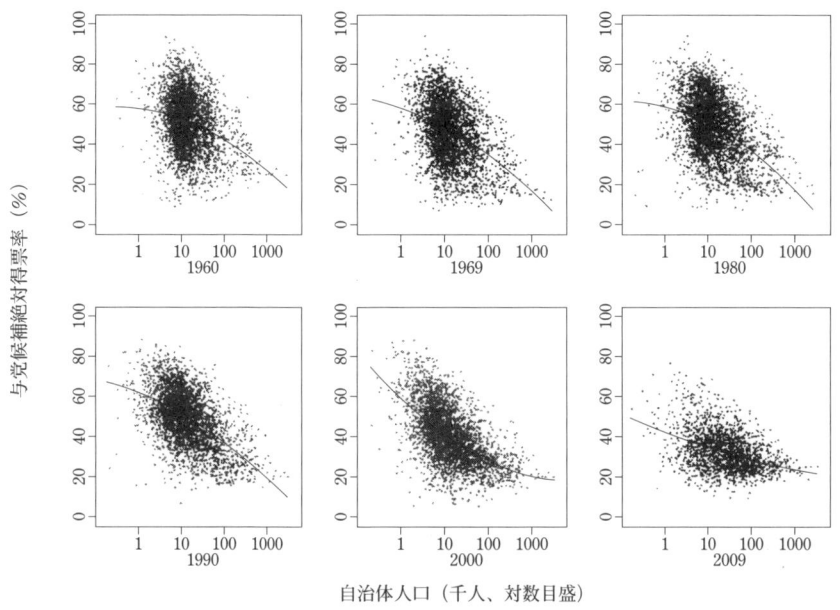

(縦軸：与党候補絶対得票率（%）、横軸：自治体人口（千人、対数目盛）、1960年、1969年、1980年、1990年、2000年、2009年の散布図)

（4） 監視と実施のアウトソーシング：利害団体を通じた集票

　直接的に与党が個別の有権者に選択的便益供与を行い，必要に応じて報復を加えることが難しい場合でも，各種の媒介団体を通じこれを行う選択肢が残される．いわば，監視と実施のアウトソーシング，外部委託を行うのである．自民党が政権にあった長い間，公共政策は利害集団を通じた集票を促進する形で進化を遂げてきた．自民党が政権を失った 2009 年選挙でも，民主党が農家戸別所得補償や子ども手当など，政府から有権者個人への直接的な支援措置を目玉政策に打ち出したのに対し，自民党は業界団体を通じた分配措置の継続を主張していた．

　政府からの直接的な利益誘導措置は，規制や補助金を通じた政策手段によるものであり，個々の有権者レベルでは政策便益へのただ乗り問題を回避できない可能性がある．しかし，各種の利害団体や地方自治体に集票を外注することで，こうした問題に対応することが容易になったのである．そして利害団体を束ねる中央組織や，地域横断型の支持母体が，自民党との密接な関係を維持していた．自民党とは，より巨視的な視点から見れば「鉄とコメ」の同盟関係と

言える．稲作関係の団体が票を供出していたのと同様に，経団連を中心とする業界団体は選挙資金を出していた．綿貫（1967：115-118）は，職能別に組織された集団が，与野党への要求行動として，大衆集会，デモ，陳情などの活動を展開している様子を記述している．広瀬（1981）は，全国区の集票状況を元に，業界団体が地域支部に対して圧力をかけている実態を報告している．それぞれの利害団体内部の人事考課や各種誘引を通して，集票活動をテコ入れすることが，地域的な集票活動を補完する形になっていたのである．

3. 公共財と私的財：便益供給の問題

それでは，実際の選挙戦において便益の提供はどのようになされてきたのであろうか．違法な便益配分手段としては買収があげられる．これは選挙での投票を金品と引き替えに購入する行為に他ならないが，かつては大っぴらな買収合戦が繰り広げられた地域があった[37]．買収自体は，選挙毎に有権者の行動を見極めながら対象を選定することになるが，野党に投票した有権者に対して将来の買収を取りやめることで報復することが可能である．時代を経るに従い，違法行為としての直接的な買収行為よりもむしろ，合法的な政策措置として事実上の買収が行われるようになった．例えば豪雪地帯では冬期間の除雪作業員として，農閑期の農家を雇い入れることがある．誰に除雪の仕事をあてがうかは，政治の判断によって左右されうる．野党に投票したかつての支持者には仕事を回さない，かつて野党支持者だった有権者が与党に入れるようになった場合に仕事を回す，こうした判断を行うことが理屈の上では可能である．つまり，今年の選挙で裏切った有権者に，来年の仕事を回さないことで報復できる．同様に，企業や業界団体単位でも，選択的に便益を供与したり取り消したりすることが可能である．例えば建設業は長年にわたり政官業の癒着や，その発現形態としての談合が問題になっていた．これは便益の供与を選択的に行い，必要に応じて報復が可能であったからこそである．こうして与党は選挙において建設業界に依存し，また建設業界も選挙への協力の見返りとして，与党を通じて公共事業にありついていたのである．

報復手段としては，便益供与の差し止めの他に，積極的に懲罰を加えることも考えられる．利益誘導という用語を用いる際には，何らかのプラスの便益を

---

[37] 例えば，千葉県で広範に行われた買収合戦について高畠（1997：54-87）を参照．

もたらすことで投票を促すことを考えがちだが，しかし実際には，既にある便益を取り上げる脅しによって集票を促すこともありえる．例えば，日本の税制では就業形態毎に所得補足率が大幅に異なり，通常クロヨンと言われるように，給与所得者9割，自営業者6割，農林水産業従事者4割という割合で国税当局が実所得を捕捉していると言われる（井堀2009：119）．税務調査により，申告漏れが見つかった場合には追徴課税が行われる可能性がある．税務調査が選択的に行われる可能性がある場合には，企業経営者や農林水産業者は，無用な諍いを避けるために政権政党との関係を円滑に保つ動機を持つことになる．

4. 票の価値と買収費用

日本経済が安定成長を遂げていた時代，自民党は包括政党として広範に便益を配分してきたとの議論がなされてきたが（例：猪口1983，Kabashima 1984），実際には政権維持という至上命題に色濃く影響を受けた形での便益配分がなされてきた．議院内閣制は衆議院の過半数議席を確保することで政権を握ることが出来る．つまり，過半数議席を確保するために必要な票には高い価値があるが，これを上回る余剰議席を得るための票に同等の政治的価値があるかは疑わしい[38]．それだけでなく，日本の選挙制度では長らく定数格差が放置され，票の価値に長らく不平等状態が続いてきた．第3章および5章で示すように，自民党の集票活動は，得票することに価値がある場合に，事実上の買収費用が低廉な地域に集中する傾向があったのである．

IV. 自民党以外の政党を支援した政治運動集団

このように自民党は自党の支持基盤を維持拡大していったが，反面で野党を支持している集団にはどのような態度をとったであろうか．利益誘導ゲームによる分析が示唆するのは，利益分配により態度を変更することが考えにくい，イデオロギー的に先鋭的で野党志向の強い有権者に自民党が便益を配分することはないということである．一方でイデオロギー的に距離の近い有権者は積極的に取り込んでいった可能性がある．以下，農民運動，業界団体，労働組合の

---

[38] むろん規範的議論として一票の平等は尊重されるべきであり，民主主義は本源的に平等思想に根ざす政治制度である（Dahl 2006）．選挙制度による「票の政治的価値」の違いについては，第8章で詳述する．

(1) 農民運動

自民党の支援団体として活発に政治活動を展開した農協系の政治団体とは別に、戦前からの農民運動に起源を持つ全日本農民組合連合会（全日農）が存在した．特にコメ単作地域である東北，信越地方，中でも岩手，山形（庄内），新潟（中蒲原，北蒲原），長野の各地域において強い支持基盤を誇った．全日農は，戦後初期の税金闘争や米価要求運動において一定の存在感を発揮した．地域によっては農協青年部を中心とする農協民主化運動や，生活改善運動などが，農村での革新派の受け皿となったが，こうした運動の核心は日常の問題解決であった．社会党など野党とのつながりを持ちながら，年次大会では平和運動を含む活動方針を採択することもあったが，現場の実践活動ではイデオロギー的に先鋭化する可能性のある問題に取り組むことは回避する傾向があった（高橋 1964：233）．後に労働組合が社会党の支持母体として勢力を拡大し，イデオロギー的関心を強化していく中で，農民運動に集っていた農家は次第に自民党支持勢力として再編されていった（高畠 1997：33-35）．また民社党が社会党から分裂していく過程で，運動自体も分裂し，さらに共産党を支持するグループが脱退していった．

興味深いことに，野党系の農民運動が活発だったのはコメ農政が価格支持策中心，すなわち食管制度を堅持していた時代までであった．1960年代は，農村内部でも世代による政治意識の違いが表面化し，農家青年層の少なからぬ割合が革新系の候補者に流出していた（綿貫 1967：156-157）．農協系の政治団体でも，本体は自民党候補推薦，青年部は社会党候補推薦という事態も決して珍しくなかった[39]．

価格政策によって農家を保護していた時代に，農家の政治的態度が分裂していたという事実は，本章の利益誘導政治モデルの前提と整合的である．生産者米価を上げれば，農家が与党，野党どちらを支持していようとも所得が上昇する[40]．つまり，便益が非排他的に及ぶ状況では，農村に野党支持者の派閥が存在する余地があったのである．後に農政が減反によるカルテルと公共事業の組み合わせを中心に据え，排他的かつ選択的に便益を供与するようになると，野党系の農協組合長が姿を消したばかりではなく，かつて農村での非自民系政党

---

39 旧社会民主連合関係者へのインタビュー．2002年8月．
40 逆に米価を下げた場合，報復対象以外の農家にも報復が波及してしまう．

の受け皿であった農協青年部が保守化していく流れが作られた．自民党を支持しない集落や個人を，補助措置や公共事業から排除することが可能になったのである．

（2） 業界団体

業界団体は，業種毎の多様性もあり，自民党寄り，中立，共産党支援など，その政治的傾向は様々であった（綿貫 1967）．企業団体としての経団連，経営者団体としての日経連は 2002 年に日本経団連として統合した．中小企業・地域企業の連合体としての日本商工会議所，経営者のサロンである同友会などの主要総合団体は，程度の差はあれ，主として自民党の支持基盤を形成してきた．特に経団連はその政治団体である国民協会を通じて主に自民党への資金提供窓口となってきた．

一方で，共産党系の民主商工会が零細企業を中心に一定の組織力を示してきた．安保闘争の際には商店ストを行うなどの活動を展開したが，基本的には零細企業，個人企業に対する税制，経営相談の窓口として機能し，支持を拡大してきた（綿貫 1967：128-130）．共産党の地盤を拡大し維持する上で，また 60 年代にいわゆる「革新自治体」を実現する上で大きな役割を果たした．

しかし，広瀬（1981）が後に分析しているように，共産党が零細企業経営者の間での支持を拡大する傾向を見せるようになると，自民党は商工会議所を通した補助措置を充実させ，支持基盤の流出を防いだ．農民団体と同様に，イデオロギー的に穏健な集団については，分配政策を用いて支持を取り戻していったのである．自民党が 70 年代以降に，このような政策を巧妙に組み合わせたため，80 年代の保守復調が底流として形づくられることになったのである．

（3） 労働組合

労働組合の活動は，組合の努力によって達成されるベースアップなどの利益が，非組合員にも波及する点で，ただ乗り問題が付きまとう．しかも実質的に全員加入制度を取る農協とは異なり，労組への加入を強制することは通常は困難である．従って，労働組合員としてのコストを負担しないで便益のみを享受するただ乗り問題が生ずる（久米 2005）．終戦直後，全労働者に占める労働組合員の比率は 6 割を超えていたが，近年では他の先進国同様，労組の組織率は減少し，2 割を切る状況になっている．

日本の労働組合は，公的部門と大企業を中心に形成されてきた．労働界において共産党が勢力を伸張させつつあったことに危機感を覚えた占領軍当局が，

穏健な運動を望む勢力を支える形で1950年に発足したのが総評だった．しかし総評は，間もなくイデオロギー的に左旋回し，資本主義体制自体の変革を求める方向に路線変更する（久米 2005：34-35）．また官公労が総評の主導権を握ったことが反発を生み，運動が分裂し，総評，同盟，中立労連，新産別と四つの労働団体が長らく併存していた．55年体制では，総評は社会党との結びつきを強化し，民社党系の同盟が民間大企業を中心に勢力を拡大した．共産党に連なる組合も多く，労働界としての利害を政治勢力として糾合することは決して容易ではなかった．自民党の元最高首脳が後に指摘するように，自民党の強固な支持母体である建設業や農業団体では，そもそも労働組合が活発な活動を行ってこなかった（竹下 2001：295-298）．

総評は政治目的の追求に傾斜していったが，中でも55年体制において総評傘下で最も活動的な運動を展開していたのは国鉄，電電公社，郵便局における組合運動だった．これらの組合のうち前二者は，80年代以降に民営化改革の流れの中で，弱体化を余儀なくされた．郵便局も同様に2005年衆議院選挙を契機に，民営化された．ある意味，民営化改革自体が，先鋭化する公企業労働組合に対する解体策であった（葛西 2007）．民営化が難しい初等中等教育においても，教職員組合の影響力は強かったが，少人数学級を求める住民の要求にもかかわらず，長らく45人という学級定数が維持されてきた．結果的に公教育が空洞化し，学習塾に依存する構造が形成された．

いずれにせよ，自民党政権が労働組合の影響力を強化し，その基盤が拡大することを促進する政策を採用した形跡はない．むしろ地方自治体や農協という，選択的な誘引によって集票を行うことが容易な団体との関係を強化していくことになるのである．

V. 結　語

本章では，利益誘導による集票が効果的に機能するための前提条件を探り，自民党の集票組織の特徴を分析した．これまでの日本政治分析とは異なり，農村で自民党が高い集票力を誇っていたのは，保守的な政策選好のためというよりはむしろ，監視体制の密度や，地域共同体の置かれた環境に強く影響を受けたためである可能性を指摘した．利益誘導の対象になるのは，便益の配分無しでは野党に投票する可能性の高い有権者である．そして利益誘導措置は，地域

V. 結　語

共同体や各種団体による監視活動と，報復戦略の有効性が高い場合に，特に高い集票力を発揮したのである．

第3章 人口動態と選挙戦略：
長期的趨勢への政治的対応

> 「まことに喜ばしい傾向が，皮肉なことに，従来の政党には都合が悪いということになるのである．中等・高等教育を修めた人口が増加すると言うことは，おとなしく人の言うことを聞いて投票するという層が減ることである．……つまり，われわれが産業構造の改革（近代化）を行い，国民経済の富強を望む政策をすすめると，自民党がもし社会の変化に対応する姿勢を見出せないとすると，自らの墓穴を掘ることになるのだ．[41]」
> 石田博英（1914-93） 労働大臣（1957-58, 60-61, 64-65, 76-77）

I. 戦後経済と人口動態

日本政治研究の代表的な著作には，自らの仮説を検証するにあたって，仮説に適合する政策分野を選択し，これを概念的に拡大解釈する形で国家論を作り上げてきたものがある．例えば80年代から90年代の代表作を挙げるなら，ジョンソンの産業政策（Johnson 1982），サミュエルズのエネルギー政策（Samuels 1987），オキモトによるハイテク産業（Okimoto 1989），カルダーの制度金融（Calder 1993），ウッドールの建設業界（Woodall 1996）などが挙げられるが，いずれもカギ括弧付きの国家論を伴うものだった．日本は，開発国家であり，さらに土建屋国家でもあった．果たして，これらの事例研究は，どの程度まで日本政治の一般的な特徴を明らかにするものであろうか．日本政治経済を第二次大戦終了後から振り返る上で，最初に総合指標として経済成長率の趨勢を検討する．

1. 経済成長の趨勢

長期経済成長と短期経済循環は，いずれも政治的，非政治的要因の影響を受

---

[41] 石田（1963）92-94．

第3章 人口動態と選挙戦略：長期的趨勢への政治的対応

表3.1　日本と先進諸外国の経済成長率

年	日本	カナダ	フランス	ドイツ	イタリア	イギリス	米国
1951-1960	6.7	1.2	3.5	—	5.1	2.4	1.1
1961-1970	9.0	3.4	4.6	—	4.6	2.3	3.1
1971-1980	3.1	3.0	2.6	2.5	3.2	1.7	2.6
1981-1990	3.7	1.5	2.3	2.3	2.6	3.0	2.2
1991-2000	0.9	2.5	1.3	1.3	1.2	2.4	2.8

出典：Penn World Table.

ける．経済成長は一般的に，私的所有権の確立を前提とするなら（North and Thomas 1973），労働や資本などの要素投入増大と，生産性の向上によってもたらされる．しかし他の条件を一定にするなら，所得水準の低い後発経済は，所得水準の高い成熟経済に比べて成長のスピードが速い（Barro 1991; Jones 2002）．これは既存の技術を模倣することによって生産性を向上させ，要素投入を非効率な部門から効率的な部門に移動させる余地が高いからである．経済成長の，このような一般的法則性を無視してしまった場合，自民党による経済政策の効果を，特に高度成長期について過大評価してしまう．

1950年代から60年代にかけて，日本の一人当たりGDPは平均して年率7％から9％の水準で成長していた（表3.1）．戦争によって経済インフラが破壊され，経済的にも精神的にも疲弊していた戦後初期の状況を考えれば，日本研究者だけでなく，日本の国民にとってもこの経済成長実績は奇跡的なものに見えたであろう．しかし経済成長の一般的な傾向に照らし合わせれば，戦前期に既に始動していた経済成長軌道の定常状態に復帰したに過ぎない（Flath 2000: 91）．経済成長に不可欠な要因，特に高い識字率や近代的な経営技術は戦前期に達成もしくは習得済みであり，安定的な国際関係，法秩序，私的所有権が機能している状況では，政府が破滅的な政策をとらない限り，日本経済は順調に成長を遂げていたであろう．今日，日本の主要産業として君臨する自動車や電機関連の産業は，戦後初期には外国技術の模倣によって収益性を強化しうる幼稚産業であったか，もしくは全く存在していなかった．日本は他の先進国に追いつくことで成長する余地が大きな状況にあったのである．

自民党が高度成長を加速させる上で貢献したとするなら，それは政権交代が長らく起こらず，政策の継続性を担保したことで，市場経済に安定感が増したことによるのかも知れない．政治的安定性こそが成長のカギであるなら，国家

はジョンソンが主張するほど積極的に開発政策をとる必要はなかったのであろう．むしろ米国との同盟関係により，冷戦期に政情の不安定な東アジア諸国を背後に控えつつ，原材料の輸入と，欧米市場への輸出を円滑に行う環境を整えることが重要であったのかも知れない．

1970年代に起こった経済環境の変化は，様々な意味で分水嶺であった．73年2月の固定為替相場制から変動相場制への移行と，これに伴う円高は，国内産業の競争力に大きく影を落とした．73年10月，第四次中東戦争を契機とする第一次石油危機も，経済の供給サイドを直撃した．日本の経済成長率は以後，長期的に減速していくが，失業率は他の先進国に比べて低く，物価水準も安定していた．日本企業は生産工程の自動化による生産性向上に取り組み，貿易収支は大幅に黒字となった．

日本の経済力は1980年代後半にかけて拡大を遂げていくが，80年代も最終盤にさしかかると，過剰流動性を原因とするバブルが発生した．ちょうどバブル経済が頂点を迎えていた1989年の7月，自民党は参議院において過半数を失った．日経平均株価は89年末に史上最高額の3万8916円まで上昇したが，翌年同時期までに平均株価は2万3849円まで下落する．土地や不動産の価値も同様の下落パターンを描き，長い経済的停滞の時代が始まる．日本の経済成長率は先進諸国の中で最低レベルに落ち込み，一人当たり所得の順位は1990年代初頭にはOECD加盟国中3位だったが，近年では19位まで低下した[42]．政権交代はこの時代背景で起こったのである．

2. 人口の都市化

おおよそ全ての経済成長が都市化を伴うように，日本の経済成長も人口の都市部への移動を促した．都市部人口の指標として，総人口に占める人口集中地区人口比率の推移を示したのが図3.1である[43]．クルーグマンの指摘が正しければ，東アジア地域での急速な経済成長は，労働と資本の投入量の増加によってもたらされ，必ずしも生産性の向上によるものではなかった（Krugman 1994）．日本でも少なくとも戦後初期の経済成長は，農村部から都市部への人口移動に

---

42 『読売新聞』2009年12月28日．
43 人口集中地区とは，国勢調査において設定される統計上の地区であり，市街地人口を把握する目的で用いられる．基本的には人口密度が1平方キロメートルあたり4,000人以上で，隣接地区の人口が5,000人以上となる場合に設定される．

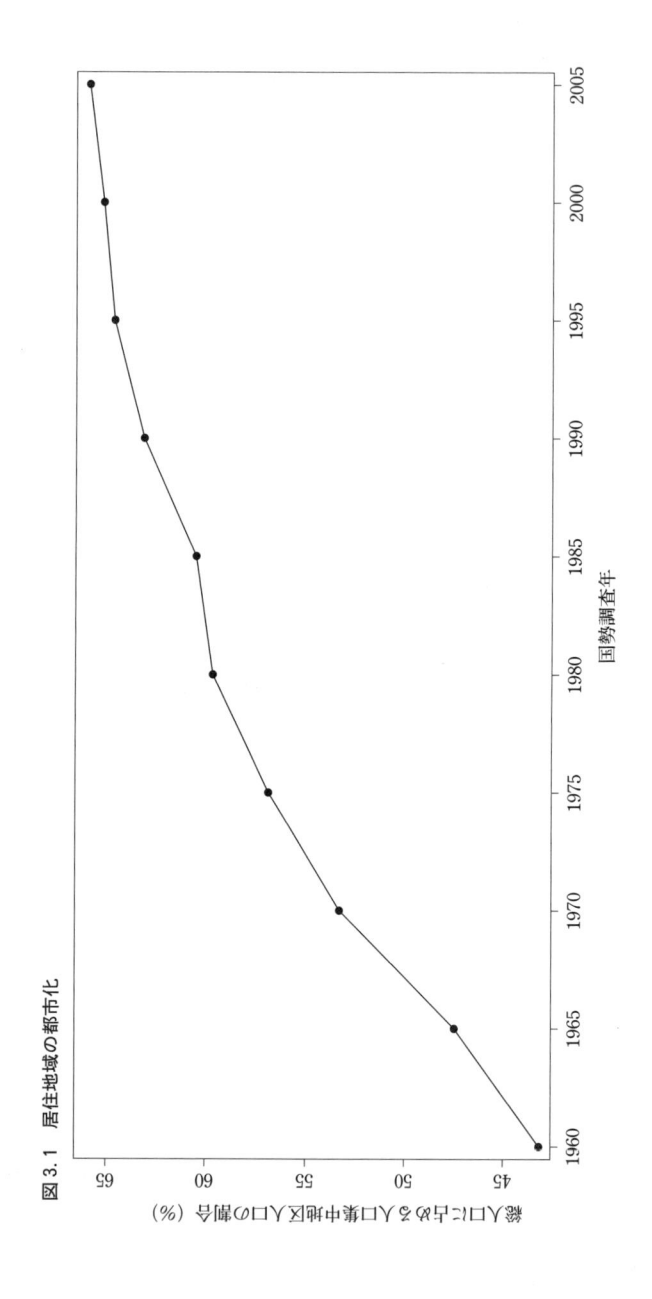

第3章 人口動態と選挙戦略：長期的趨勢への政治的対応

図 3.1 居住地域の都市化

よって加速されたと言えるが，特に1950年代初頭から1960年代終盤にかけての高度成長は，様々な意味で政治的な結末をもたらした．選挙政治の文脈で捉え直すなら，地域住民組織を用いた監視動員型集票組織の弱体化につながった．つまり，稠密な社会ネットワークを活用した集票活動が可能な農村型地域社会から，これが困難な新興住宅街へ，大規模な人口移動が起こったのである．都市部人口は1960年代初頭は少数派であったが，70年代を迎える前に多数派に転じ，スピードの増減こそあれ着実に増加を続け，直近の数値である2005年で65%程度である．

3. 産業構造の変化と政治的提携関係

総就業者に占める産業部門毎の構成比を長期間にわたって示したのが図3.2である．ここでは通常の産業部門三分類ではなく，集票への影響を考慮する目的で (1) 農林漁業，(2) 建設業，(3) 製造業，(4) 公務員の4部門を示している．これらの産業部門毎の就業者比率が自民党の得票に与えた影響を，順に検討しよう．

戦後初期において被雇用者のおよそ半分は農業部門に属していたが，農業部門の占める割合は70年代初頭にかけて急速に下落し，以後は漸減傾向で推移している．農業部門は戦後改革の勝ち組であり，自民党結党以前の保守政党の強固な支持母体を形成していた．戦前期には農業部門に向かう補助金は非常に少額で，明治政府は地租を中心に農地からの税収によって重工業部門での投資を賄った (寺西 1982)．農業保護措置は1920年代になって，植民地米の流入によって米価が下落し，本土の稲作農家が困窮するようになって初めて導入されたが，一方でこの時期に男子普通選挙制が導入されていることも見逃せない．戦後の民主化と農地解放は，農家票の影響力を増大させた．占領軍による改革により，農地を直接所有する多数の自作農が生まれた．加えて敗戦により植民地からの農作物供給が途絶したことや，以後の保護措置により，国内産農産物価格の上昇率は，総合的な物価指数の上昇率を上回る状態が1960年代後半まで続き，農家所得の向上に寄与した (Minami 1994 : 59-69)．農業部門が雇用に占める比率は着実に減少していくが，少なくとも1960年代までは労働生産性の向上と資本財投入の増加により，農業生産額は増大を続けた．農業生産性の停滞が始まったのは，1970年頃のことである．米価は事実上1995年まで価格統制下にあり，しかも1999年までコメ輸入は事実上禁止されてきた．

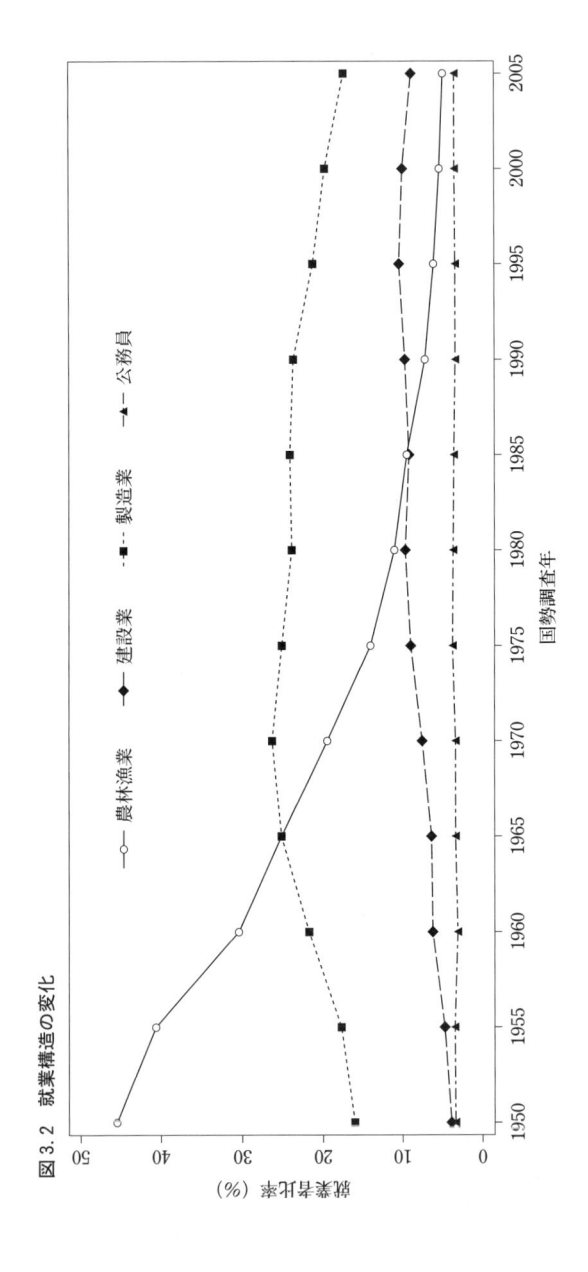

第 3 章 人口動態と選挙戦略：長期的趨勢への政治的対応

図 3.2 就業構造の変化

コラム⑤　農業予算の変遷

　自民党農政は，端的にはコメ兼業農家を維持するためのカルテル政策に他ならない．かつては食糧管理法に基づく価格固定策を取っていたが，政策の重心は徐々に減反と公共事業が主体になっていく．図⑤は，農水省予算総額に占める，食糧庁と土地改良関連事業支出の構成比の変遷を図示したものである．1975年に，政府はおよそ8,000億円の予算を食糧庁，つまり食管制度を維持するための費用につぎ込んだ．しかし生産者米価は，いったん設定してしまえば投票態度とは無関係に便益が発生してしまう点で，集票効果に限界があった．いわゆる「逆ざや」に対する世論の強い批判もあり，農政の主軸は土地改良を主体とする公共事業と減反に移行していく．

　土地改良事業は，圃場を広げ，灌漑設備を改善することで，労働生産性を改善するのが目的である．食糧庁が2003年に廃止されたのとは対照的に，土地改良事業予算は相対的に安定的に推移していく．1990年代はWTO対策の一環で農業土木予算が増加したこともあり，短期的に復調している．米価政策や民主党型の所得補償政策とは異なり，公共事業は「与党を支持する農家」を対象として選択的に所得補償を行うことが出来る政策手段だった．

図⑤　農業予算の推移

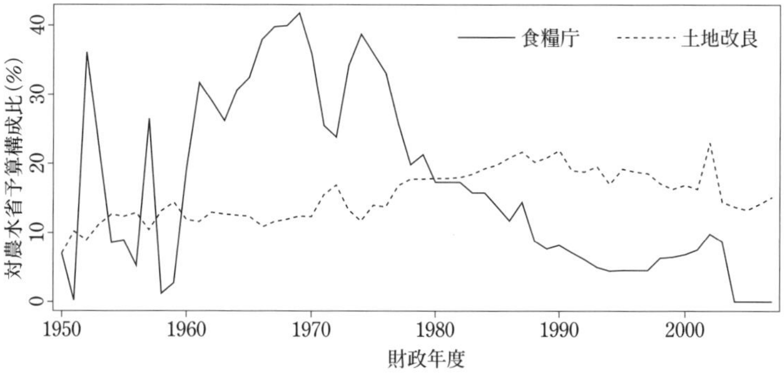

出所：財務省決算データベース（http://www1.mof.go.jp/data/index.htm）．
注：土地改良は項目名に「土地改良」「農業生産基盤」「農業構造改善」を含む費目の合計である．

　農業部門が競争力を欠いていたこともあり，農家の多くは兼業，特に建設労働者としての副業を求めることで追加的な所得を得てきた．稲作中心で山岳地域が多い点で共通している韓国と比較すると，日本では高度成長期に農村に工場が進出する一方で土建業が雇用機会を提供したため，農家が在宅勤務のまま兼業化し，農村地域に居住しつつ農業を維持した．一方韓国では工業化に伴い

人口が都市に流出したため，農村地域に留まった農家は専業が多かった．農家戸数のうち，日本では専業農家が最近の数値で3割であるが，韓国は7割に近い（深川 2002）．急速に都市化が進んだ時期に，韓国は民主主義体制ではなかったのに対し，自民党が与党であり続けるためには農村票を維持することが死活問題だったのである．

農村から都市への人口流出を食い止め，農村地域において主要な副業先を提供したのが建設業界であった．農村共同体での高い監視機能と，公共事業をてこに便益の提供と報復が可能な業態は，自民党が集票力を強化する上でうってつけであった．建設業の就業者比率は僅かずつではあるが着実に拡大し，2000年の時点で10%まで拡大した．同年の農業部門，製造業部門の就業者比率はそれぞれ5.6%，19.6%であった．参考までに米国での同時期の就業者比率を見ると，農業は1.8%，建設業が7.2%，製造業は14.4%である（U.S. Bureau of the Census 2001）．産業部門の定義の違いから厳密な比較は出来ないが，日本経済では農業と建設業が相対的に大きな地位を占めていることが分かる．マクドナルドは，大都市と農村の二重構造が，雇用と雇用調整における柔軟性を確保する上で有益であったとしているが（McDonald 1996），一方で先進国的な社会安全網の整備が遅れることにつながった．建設業就業者比率が減少に転ずるのは小泉政権期の2005年国勢調査からである．

日本の労働組合は分断され弱体だと言われるが，いずれにせよ自民党の友好団体ではなかった．ペンペルと恒川は日本の政治体制を「労働なきコーポラティズム」として特徴付けたが（Pempel and Tsunekawa 1979），この解釈に従うのであれば，利害団体と与党の間での中央集権的な交渉，調整が日本政治の方向性を決定していた一方で，労働組合はその過程から一方的に排除されていたことになる．

特に製造業では労働組合の組織率が高く，2008年現在で全労組構成員の約28%を製造業が占める（厚生労働省 2008）．製造業部門の雇用は70年代まで急速に拡大していったが，80年代にかけて安定し，以後は縮小傾向にある．製造業での自民党に対する支持は，それほど強固なものにはなりえなかった．海外市場への輸出により利益を得る企業にとって，自民党の政策は農業部門に対して過度に保護主義的であった．しかも市場競争で利益を得る企業に対して，政策的手段により便益を供与したり取り下げたりすることには技術的な困難が伴う．

製造業の中でも，特に国際的競争力を持つ大企業では労働組合の組織率が高く，野党の主要な支持基盤の一つとなっていたが，組合の組織された大企業でも，経営者側は自民党を支持することが多かった．第一次産業従事者が自民党に票を供出していた一方で，経団連に連なる大企業は政治資金を自民党に提供することで，政策決定においていたずらに不利に扱われる可能性を回避していたのである．

潜在成長率が低下してくる中で，産業構造の変化もより緩やかな形になっていく．製造業部門の拡大は70年代を境に頭打ちになる．そして，自民党の退潮傾向に歯止めがかかったのは1980年代初頭である．経済が成熟していく中で，雇用の重心はサービス部門に移行していく．他の先進工業民主主義国と同様に，産業の空洞化は日本の政治経済でも大きな問題となった (Schoppa 2006, 特に第5章)．中国の経済開放政策と工業化がこの傾向に拍車をかけた．

公務員は職務上の義務の代償あるいは職務の公平性を担保することを目的として，法律により身分が保障され（国家公務員法第75条第1項，地方公務員法第27条第2項），法定の事由による場合の他は，職員の意に反して，降任，休職，免職されない．すなわち，選挙を理由に自民党が報復手段を講ずることが困難な業態である．2008年の時点で国の各機関職員，特定独立行政法人の役職員は約60万人で，このうち約25万人を自衛官が占める．一方で地方公共団体職員，特定地方独立行政法人の役員及び職員は総数約295万人に上る．公的部門が全就業者に占める比率は3%から3.7%の水準で非常に安定的に推移している．先進諸外国に比較して，日本の公務員数は非常に少ない．加えて公的部門における労組の組織率は傾向的に低下している（文部科学省 2005; 厚生労働省 2008）．

4. 少子高齢化の進展

投票行動を分析する上で，年齢構成は重要な変数の一つである．経済全体での貯蓄率や，長期的な労働供給の動向は，長期的な経済見通しにおいて不可欠なだけでなく，政治的な意味も持つ．たとえ国家がいかに自律的であろうとも，短期間に人口の高齢化を食い止めることは不可能である．図3.3が示すように，日本の人口は着実に高齢化に向かい，そして近い将来もこの傾向は続くと予想される．戦前の「産めよ増やせよ」の人口政策と戦後のベビーブームは，結果として近年の高齢化傾向を加速させることになった．一般的に高齢者は経済・社会的リスクに対して脆弱であり，再分配政策による集票の一つのターゲ

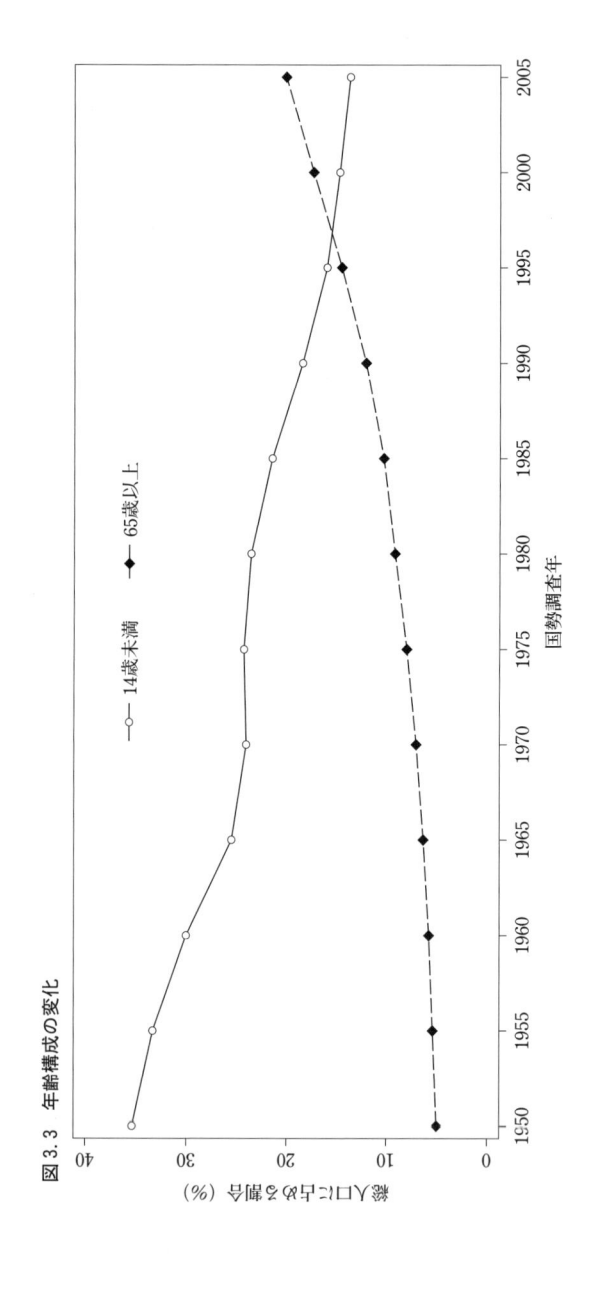

第3章 人口動態と選挙戦略：長期的趨勢への政治的対応

図3.3 年齢構成の変化

ットになったと言える．実際に高齢者の自民党支持は，常に他の世代よりも高率であった（松本 2001）．

このように高齢化が自民党の延命に貢献したとの見解が一般的な中で，高齢化により利益分配による政権維持が困難になる側面も存在した．経済成長が鈍化し，労働力人口の減少によって税収は減少するが，社会保障支出圧力は増大する．それだけでなく，高齢者はインフラ整備により地域経済を成長させ，これを通じて資産価値を高めるよりも，年金による所得再配分への関心を強めるであろう．長期的な利得に比べて，短期的な消費志向が強まるため，公共事業による訴求力が低下した可能性がある．それだけでなく，2007 年参議院選挙がそうであったように，ひとたび年金問題で失点が生ずると，自民党は打撃を被ることとなった．

II. 選挙結果

自民党の地域組織が，第 2 章で考察した利益誘導ゲームの論理で成立していると考えるなら，長期的な経済成長と都市化の趨勢によって，自民党組織は着実に弱体化していくはずである．前章の比較静学を適用するなら，地方組織の監視能力（p）が高く，有権者が長期的な利得（δ）を重視する場合，票と便益の交換が容易になる．そしてこのような地域で集中的に得票し議席を獲得することで，全国的には多数党としての地位を確保することが可能であったのである．一方，経済の成長余力が低下し，都市化のスピードが鈍化したことで，集票組織の崩壊速度も鈍化していた可能性がある．

新憲法施行後の選挙結果を，自民党とその前身となった保守政党の得票状況を中心に概観しよう．監視と動員による逆説明責任体制を維持する上で不可欠な前提は，利益配分を行う政党が，長期間にわたって政権に留まるという期待が共有されていることである．図 3.4 は，自民党系候補者の衆議院選挙での得票率を時系列で示したものだが，1950 年代当初，後に自民党を形成することになる保守政党は，全体で実におよそ 3 分の 2 の得票を誇っていた．自民党が結成された段階で，ある程度持続的に自民党が政権を維持するであろうことは，十分に予想された状況であった．

しかし少なくとも 1970 年代までは，経済成長による人口動態の変化は自民党の集票力を考える上で，明らかにマイナスの効果をもたらしていた．日本が

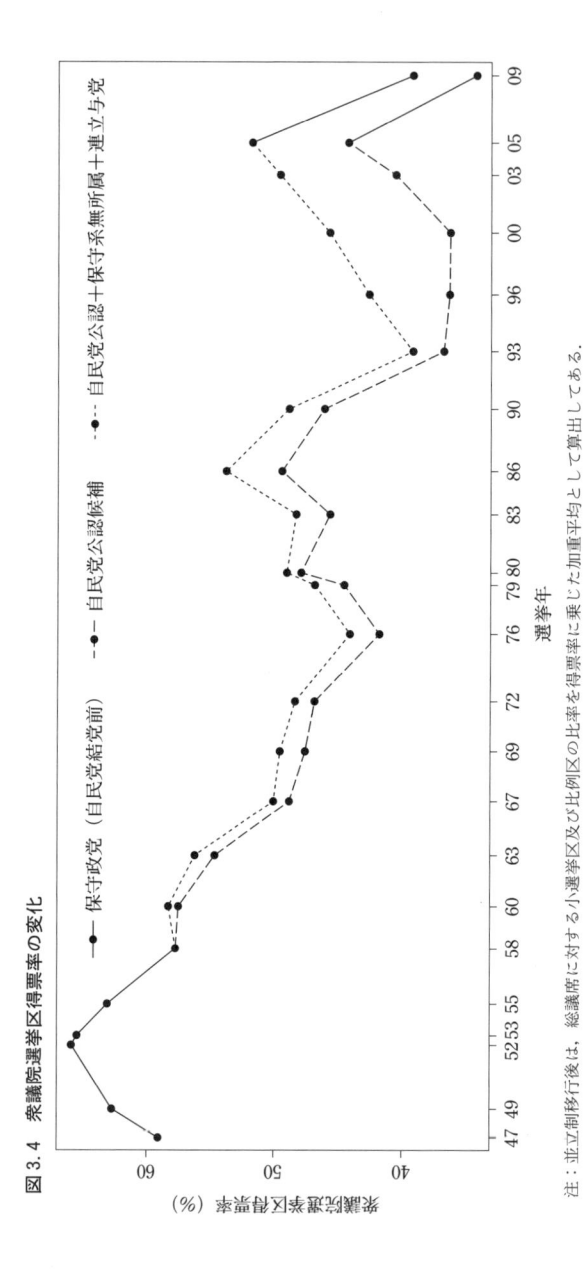

第3章 人口動態と選挙戦略：長期的趨勢への政治的対応

図 3.4 衆議院選挙区得票率の変化

――― 保守政党（自民党結党前）
・・・・・ 自民党公認候補
――― 自民党公認＋保守系無所属＋連立与党

注：並立制移行後は、総議席に対する小選挙区及び比例区の比率を得票率に乗じた加重平均として算出してある。

Ⅱ．選挙結果

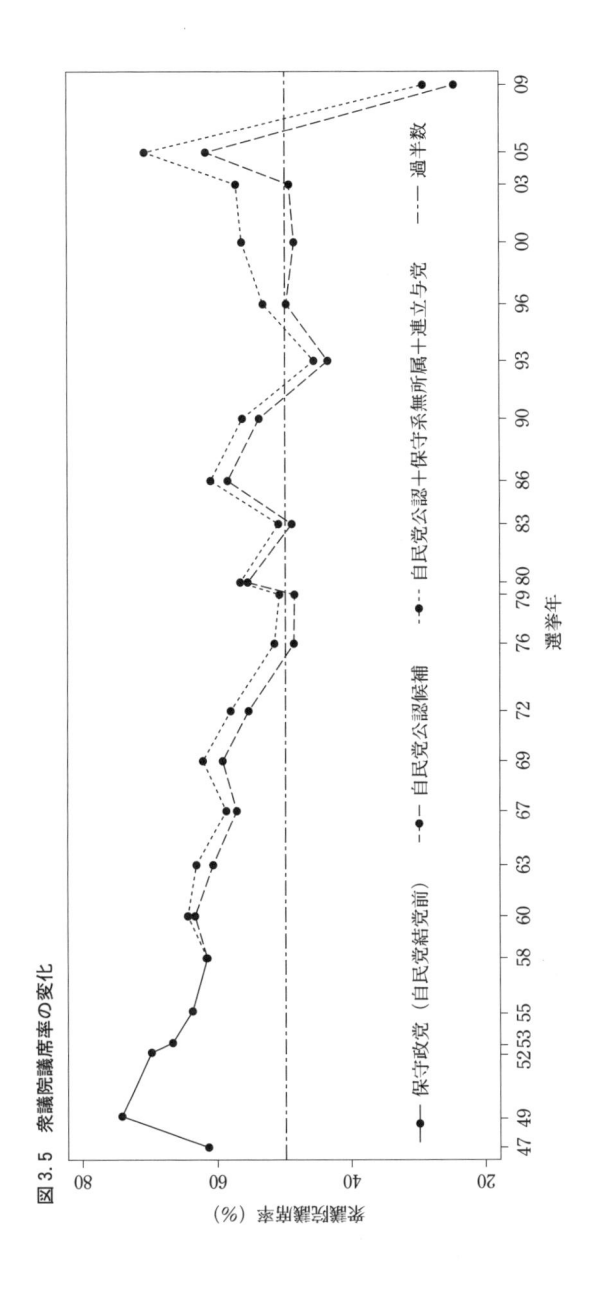

図 3.5 衆議院議席率の変化

高度成長軌道に乗って間もない頃，自民党衆議院議員であった石田博英 (1963) は，過去の選挙結果から外挿し，革新陣営が 1968 年までに政権を取るであろうとの悲観的な予想を公表した．農村部の地盤が縮小していく中で，実際に 1976 年総選挙まで自民党の得票は漸減傾向を示した．自民党は 80 年代に入り党勢を盛り返したが，89 年参議院選挙で同院の過半数議席を割り込み，さらに 93 年総選挙を控えて多数の現職議員が離党したため，一時的に政権を失う．94 年に社会党と連立を組むことで政権に復帰した自民党は，新選挙制度として導入された小選挙区比例代表並立制での競争において，93 年当時の集票力を維持した．さらに 1999 年以来，公明党と連立し，特に都市部での堅い公明票を手中にする．さらに小泉政権期は高支持率を維持することに成功し，徐々に得票力を回復していく．

自民党は 1967 年選挙において，得票率で過半数を下回るようになったが，これ以後も着実に議会の過半数を占有し続けた．図 3.5 から分かるように，1976 年，79 年，83 年の選挙では，自民党は公認候補のみで衆議院の過半数議席を維持することが出来ず，結果的に当選した無所属候補を事後公認することで，与党の座を守ったのであった．しかし，93 年 7 月選挙の直前に多数の離党者が出たため，事後公認だけでは過半数を守りきれず，94 年 6 月まで 11 ヶ月の短期間ではあったが下野することとなった．最終的には社会党村山首班を担ぎ出すことで自民党は政権に復帰するが，非自民党政権期に選挙制度改革法案が成立し，小選挙区比例代表並立制が導入された．公共政策に目を転ずると，自民党が野党の間，コメ輸入の解禁が行われた．

自民党が政権に復帰した後，当初は社会党（後に社民党へ改称）と新党さきがけを連立政権パートナーとしていた．1998 年参院選を前に社民党とさきがけは野党に転じ，参院選後には自由党，時間をおいて公明党が連立に参加することになった．

III. 人口統計による説明の限界

こうして時系列で自民党の得票動向を振り返る時に，単純には理解できない疑問がいくつか浮上する．長期的な都市化の趨勢により，自民党は 70 年代初頭において野党に転落しかねない状況に追い込まれた．にもかかわらず，なぜ自民党は政権を維持できたのであろうか．しかも自民党は 80 年代にかけて党

Ⅲ. 人口統計による説明の限界

勢を回復させたが、これはいかなる手段により可能になったのであろうか. 90年代において、多数の離党者を出し、いったんは政権から滑り落ちながらも、与党として返り咲き、その地位を維持してきた. これはどのような要因によって可能になったのだろうか. しかし、こうした狡猾な努力にもかかわらず、2009年にいたって絶望的な敗北に追い込まれ、政権の座から滑り落ちたのはなぜだろうか. 日本の政治制度に内在する政権防御装置、自民党による政治戦略上の対応、政策的対応の三つの側面から考えていく必要があるだろう.

1. 制度的保護装置

1947年4月に新憲法による最初の衆議院選挙が行われて以来、1970年代半ばに至るまで一票の格差は拡大を続けた. 公職選挙法は五年毎に行われる国勢調査の結果を反映させる形で定数再配分がなされることを定めているが、少なくとも1960年代半ばまで定数再配分は一切なされることはなかった. 一方で高度成長は農村から都市への人口の急速な移動を促したため、定数格差は拡大を続けた. 中選挙区時代の定数再配分はいわば弥縫策であり、本格的な定数格差是正措置は1994年選挙制度改革まで待たなければならなかった.

一般的に選挙制度の変更を決定するのは、既存の選挙制度によって選ばれた現職議員である. このため選挙制度の変更はごく希にしか起こらない. しかも逆説明責任体制としての集票組織は農村部を中心に根を張っていた. 都市化による人口重心の移動を定数格差是正に反映させた場合、議席数の点からは与党自民党が最も大きな被害を受けるであろうことは明らかであった. しかも日本の司法府は定数格差是正に対して積極的な関与をなすことを回避する傾向があった. 日本の司法権独立は名目的なもので、事実上自民党政権による最高裁判事人事の操作と自民党政権自体の長期化により、行政府の利害に大きく反する司法判断がなされることはなかった (Ramseyer and Rosenbluth 1993; 朝日新聞 1994; Ramseyer and Rasmusen 2001). 米国におけるベーカー vs. カー判決を契機に、日本でも一連の定数格差訴訟が件数として増加していくが、最大最小比で5倍に広がった定数格差が初めて違憲と判断されたのは1976年であった[44]. しか

---

44 日本国憲法第14条は「すべて国民は、法の下に平等であって、人種、信条、性別、社会的身分又は門地により、政治的、経済的又は社会的関係において、差別されない.」としている. この条文に照らして、1963年から2000年までの間、定数格差関連のものだけでおよそ57件の憲法判断がなされた. 定数訴訟の歴史的経緯については辻村 (1982) お

第3章 人口動態と選挙戦略：長期的趨勢への政治的対応

も違憲判決が下された際にも，最高裁は選挙結果自体は有効との判断を下している．

さらに中選挙区制に特有の問題が存在したと言える．英米の小選挙区制では定数格差是正はすなわち選挙区定数の引き直しにつながる．対照的に中選挙区制では，理屈の上では定数格差是正は議員定数の配分を行うことで対応が出来る．しかし定数の変更は即座に政党の勢力図だけでなく与党内の派閥勢力図の変更につながる．しかも中選挙区制において各議員が地盤を固める動機を持つため（Carey and Shugart 1995; McCubbins and Rosenbluth 1995），いかなる定数格差是正措置も非常に強力な抵抗に直面することになった．野党は潜在的には定数格差是正により大きな利益を受けることが予想されたが，個々の議員の選挙区事情により，積極的に定数格差是正に動くことがなかった（『朝日新聞』1964年7月19日，1992年12月3日）．図3.6は定数格差の推移を図示したものである．

定数格差の変化を時系列で把握するために，一票の重み指数（SPV）を次の様に算出する．任意の選挙区 k の一票の重み指数は $SPV_k = \frac{s_k}{n_k} / \frac{\sum s_k}{\sum n_k}$ として算出され，s_k は選挙区定数，n_k は有権者数である．従って SPV_k は各選挙回における有権者一人当たりの議員数について，選挙区と全国平均の比を取ったものである．SPV_k が1より大きければ，一票の重みは全国平均に対して大きく，有権者一人当たりの議員数が多い．これまで殆どの裁判所判決は最大最小比に基づき判断が行われている．最大最小比（MMR）とは，$MMR = \frac{\max\{SPV_k\}}{\min\{SPV_k\}}$ として算出される．一人一票原則が尊重されるなら，最大最小比は1に落ち着くが，一方で外れ値が存在する場合はその影響を受けやすい．図3.6を見る限り，箱ひげ図は72年選挙まで四分位範囲が拡大しているが，それ以後は中選挙区制による最後の衆議院選挙が行われた93年に至るまで比較的安定している．箱ひげ図だけでも，新選挙制度改革によって議員定数格差が縮小した事実が分かる．選挙制度改革は300の小選挙区と200の比例区議席を組み合わせたもので，比例区は11の地域ブロックに分割されている[45]．一方で，新選挙

よび Hata (1990) を参照．

[45] 衆議院比例区のブロックごと定数格差はかなり小さいものとなった．1996年選挙をみると，最大最小比で見て1.09倍であった．本章では並立制における定数格差という場合，小選挙区に焦点を当てる．比例ブロックや参院をも含む定数格差については，第8章を参照．

Ⅲ．人口統計による説明の限界

> **コラム⑥　自民党と減反**
>
> 　筆者は山形のコメ専業農家の長男として生まれ，将来的には田んぼを継ぐことを期待されて育った．集落から市会議員が選出され，遠縁の親戚に自民党所属の県会議員がいたため，選挙もごく身近な存在であった．食糧管理法が堅持されていた時代，父が米価要求運動で上京するのを，駅まで見送りに行ったこともある．こうした経緯もあり，自民党とその農業政策には個人的に強い思い入れを持ちながら研究を行ってきた．
> 　食管制度を縮小しながら米価を維持するために実施されたのは減反という国際的には非常に特殊な政策だった．しかも減反はその実施において集落内部での利害対立を発生させやすく，農家の側が常に集合行為ジレンマに直面しなければならない．集落内での制裁さえなければ，減反というカルテルを守らず，つり上げられた価格でコメを出荷する農家が利益を得る．いわば典型的な囚人のジレンマが生ずる．カルテルを維持するためには，集落内に監視と，必要に応じて報酬と報復を行う装置を維持し続けることが必要となる．自民党は農協を媒介として，この小さな権力を大切にすることで農村の票田を維持し続けたのだ．

制度改革導入により定数格差是正が行われた後も自民党政権が存続したことからも分かるように，定数格差だけが長期政権の主要な要因だったと結論づけることも出来ない．

　選挙制度は，得票を議席に変換する関数と言えるが，その過程で各種の偏りを生み出すことがある．図3.7は，自民党及び与党が衆議院選挙で獲得した議席率を得票率で割った数値である．つまり，与党獲得議席が得票の何倍であったかを時系列で示している．55年体制発足直前の選挙では，保守系各政党の得票率と議席率はほぼ等しかった．これが69年にかけて上昇していったのは，第一に急速な都市化に定数格差是正が追いつかないために，急速に一票の格差が拡大したことと（図3.6），第二に過剰擁立による共倒れを防止したためと考えられる．80年代中盤にかけて「議席ボーナス」は縮小していくが，結果的に自民党が政権の座から滑り落ちることになった93年総選挙でも，自民党は得票に対して相対的に多くの議席を得ていた．しかも小選挙区比例代表並立制を導入した96年以降与党は得票率に対して1.2倍から1.4倍の議席占有率を手にしていたのである．選挙制度改革によって小選挙区制を主体とする並立制が導入されたことで，野党が分裂した状況が続く限り自民党を中心とする与党は非常に高い下駄を履かせてもらう結果になったのである．2003年の民

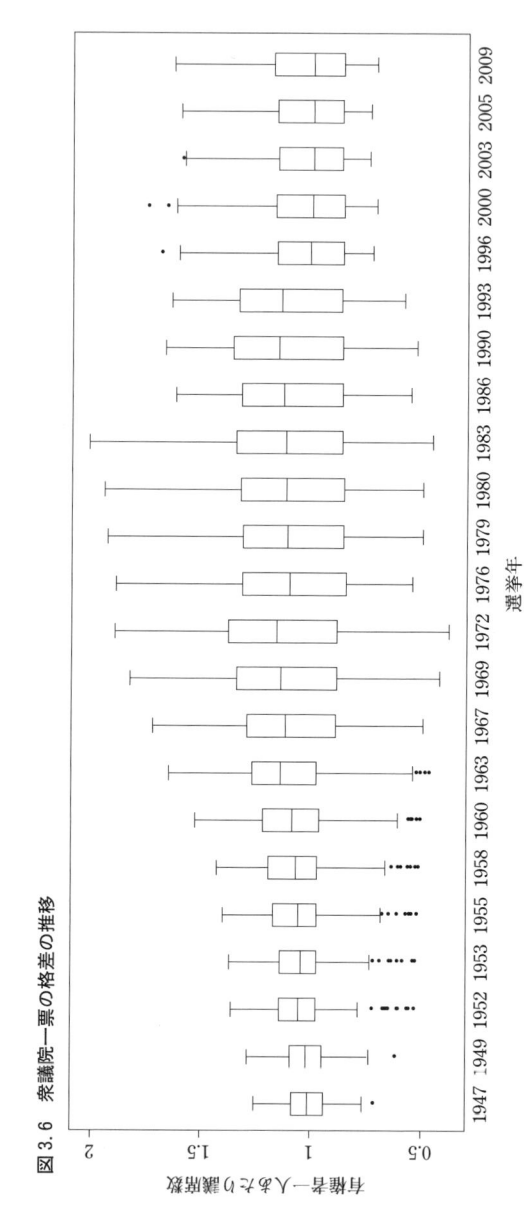

第3章 人口動態と選挙戦略：長期的趨勢への政治的対応

図3.6 衆議院一票の格差の推移

注：全国平均を1に基準化してある．箱ひげ図はヒストグラムを簡略化したもので、箱中央の水平線は中央値、箱上部が上位25％位、下部が75％位を示す．ヒゲもしくは点が全体の分布状況を示す．並立制移行後は小選挙区の定数格差のみを示している．

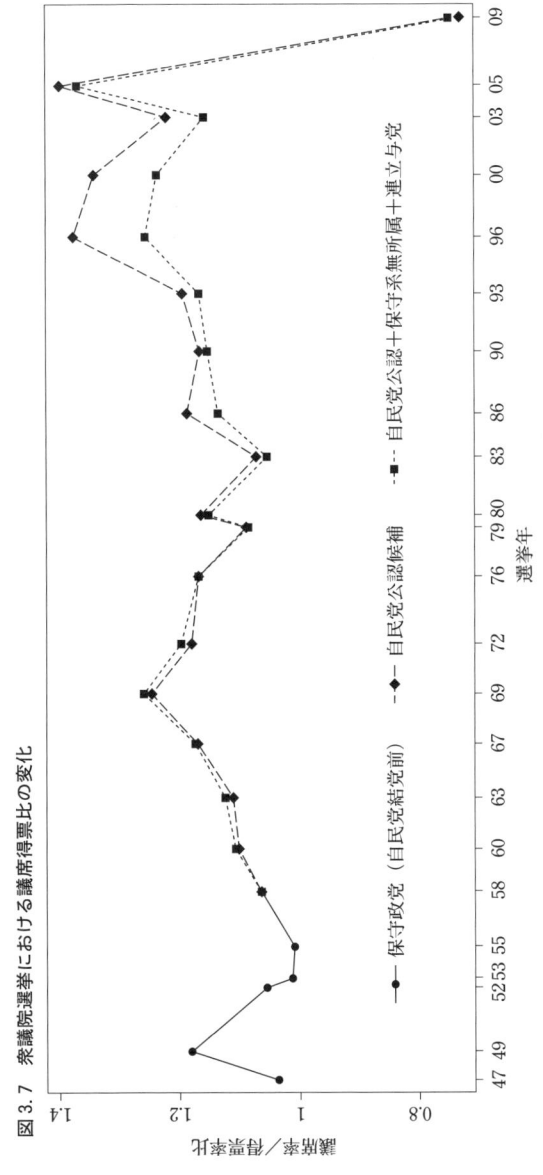

III. 人口統計による説明の限界

図 3.7 衆議院選挙における議席得票比の変化

注：並立制移行後の得票率は，総議席に対する小選挙区及び比例区の割合を乗じた加重平均として算出してある．

第3章 人口動態と選挙戦略：長期的趨勢への政治的対応

主党，自由党の合併により，いったんは議席ボーナスは縮小していくが，2005年の郵政選挙では小選挙区制の「三乗比の法則」がいかんなく発揮されることになった．つまり小選挙区制では，議席比の変動が，得票比の三乗に比例する形で劇的に変化するのである (Tufte 1974)．しかし皮肉なことに，2009年選挙では逆方向に大きなバネが働き，自民党は壊滅的な打撃を被った．

選挙制度がもたらす種々の歪みだけでなく，解散権を首相に与える憲法上の規定も，自民党政権の延命に貢献した．第4章で詳細に分析するように，与党自民党は政治的危機を回避する形で解散総選挙のタイミングを選択してきたため，政権交代が起こりそうな状況では選挙は行われなかったのである．

2. 選挙戦術上の対応

こうした制度的な保護装置もさることながら，自民党は選挙戦略上の対応を行うことで，政治制度に根ざすバイアスをより有効に活用してきたと言える．まず第一に，自民党の結党自体が，現職議員の落選を防止するための擁立カルテルとしての側面を備えていた．第二に，保守系無所属議員を追加公認することで，票割り失敗による共倒れのリスクに柔軟に対応してきた．第三に，野党の分裂状況によって，自民党は数々の選挙で政権を追われる可能性を回避してきた．そして，連立相手を柔軟に組み替えることで，与党としての地位を守ってきたのであった．

1947年に実施された新憲法下初の選挙から，93年総選挙に至るまで，衆議院の選挙制度は定数が概ね3から5の単記非移譲式複数人区投票制度，すなわち中選挙区制を採っていた．戦後最初期の選挙は，小政党が乱立する状況で非常に不安定な政情であった．中選挙区制において，各政党はおのおのの支持基盤に適合させる形で，各選挙区において最適人数の候補者を擁立する必要があった．過剰擁立をした場合，候補者が共倒れに終わる可能性が高まるが，過小擁立をした場合には全国的な勢力の拡大が出来なくなる．

自民党結党以前は，保守政党は互いに候補者擁立を調整する誘引や効果的な方法を持たなかったため，結果的に選挙結果は非常に流動的なものとなった．自民党結党前の1955年2月に行われた総選挙で，日本民主党は286名，自由党は248名の公認候補者を個別に擁立しているが当選者はそれぞれ185，113名であった．分裂していた保守政党が単独で過半数を制することは非常に困難であり同時に現職議員も非常に高い確率で落選を経験することになった（図3.8）．

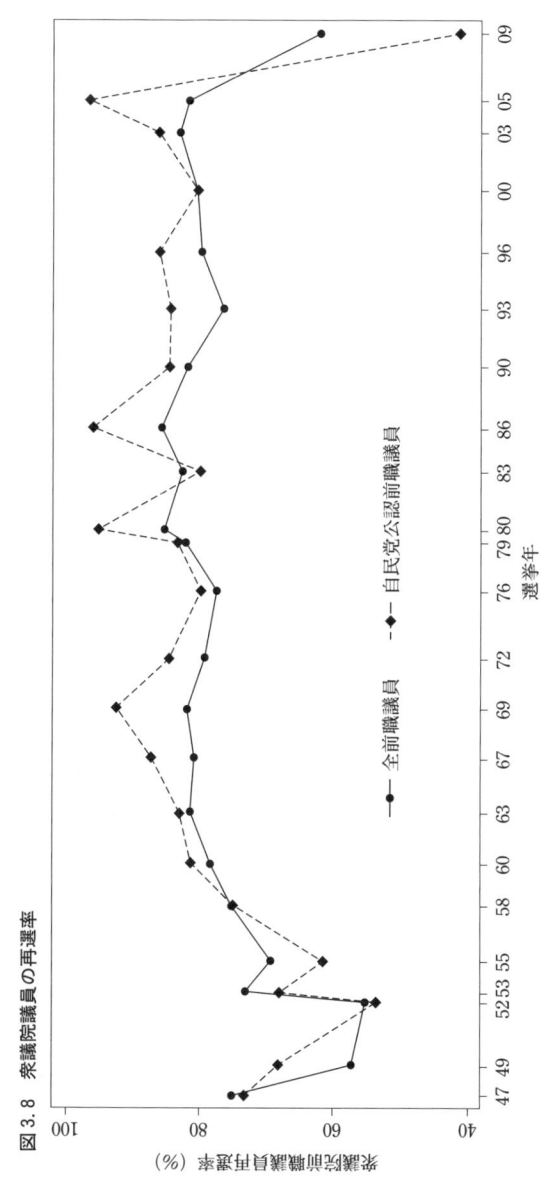

Ⅲ．人口統計による説明の限界

図3.8 衆議院議員の再選率

―●― 全前職議員
--◆-- 自民党公認前職議員

注：並立制移行後は、得票率に総議席に対する小選挙区及び比例区の割合を乗じた加重平均として算出している。小選挙区と比例区の重複立候補者については、復活当選も再選したものと見なした。1955年以前の自民党の数値は、前身となった保守政党所属議員の再選率である。

73

自民党結党前 (1947-1955年)，保守政党議員の再選率は平均して65%であった．例えば1952年の選挙では，およそ46%の保守系現職議員が落選した．選挙結果と同様に議会内交渉も流動的であり，所属政党の移動は頻繁に行われた．

こうしているうちに1955年の初冬，右派と左派に分裂し激しく党内抗争を戦っていた日本社会党が一本化される．当時既に人口の都市化が保守勢力の選挙地盤を浸食するであろうことは，共通了解事項であった．財界は，当時分裂を繰り返す保守政党にとって主要な資金提供者であったが，社会党に対抗するためにも保守政党を合同すべきだと主張していた．1955年11月，自由党と民主党が合併する形で，自由民主党が結党した．以来，候補者公認権を政党指導部が握るに至り，結党以前に乱立していた保守系候補者数は60年代前半までに3割以上減少する．結果的に自民党現職議員は以前よりも高い確率で再選されるようになった．中選挙区制の時代，自民党前職議員の再選率はおよそ85%前後であり，野党に比べて格段に安定した数字を示していた．つまり，自民党が擁立カルテルとして機能することにより，過剰擁立を抑制し，得票がより効率的に議席につながっていたのである．

しかし党執行部による公認調整は不完全であった．党内派閥は常にカルテルを破り自派の勢力を拡大する動機を持っていたため，自派閥に連なる候補を無所属で擁立することもあった．一方で自民党が公認候補のみで過半数を割り込んだ場合には，追加公認を行い過半数議席を維持したのである (76年, 79年, 83年)．

つまり保守系無所属候補者は，派閥から一定の支援を受けながらも，それぞれが集票基盤と政治資金力を持つ企業家として選挙を戦い，当選の暁に初めて追加公認のお墨付きを得ることが出来たのである．スティーブン・リードが「勝てば自民党」と喝破したように (リード 2009)，自民党はフランチャイズ式の党組織を形成していたのであって，労働組合を基盤とした社会党や民社党，事実上の宗教政党である公明党とは組織原理が異質だった．

フランチャイズとは，商標使用権や営業上のノウハウを供与する代わりに，同一のイメージで営業を行わせ，これに対して対価を支払う契約によって成り立つ事業形態である (内川 2005 : 24-25)．そうすることで，事業の中核部分そのものを外部委託するのである (Lovelock and Wirtz 2007 : 111-112; 邦訳 125-126)．中選挙区制時代，自民党は政権与党としての看板を背負わせる前提として，自ら地盤を開拓し当選する力量のある政治的企業家を自助努力によって競わせ，

党全体としての競争力を強化するとともに，共倒れによるリスクを候補者側に負担させていた．ところが小選挙区比例代表並立制が導入され，後に民主党が最大野党として本部直営「チェーン・ストア」的政党として成長していく中で，自民党も変容を迫られたと言える．

中選挙区制の時代，自民党政権の継続を許した要因の一つに野党の分裂がある．自民党結党直後，衆議院議席比率で見た有効政党数は 2 を下回る水準まで低下した．すなわち，事実上の自民党，社会党の二大政党制が確立していたのである．しかしこの状況は長続きせず，80 年代までに有効議会政党数は 3.3 まで増大している．この状況で，社会党は 58 年を除き，衆議院定数の過半数を上回る候補者を擁立したことがなかった (Kohno 1997b)．一方で，野党は時に応じて選挙協力体制を組み立てていったが，最終的に自民党が分裂する 93 年まで，政権交代が現実の可能性として認識されるような状況を生み出すことが出来なかった．

中選挙区制時代には自党候補者の乱立による共倒れを抑制し，選挙制度改革後は小選挙区制で野党陣営が分裂していることを利用し，自民党はその与党としての地位を維持してきた．これらの延命措置が限界に突き当たるにつれ，党外から議席もしくは選挙基盤を補充する必要に迫られた．自民党結党以後，最初の本格的な連立政権は，1983 年に新自由クラブとの間に成立した．次に 93 年に自民党が政権から滑り落ちた時に，与党として返り咲くために用いた手段が社会党との連立であった．並立制導入後，自民党が単独で過半数議席を上回ったのは 2005 年だけだが，96 年選挙以後，当初は社会党・さきがけとの連立で過半数を維持し，野党から自民党への復党を促すことでやがて単独過半数議席を回復した．並立制が定着し，民主党が対抗野党としての地位を固めてくるようになってからは，今度は公明党との連立を構築することで小選挙区での勝利をより確実なものにした (蒲島・菅原 2004)．

3. 政策的対応

日本の公共政策，特に分野別の予算配分を精査すると，諸外国に比べて以下の特徴が浮かび上がる．まず第一に，経済規模に占める政府支出の割合が小さいことである．2000 年の段階で，GDP に政府支出が占める割合は 33.9% であり，米国より若干高いものの，イギリスの 38.9% やフランスの 51.1% に比べて著しく小さい．つまり，社会福祉支出をてこに長期政権を維持したスウ

ェーデン社会民主労働党とは，政策手段が異なったのである．

同年，日本政府は GDP の 3.5% を公教育に，0.9% を防衛に使ったが，その他科学技術研究予算と合わせて考えても，公的な研究開発支出は GDP 比で他先進国よりも小さい．その他に社会保障支出の占める比率も小さい．財政支出上の特徴を捉えるなら，日本は戦後大部分の期間において「土建国家」(石川・カーティス 1983) もしくは「建設国家」(Woodall 1996) であり続けてきたのである．これはつまり，他の先進国において，社会福祉支出によって行ってきた政策対応を，公共事業によって代替してきたためである (Estévez-Abe 2008)．反面，ジョンソンが事例研究の対象として取り上げた旧通産省の予算は，1960年から 1999 年までの間，一般会計予算の 1% から 1.5% の水準で推移していた[46]．他の部門でも，政府は将来の成長産業よりはむしろ社会で脆弱な部門に集中的な庇護を施したと言える．兼業農家，中小企業，そして高齢者は，市場競争や経済変動による様々なリスクから保護されてきた集団の代表格である．

IV. 結　語

社会環境の変化にもかかわらず自民党が与党の座を維持してきたのは，単一の要因に基づくものではなく，多数の手段を柔軟に組み合わせた結果だったと言える．日本の戦後保守政権は，経済成長を積極的に促進するというよりはむしろ，産業構造の急速な転換にブレーキをかけ，社会構造変容の痛みを緩和することに自らの役割を見いだしてきた．政権与党たる自民党所属の「保守系」政治家は，保守的なイデオロギーというよりはむしろ自らの選挙地盤の保守にこそ，その存在基盤を見いだしてきた．

しかしこの一党支配を支えていた監視態勢を，自民党は自ら解体していくことになる．具体的には市町村合併である．第 2 章で既に触れたように，小規模自治体では人口一人当たりの市町村議員数が多く，自民党は相対的に強力な組織力を誇ってきた．1955 年の自民党結党以来，一党優位体制を維持する上で地方議員の役割は決定的に重要であった．1960 年までに昭和の大合併が一段落した後も，1970 年代初頭まで自治体の合併は断続的に継続していた (図 3.9)．1970 年代初頭に自治体合併の動きが止まり，1990 年代終盤から再び合併を促

---

[46] 同時期に，一般会計だけを見ても旧建設省は旧通産省のおよそ 6 倍から 10 倍の予算を動かしていたことになる．

IV. 結　語

> **コラム⑦　所得補償政策と農協**
>
> 　筆者は候補者として，また衆院農水委員として，EU 型の直接支払い政策（いわゆる所得補償政策）を主張し続けた．これは民主党の政策だからというよりはむしろ，研究者の卵として国際政治経済を研究しながら考えていたことだった．FTA を推進し製造業の競争力を強化するとともに，EU と連携しながら農業保護を一定程度維持することが，日本の国益にかない，食糧自給率向上につながると今でも思っている．
>
> 　ミニ集会でこの政策を説明しながら感じたのは，所得補償政策は専業農家には歓迎されるが，農業団体，特に JA には非常に強く嫌われる政策だと言うことだ．考えてみれば当然で，農家にとっては米価を通じて収入を得ることも，所得補償を通じて得ることも全く同じことで，特に専業農家には利益が多い．しかしカルテルを解除して米価が低下した場合，コメ流通において独占的な地位を誇ってきた JA は手数料収入の減少により打撃を被る．自民党が政権を明け渡すまで，減反の堅持を主張し続けたのは，選挙の論理から言えば当然だったのであろう．

図 3.9　全国自治体数の推移（1960 年–2009 年）

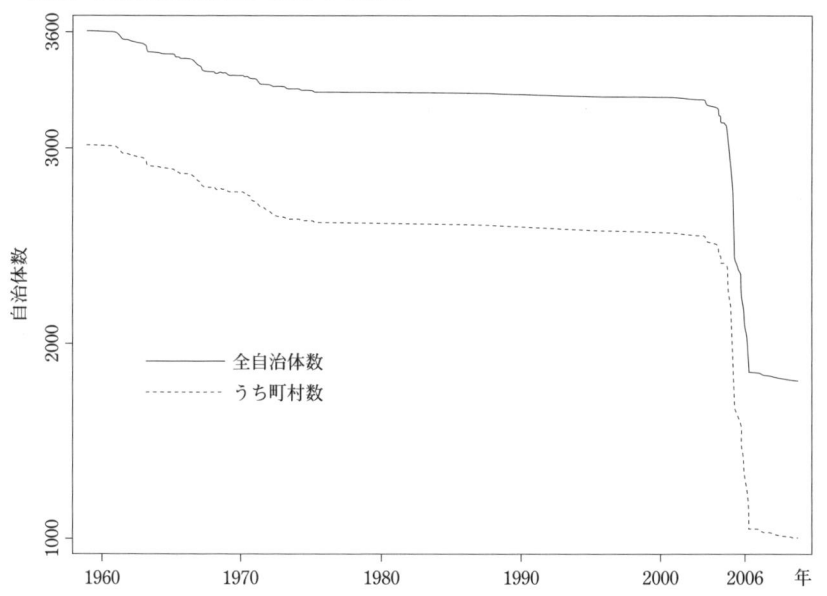

進する動きが強まったのは，政権与党の直面する政権維持動機によるものだと思われる．1970年代初頭における合併の終息は決して偶然ではなく，衆議院における「余剰議席」の消失と軌を一にしている事実を指摘しておきたい．複数の保守政党が合同して誕生した自民党は，60年代後半まで安定して過半数の議席を確保していたが，得票率及び議席占有率は漸減傾向にあった．70年代に入ると自民党は衆議院でかろうじて過半数を維持する状況に追い込まれた．この頃，合併の動きは終息し，全国の自治体数は3,300前後で安定してきた．しかし，1990年代終盤から，政府は一連の合併促進策を打ち出し，2006年3月までに，自治体数は急速に減少することになる．そしてこの自治体合併終息とともに，自民党は国政選挙で連敗を喫するようになったのである．

第4章　支持率の変動と選挙循環

「これだけ大勝したのだからもう4年間は解散はない．任期満了まで寝ていられるよ．」
　　　　　　　　　　　　　　　　　　2005年9月22日，小泉純一郎総理大臣[47]

「都合のいい時ばっかりに選挙が出来るわけではない．いつの時でも，そういうもんだと思っています．」
　　　　　　　　　　　　　　　　　　　　2009年7月13日，麻生太郎総理大臣[48]

I. はじめに：政治危機と公共政策

　自民党政権の特質は，与党である立場を最大限活用し，公共政策を操作することで選挙を勝ち抜いてきたことにある．石川真澄（1983）がかつて指摘したように，自民党は与党であることで，与党であり続けてきたのである．あるいはカルダーが「危機と補償」のサイクルと名付けたように（Calder 1988），政治的危機が発生し，政権から滑り落ちそうになるたびに財政出動を行い，潜在的な野党投票者を懐柔することで与党としての地位を維持してきた．
　しかし，これ以上に重要な事実は，そもそも危機的状況において，有権者が政権を選択することを許そうとしなかったことである．衆議院を解散し，国民に信を問うことを野党が求める状況は，逆に与党にとっては是が非でも選挙を回避しなければならないことを意味する．議院内閣制をとる国々の多くは，選挙の時期を選択する権限を首相に与えているが，この解散権により政権党は非常に大きな政治的，戦略的優位を手中にしている．カナダでは1958年に，前回選挙から僅か9ヶ月で新たに総選挙が行われ，それまで少数与党であった進

---

[47] 『朝日新聞』2005年9月23日．
[48] 『朝日新聞』2009年7月14日．

歩保守党が空前の大勝利を収め,議席を大きく伸ばしたことがある[49].同様に英国でも,1974年2月総選挙で少数派政権であった労働党が,同年10月に行われた選挙で一転,過半数を上回る議席を手中に収めた.

反対に,政権与党が風向きが好ましくないと見て,選挙のタイミングを引き延ばす戦略をとることもある.トニー・ブレア引退以後,支持率の低迷に苦しんだ英ゴードン・ブラウン政権は,2005年5月の前回選挙から,任期満了を目前に控えた2010年4月まで,下院を解散することがなかった.同様に小泉首相が退任した2006年9月以降,自民党は安倍,福田,麻生と3人の総裁を1年刻みで選出したが,内閣支持率が低空飛行を続けたこともあり,任期満了目前まで選挙が行われなかった.

このように政権党が自らの戦略に応じて機会主義的に選挙の時期を決めることが出来る議院内閣制は,定期的な間隔で選挙が行われる大統領制の国々とは大きく異なる.政権党としての生存期間を議院内閣制と大統領制で比較した前田・西川によれば,議院内閣制では時間が経つにつれて政権交代が起こりにくくなるが,大統領制では逆に政権掌握後の経過時間が増加すれば増加するほど,政権交代が起こりやすくなるのである(Maeda and Nishikawa 2006).

日本国憲法は,衆議院が選挙を通じて国民の意思がより反映されやすいという理由で,すなわち議員の任期が相対的に短いだけでなく,必要に応じて解散総選挙が行われるという理由で,参議院に対する優越的地位を与えているが(松井 1999:165),逆に歴代自民党の首相は選挙のタイミングを戦略的に選択することで「偏った」国民の意思を都合よく利用してきたと言える.本章では自民党が,支持率の低下した時期を避け,より好ましい状況で選挙を行うように解散時期を選択してきたことを示す.

次節では選挙と財政支出の関係を「政治危機と補償」の関係として捉え,選挙と財政政策がどのような関係にあるかを理論的に考察する.続いて第III節では,解散総選挙タイミングがいかなる要因によって決まるか,生存時間分析を行う.コックス・ハザード・モデルを用いた分析により,与党自民党の首相は,与党議席率が低い時ほど早めの解散を選び,反対に議席率の高い時は解散を遅らせる傾向があったことを示す.第IV節では,選挙のタイミングが固定され,危機的状況でも選挙を行わざるを得ない参議院選挙では,政権が不人気

---

[49] 進歩保守党は1957年選挙での109議席(全265議席の41.1%)を翌年の選挙で208議席(同78.5%)まで増加させた.

な状況に限って，選挙の前後に財政出動が行われていたことを示す．

II. 政治危機と補償

かつてカルダーは，自民党が大きく議席を減少させる可能性のある危機的状況において政策転換が図られ，財政出動がなされたこのサイクルを「危機と補償」と呼んだ (Calder 1988)．この危機と補償のメカニズムは，逆説明責任体制としての自民党政権において，どのように特徴付けられるであろうか．そして，補償のための政策としてどのような手段を講じてきたのであろうか．結論から明らかにすると，選挙と政治危機が重なったときに初めて，自民党は補償措置を講じたのである．

1. 中位投票者と支持率変動※

ひとまず選挙制度は捨象し，全国有権者の過半数の支持によって与党が衆参それぞれの選挙において過半数議席を維持できるか否か決まると仮定する．すなわち，イデオロギー次元において左からも右からもちょうど50％に位置する「中位投票者」の投票態度によって，与党が過半数議席を維持できるか否かが決定されるのである[50]．有権者iの選挙lにおける理想点をx_{il}とし，単純化のために，x_{il}は区間$[x_{Ml}-1/2\phi, x_{Ml}+1/2\phi]$において均一に分布していると仮定する (図4.1)．つまり，中位投票者の理想点はx_Mであり，最左翼，最右翼有権者の理想点はそれぞれ$x_{Ml}-1/2\phi, x_{Ml}+1/2\phi$である．分布の密度は$\phi>0$である．すなわち$\phi$が大きければ有権者の選好が同質であり，逆にゼロに近づくほど多様性に富む．

政党が政策を変更した場合には有権者に浸透するまで時間がかかるため，政党は短期的にイデオロギー的位置を修正できず，与党は分配政策により支持を拡大できると仮定する．第2章で検討したように，利益誘導の対象となるのは，利益分配なしでは野党に投票するであろう有権者である．中位投票者が左側に移動すると，つまり左側に有権者の「山が動く」と，与党は過半数を維持するために便益配分額を増やさなければならない．反対に右側に山が動き，中位投票者が右よりの選好を持つ場合，必要になる便益配分額は減少する．与党は中

---

[50] より正確には，定数格差によるウェイトを課した上での中位投票者として考えるべきであろう．

第4章 支持率の変動と選挙循環

図4.1 有権者の分布と政策的位置関係

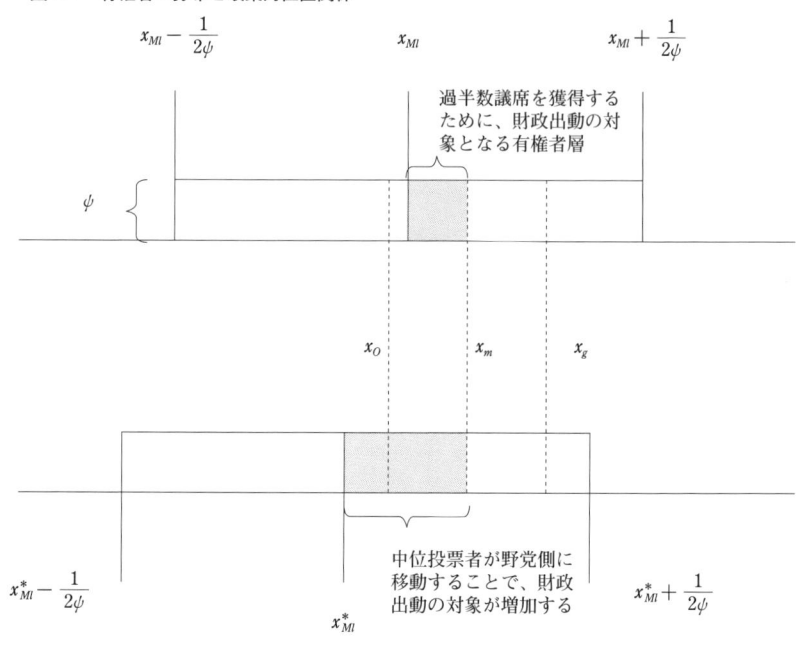

$x_{Ml} - \dfrac{1}{2\psi}$ 　　　　　x_{Ml} 　　　　　$x_{Ml} + \dfrac{1}{2\psi}$

過半数議席を獲得するために、財政出動の対象となる有権者層

ψ

x_O 　x_m 　x_g

$x_{Ml}^* - \dfrac{1}{2\psi}$ 　　　　　x_{Ml}^* 　　　　　$x_{Ml}^* + \dfrac{1}{2\psi}$

中位投票者が野党側に移動することで、財政出動の対象が増加する

点から中位投票者までを政策的に「買収」する必要がある．全有権者を対象に無差別で便益を分配することは，費用がかさむだけでなく「ただ乗り」の問題が生ずるために集票につながらない．利益誘導を効果的に行うためには，報復が可能な政策手段を用い，選択的に便益を供与する必要がある．

2. 便益配分による中位投票者の買収※

与党が固定額 $b>0$ を支払うかどうか有権者毎に決定できると仮定しよう．すなわち，有権者の受取額は，0 か b のいずれかである．与党が改選議席のうち，半数を得るために最適化すると仮定する．与党が便益を配分することで支持を獲得しなければならないのは，中位投票者 (x_M) から，野党政策 x_o と与党政策 x_g の中点 $x_m=(x_o+x_g)/2$ までである．

簡便化のため，選挙 l において全有権者が共通の割引因子 δ_l を共有し，与党の監視技術水準が確率 p_l によって定義されるものとする．理想点が $x_i<x_m$ である有権者が，与党への投票に踏み切る「留保便益」を $b_i^*=b(p,\delta,x_i)$ と

する．理想点が左側に位置する有権者ほど買収が難しいため $\partial b_i{}^*/\partial x_i>0$ であり，第2章の議論から，$\partial b_i{}^*/\partial p_l<0$, $\partial b_i{}^*/\partial \delta_i<0$ と仮定できる．

中位投票者が中点より右側に位置するなら，与党は便益の配分を行うことなく過半数を維持することが出来る．一方で中位投票者が中点より左側に位置するなら，与党は投票態度を変える可能性のある有権者にのみ固定額便益 b_{Ml}^* を配分する．つまり，区間 $[x_{Ml}, x_m]$ に位置する有権者に，b_{Ml}^* を補償するのである．

その総額は $B_F=\int_{x_{Ml}}^{x_m} b_{Ml}^* dx_{il}=b_{Ml}^*(x_m-x_{Ml})$ であり，言うまでもなく $\partial B_F/\partial x_{M_l}=-b_{Ml}^*\leq 0$ である．中位投票者の選好が左寄りになり，与党から離れるほど，必要になる便益配分額は増大する．

さらに個々の有権者に対して，与党が有権者毎に支給額を調整して個別に分配する技術を有する場合，個別の有権者に対して留保便益 $b_{il}^*(x_{il})$ を支払うなら，$[x_{Ml}, x_m]$ において $b_{il}^*\leq b_{Ml}^*$ である．当然ながら $B_V=\int_{x_{Ml}}^{x_m} b_{il}^*(x_{il})dx_i\leq B_F$ であり，与党は便益の総額を節約することが出来る．もう一つ考慮に入れなければならないのは，与党による監視技術 p_l である．与党が高い監視技術を持つ状況で選挙を行った場合，中位投票者が左側に移動したとしても，便益総額の増大は限定的になる可能性がある．自民党の平均的な衆議院議員後援会組織の $\overline{p_R}$ と参議院議員の $\overline{p_c}$ を比較した場合，明らかに $\overline{p_R}>\overline{p_c}$ と前提できるであろう．つまり他の条件が一定であれば，衆議院に比べて参議院選挙の方が，過半数議席維持に必要な費用が嵩むであろうというという予想が成り立つ．

3. 日本のマクロ経済循環と選挙

中位投票者が野党寄りの状況，あるいは政権に対する支持率が低下した状況では，過半数議席を維持するための費用が増大する．すなわち，与党が政治的危機に直面した場合，危機が深刻であればあるほど，多額の予算措置を講ずる必要がある．しかし，これはあくまでも選挙が行われる時期に支持率が低下した場合であって，選挙が行われない時期にいかに支持率が低下しようとも，カルダーが言うような政治的危機は起こらないのである．

無論，自民党は長期政権を維持するが故に，常に多額の財政出動を行うことは回避するであろう．仮に自民党が慈悲深く，将来世代の負担を避けるために財政規律を守る動機があったとするなら，選挙目的で必要以上の支出を行うこ

とはあり得ないだろう．あるいは，より現実的に，政権維持動機こそが自民党の組織原理だったと仮定するなら，常に必要以上の支出を行うことは，将来いつ発生するかもしれない政治危機において配分できる資源をいたずらに減らしてしまうことにつながりかねない．あるいは与党が政治的レントを最大化すると仮定するなら（Persson and Tabellini 2000），与党政治家（及びこれに連なる官僚機構）は，税収と支出の差額を「懐に収める」動機が働くため，なおさら必要以上の再分配は行わないものであろう．

まず第一に選挙の時期を戦略的に選択することが可能な衆議院では，そもそも危機的状況で選挙を行い，多額の財政支出を補償措置として講ずるよりはむしろ，中位投票者が与党寄りで支持率の高い状況で選挙を行う動機が働くであろう．そうすることで不必要な財政出動を回避することが出来る．第二に，選挙のタイミングを選択することが出来ない状況，特に参議院選挙の場合には，危機を乗り切るための便益供給が行われるであろう．第三に，選挙に際しての便益の供給は，選別的な政策措置を取るであろう．それでは，こうした仮説は衆議院解散時期の選択と，衆参両院選挙時期の財政支出について，それぞれ統計的に裏付けられるであろうか．順を追って検討しよう．

III. 政治危機と解散時期の選択

1. 解散はどのようなタイミングで起こってきたか

日本の解散総選挙時期選択に関する研究は，猪口孝が政治的波乗り仮説を提唱したことに遡るが（Inoguchi 1979），この議論は日本の官僚が経済政策運営において自律的であり，解散総選挙のタイミングを決めることが，与党に残された数少ない政策選択肢であることを前提としていた．猪口を含め，これまでの解散時期選択に関する研究は主として景気循環に対して，選挙の時期をいかに選択するかに焦点を当ててきた．伊藤＝パークは，同研究では好況期に選挙を行う「機会主義的波乗り仮説」と選挙前に選挙目的で政策介入を行う「政策操作仮説」を比較し，機会主義的仮説の妥当性が高いことを示し（Ito and Park 1988），後続の研究も同様の傾向を示している（Cargill and Hutchison 1991a; Alesina, Roubini and Cohen 1993）．伊藤は後に，機会主義的な解散時期選択は固定為替相場制の産物であり，変動為替相場制移行後は同様の関係は見受けら

> **コラム⑧　実績を宣伝しない自民党**
>
> 　日本は残念ながら利益誘導政治が激しい政治体制として有名であり，利益誘導政治の国際比較研究などに誘われることが多い．一方で他国の利益誘導政治を調査している研究者と情報を交換して気付くことだが，政権与党が利益誘導実績を積極的に宣伝する目的で，情報公開を進めている国が多い．例えば米国やブラジルでは，年度毎にかつての電話帳のように分厚い箇所付け資料が費目別に公開され，電子的にも利用できると言われる．
>
> 　翻って日本の公開資料には，自民党が相応の宣伝活動を行っていた証拠が見あたらない．「日本にはそんな資料ないよ．あったら博士論文を書くのが楽だっただろうな．」と言うと，研究者仲間は一様に不思議そうな表情を浮かべる．
>
> 　箇所付け情報は内部資料であり，予算が内示される時期に議員事務所を通じて一部地元関係者に情報がもたらされるに過ぎない．これはある意味，自民党が逆説明責任体制で君臨していたため，広い意味での実績競争にさらされていなかったからだと言えるだろう．

れないことを示し（Ito 1990a, 1990b），井堀・土居（1998），土居（1998）も同様の知見を提出している．

　日本以外の事例を分析した研究を見る限り，機会主義的仮説を支持する事例は，日本以外にはインド（Chhowdhury 1993）とイギリス（Smith 2003）がある．他の政治体制については，分析結果は不明瞭である．なぜ日本では戦略的な解散時期選択がなされる一方で，他国ではなされないのか，いくつか理由が考えられる．第一に，自民党は単一の政党として，解散時期を選ぶことで政権維持確率を最大化することが可能であった．一方，ヨーロッパの殆どの国では，総選挙のタイミングは，連立政権内の政党間で繰り広げる非協力ゲームの様相を呈する（Alesina, Cohen, and Roubini 1993：10）．理論的には，解散総選挙へとつながる連立政権内部の交渉ダイナミズムは，政権内部での責任のなすり合いが生じるため，単純ではない（Lupia and Strøm 1995）．

　政治家は選挙での再選を狙うとともに，自らの望む政策を立法化することを目的に政治活動を行っている企業家でもある（Fenno 1973）．無論，再選と立法活動は相互に補強しあう関係にある．再選を達成することで立法活動が可能になると同時に，立法活動を行うことで再選を可能にしているわけである．与党が自らの意向でより柔軟に議案を設定できる場合には，与党であり続ける価値が高い．国会の制度的側面を考慮に入れるなら，与党は高い議席率を擁することで，委員長職というアジェンダ形成能力を手に入れている（Cox, Masuyama and McCubbins 2000). 本章では, 議席率が高ければ高いほど, 政権党は解散総選挙の時期を延ばす傾向にあることを示す.

2. 最適停止問題としての解散総選挙タイミング設定

解散時期選択決定に関する数理モデルは, スミスとカイザーによる議論がある (Smith 1996; Kayser 2005). スミスは解散総選挙時期の決定を, 非対称情報ゲームとして定式化した. 早期に解散した場合には, 現政権党が政権運営の先行きに自信がないことをシグナルとして発してしまうため, 解散によって与党支持率が下落するはずだと指摘するとともに, イギリスの選挙は, 景気循環が下降局面入りする直前に起こる傾向を示した (Smith 2003). カイザーは解散総選挙時期決定を最適停止問題として定式化し, 前回選挙から日が浅い時期ほど, 機会主義的に解散する誘引が強いと結論づけた (Kayser 2005).

最適停止問題は, 経済学では主として労働市場での就職活動の分析に用いられてきた (今井・工藤・佐々木・清水 2007). 総理大臣の決断は, 現在の議席率を維持しつつ現在の職にとどまることを選ぶか, 新たな総選挙によって得られるであろう新議席率を得るために解散するかという意味で最適停止問題である. 予想される新議席率は時々の政治状況によって変動する確率変数であり, 解散に踏み切ることを決断するために最小限必要な予想議席率が「留保議席率」となる. この留保議席率が, 内閣に対する支持率と現下の経済状況に依存するとすれば, 支持率が高い好況期に解散するであろうと想定される.

標準的な就職活動モデルの比較静学分析をそのまま適用すると, 議席率が高い状況, つまり現在の政治状況においてより円滑に議会運営を行うことが可能な状況では, 解散を延期する動機が働く. 仮に任期が無限であれば, 解散の意志決定を行う環境は定常状態であり, 留保議席率は一定のままになるだろう. しかし憲法上の規定により, 任期は最長で4年である. これは意志決定環境が非定常状態であることを意味する. つまり総理大臣は, 任期末に平均的に景気動向や支持率がどうなっているかの期待値を元に, 後退帰納法によって動学的最適化問題を解くことになる. この論理から言えば, 政府は任期満了が近づくにつれて, より厳しい状況でも解散を行う妥協を行うようになる (Kayser 2005). つまり留保議席率は任期末に向かって低下し続けるのである[51]. 一方で

---

[51] ある公明党幹部は, 2009年の解散を目前に, 与党に不利な状況で解散しなければならない状況について次のように表現した.「小雨の間, いつまでも雨宿りし続け, 最後は土

選挙後の高い議席率は与党にとって有益であり，有利な状況で選挙を行うことは，政権基盤を強固なものにする意味で総理大臣にとっても与党にとっても重要である．現有議席率が過半数を僅かに上回る状況では，局面打開のために有利な状況で早期の解散に踏み切る誘引を持つのである．

3. グラフを用いた分析

まず第一に，景気循環と総選挙のタイミングの関係を見てみよう．図4.2は，1955年第3四半期から2009年第3四半期までのGDP成長率を示したものである．選挙が行われた四半期のGDP成長率をつなげば分かるように，1972年12月総選挙までは，景気循環のピークに近い時期に選挙が行われることが多かった．しかも選挙の後に，一時的な不況が訪れることがしばしばだった．固定為替相場制の場合，外貨準備が経済政策において制約になることが多く，不況に突入する前に選挙に踏み切る傾向があった．

このような景気循環と衆議院選挙の正の相関は後に失われ，76年から90年までは景気循環の底で選挙が起こることが多かった．反対に，選挙制度改革以後の選挙は短期的な景気循環の頂点で起こり，不況期は回避する傾向にある．カイザーは経済成長率のばらつきが大きいほど波乗りに向かう動機が強まるとの仮説を提示しているが，日本のパターンは整合的である（Kayser 2005）．成長率の変動が大きい場合，有権者にとって変動が政権の能力によるものか，外生的なショックによるものか見極めることが困難になり，政策操作の効力が弱まる．そのため政権は景気変動の頂点において選挙を行うのである．

次に，内閣支持率と選挙のタイミングについて検討する．内閣支持率は，次期選挙後の議席を近似する上での主要な手がかりとなる．図4.3から分かるように，支持率の頂点で選挙が行われたこともあれば，どん底に近いところで選挙が行われたこともある．支持率が低い状況では，93年，2009年に政権から転落したことになったが，一方で2000年は議席を減らしつつも政権の維持に成功している．一方で，経済成長率と支持率の双方が低迷した状況では，選挙は起こりにくい．

前回選挙からの経過時間と選挙のタイミングの関係については次の関係が認められる．まず第一に，支持率が低下した状況で選挙が行われるのは，任期満

砂降りの中，飛び出さざるを得なくなった最悪のタイミングだ．」『時事通信』2009年7月18日（http://www.jiji.com/jc/c?g=pol_30&k=2009071800042）．

第 4 章　支持率の変動と選挙循環

図 4.2　景気循環と衆議院選挙

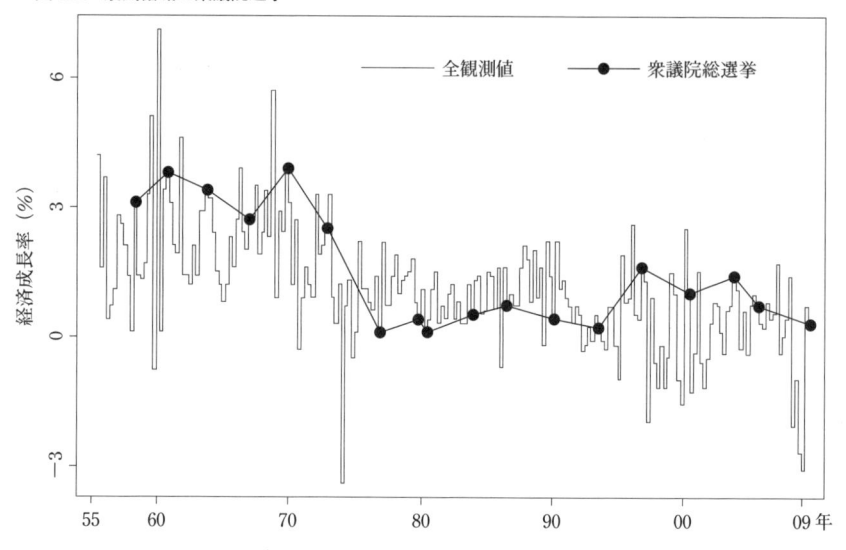

図 4.3　内閣支持率と衆議院選挙

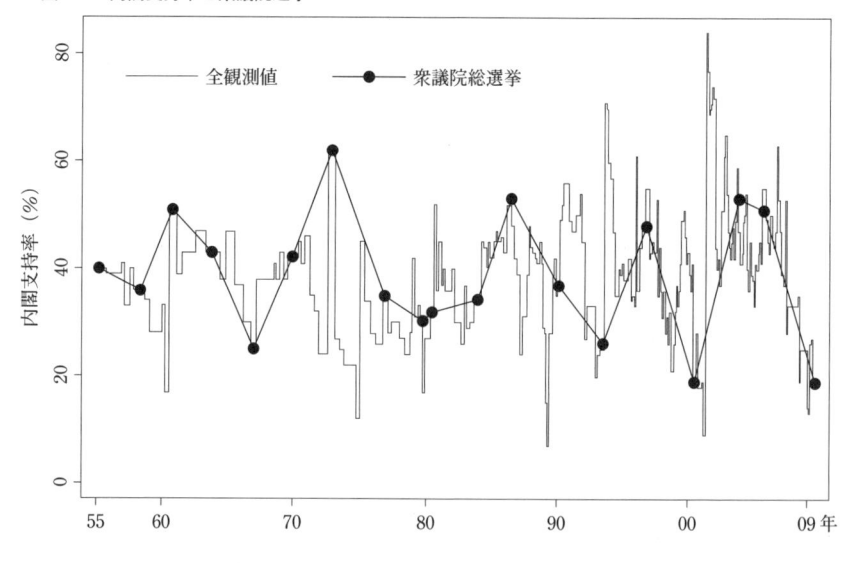

図 4.4 前回選挙からの経過時間と内閣支持率

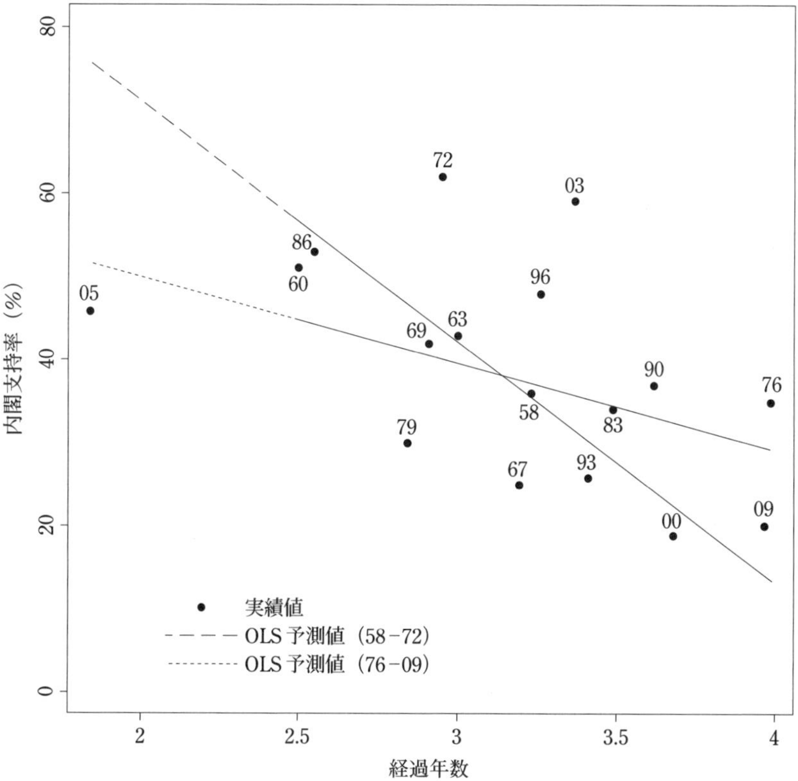

注：1980 年同日選挙を除外している．

了が近づいた時期においてである（図 4.4）．また高度成長期，固定為替相場制の時代には，与党は機会主義的に解散総選挙を行い，経済成長率が高い場合には，前回総選挙から日の浅い時期に選挙を行う傾向があった（図 4.5）．しかし最近の選挙では，経済成長率が鈍化し，成長率の分散が小さくなっただけでなく，経済循環と経過時間の間に明瞭な関係が認められなくなった．

4．解散総選挙時期選択の生存時間解析

次に，前回総選挙から衆議院解散までの日数が，いかなる要因で決まるか，生存時間解析を行う．これまでの解散総選挙時期選択の計量分析は，プロビッ

第4章　支持率の変動と選挙循環

図 4.5　前回選挙からの経過時間と経済成長率

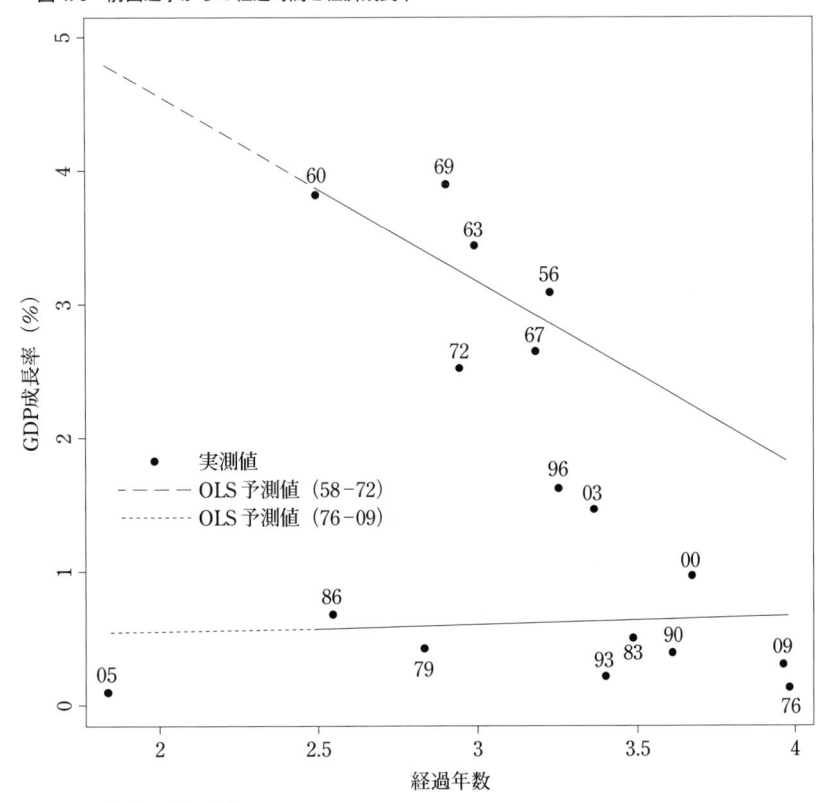

注：1980 年同日選挙を除外している．

トもしくはロジット・モデルを用い，前回選挙からの経過四半期数を説明変数の一つとして経過時間の影響を考慮してきた．ここでは解散の瞬間確率が時間に伴って変化する可能性を考慮に入れ，生存時間解析手法を用いる[52]．

分析単位は，1955 年 12 月 2 日から，2009 年 7 月 21 日までの日単位データである．1955 年 12 月は自民党結党の時期，2009 年 7 月は，現時点で直近の解散が決定された時期である．非自民党政権期は，分析から除外してある[53]．観測期間中，総選挙は 16 回あり，それぞれの選挙回毎データは投票翌日から，

52　生存時間解析の詳細については中村（2001）などを参照．
53　非自民連立政権期を含んでも，本章の知見はほぼ同一である．

表 4.1　比例ハザード分析の結果

モデル	1	2	3	4
内閣支持率	1.026	1.038	1.028	1.038
	(1.21)	(1.95)	(1.41)	(1.86)
経済成長率	1.806*	1.890*	1.584	1.568
	(2.45)	(2.34)	(1.57)	(1.48)
経済成長率×			0.680	0.725
変動為替相場制			(−0.97)	(−0.77)
変動為替相場制			0.373	0.286
			(−1.27)	(−1.42)
衆議院議席率	0.907*	0.918*	0.886**	0.896**
	(−2.60)	(−2.15)	(−3.24)	(−2.86)
疑似対数尤度	−34.393	−30.335	−32.550	−28.484
選挙数	17	16	17	16
内閣数	39	39	39	39
分析期間日数	17,519	17,321	17,519	17,321

注：係数はハザード比への影響．括弧内は頑健 z 値であり，標準誤差は内閣毎にクラスタ処理してある．＊5% 水準，＊＊1% 水準で統計的に有意（両側検定）．モデル 2, 4 は自民党内抗争期（第 35 回-36 回総選挙）を除外した分析である．

衆議院の解散日までによって構成されている．

　変動相場制と固定相場制では財政・金融政策体制が異なるので，1972 暦年末までとそれ以後を区分する期間二値変数を用いる．統計としての今期の GDP 成長率は，内閣にも有権者にも未知であり，時差を伴って公表される．しかし，現在の経済状況については内閣の側も有権者の側も知識を持っているものと仮定し，今期の成長率を用いる．内閣支持率は，現時点で解散をした場合の議席率の代理変数である．中選挙区制時代は個人票の影響が強かったとはいえ，全国的なスウィングも多少は作用していたと考えられる（川人 1990）．ここでは朝日新聞世論調査による内閣支持率を用いる．与党議席率は，現時点で政権を担当する価値の代理変数である．委員会委員長職も議席に比例して配分されるため，高い議席率を擁することで，議事日程をより柔軟に組むことが出来る．自民党が過半数を僅かに上回る議席しか持たない場合には，立法上の取引費用が高く，しかも派閥丸ごと離党するという脅しが効果的になるため（川人 1996），党内の根回しも慎重になる．議席比率が高いほどハザードは低下する一方，議席比率が低いほどハザードは上昇し，早期の解散に踏み切る傾向

にあると考えられる.

コックス比例ハザードモデルによる分析結果は,表4.1の通りである[54].結果を解釈する上で,係数はハザード比に対する影響度として変換してあることに留意する必要がある.すなわち,1より大きな係数は解散のハザード比(瞬間確率)を増加させ,小さな係数は減少させる.推計結果から,内閣支持率の高低が解散時期に一定の影響を及ぼしていることが分かる.この影響は特に,自民党内抗争期を除外した分析において顕著であり,10%水準で有意である.経済成長率は,全期間を通した分析においては有意であるが,固定為替,変動為替相場制の影響を考慮したモデルでは有意ではない.衆議院議席率の影響は頑健であり,有意度も高かった.与党議席率が大きければ大きいほど,解散総選挙が遅れる傾向にあることが裏付けられた.

IV. 政治的予算循環

日本の国会は両院制であり,衆議院は解散総選挙のタイミングを設定できる一方で,参議院は三年おきに半数改選である.この両院制による制度的な違いは,選挙の時期に拡張的な政策をとるか否かを検証する上で興味深い比較事例を提供している.当節では,内閣支持率と選挙時期の相互作用を検討することによって,衆議院,参議院選挙における過半数議席維持という目的を達成するために,財政支出が操作されているかどうかを検討する.

1. 日本政治と政治景気循環論

政治的景気循環論の初期の研究は,大きく分けて機会主義仮説(Nordhaus 1975)と党派性仮説(Hibbs 1977)が論争を繰り広げた.しかし,日本では政権交代がなかったため,必然的に機会主義的仮説のみに基づく経験的検証が継続してきた.ノードハウスの機会主義仮説に従うなら,選挙の時期は,政府支出が増大するはずである.この議論は,現職の政治指導者は,その党派の如何に関わらず,拡張的なマクロ経済政策をとるはずだと主張するものであった.ま

---

54 ハザード関数の形状を検討すると前回選挙からおよそ3年半を経過するまで解散のハザード比は上昇し続けるが,その後頭打ちになり,次第に低下する.すなわち,選挙から3年半までは機会主義的に好時期での解散を模索するが,それ以降は状況が好転しない限り任期満了目前まで解散を回避し,追い込まれ解散に至ることが多かったと解釈できる.

たフライ＝シュナイダー，ゴールデン＝ポターバらの議論に従うなら，政府は支持率が低下した場合には選間期，選挙期の如何にかかわらず拡張的財政支出を取るはずである（Frey and Schneider 1978; Golden and Poterba 1980）．既存の研究は概ね，選挙のタイミング決定が重要な要素であることを認め，選挙時期は政策には影響を及ぼすものの景気循環への影響は限定的であると結論づけてきた（Inoguchi 1979; Kohno and Nishizawa 1990; Cargill and Hutchison 1991a; Heckelman and Berument 1998）．

これらの研究に共通するのは，政治制度や選挙の文脈は軽視され，ごく少数の例外を除けば，参議院選挙が分析対象に含まれることは殆どなかったことである．マカビンズとローゼンブルースは予算項目毎の年度毎パネルデータを検討し，選挙年の影響は，係数としては正だが非有意であったとしている（McCubbins and Rosenbluth 1995）．土居（1998）は，変動相場制移行後，参議院選挙と政府支出の間に，有意な相関関係を検出している．これらの研究はいずれも，選挙が行われた四半期とそれ以外を単純に比較したものであり，与党が直面する政治危機は考慮していない．

政治的経済循環論は，政府が機会主義的に政策を操作する能力を有すると暗黙に仮定しているが，一方で，日本を事例にした研究はこの仮定に異を唱えるものもあった（特にInoguchi 1979）．日本の予算編成過程については，硬直化した部門別配分と官僚の自律性が強調されることが多い（伊藤 1980:159-161; Johnson 1982; Noguchi 1991）．この常識に挑戦する形で，90年代に入ると実際には政治家の利害が優先されるとの研究が多数報告されるようになった（McCubbins and Rosenbluth 1995; McCubbins and Thies 1997; McCubbins and Noble 1995a, 1995b; Meyer and Naka 1998）．

国会は予算を審議し，成立させる．憲法上の規定では，予算については衆議院の議決が優先される．自民党政権が長期化するに従い，予算審議の実質的な交渉は国会ではなく，与党内で行われるようになった（升味 1969）．言うまでもなく，予算編成の実務作業は官僚機構に委任される．予算年度は毎年4月に始まるが，選挙にあわせて支出の前倒しを行い，年度内に補正予算を組む等の対策を行うことも出来る．

2. 統計分析

政権を維持する目的で，財政支出を用いて中位投票者を囲い込むと仮定した

場合，次の経験的検証仮説を導くことが出来る．選挙直前に中位投票者が野党寄りの場合，つまり与党支持率が低い場合，選挙直後の四半期において政府支出が増加する．中位投票者が与党寄りの場合，すなわち選挙前の支持率が十分に高い場合，政府支出が増大するとは限らない．選挙以外の時期は，与党にとって財政配分を行う動機に欠け，支持率に財政政策が反応するとは限らない．他国の事例では，英国の選挙予算循環を分析したシュルツが，政権に対する支持率が低い状況においてのみ，選挙直前に政策的操作が行われることを示している（Schulz 1995）．一方で衆議院は参議院に比べ，解散のタイミングを選択できるだけでなく，与党の監視態勢が強く，特に中選挙区時代は定数格差に守られてきたため，全国的な支持率変動の影響を受けにくいと考えられる．

分析単位は，1956年第1四半期から2009年第4四半期までの四半期毎時系列データである．全期間を，(1) 固定為替相場制・高度成長期（1955:4-1973:3），(2) オイルショック後の安定成長期（1973:4-1993:2），(3) 選挙制度改革以後（1994:3-2009:3）の三つの時期に区分する．第一期，第二期は68 SNA統計に基づき，第三期は93 SNAに基づいた統計を用いている．誤差項の自己相関に対処するために，プライス＝ウィンステン回帰分析を行う（Prais and Winsten 1954）．

従来の研究では，政府支出の中身は議論の対象となることはなく，政府支出総額の変動が分析に使われることが多かった．近年になって初めて，政治景気循環論の研究は政策手段が選挙に及ぼす影響の多様性について留意するようになったと言える[55]．第2章で検討したように，政府支出もしくは利益誘導によって与党への投票を促す場合には，支出は選別的に行わなければならない．

四半期単位で公表される国民経済計算における公的部門支出統計には，政府消費支出，公的固定資本形成，公的在庫投資の三つの項目が含まれる．ここで留意しなければならないのは，これらの支出項目が選挙において果たす役割は大きく異なることが予想されることである．概念的には，消費と投資の違いは異時点間の資源配分に対する選好に根ざすものである．しかし，国民経済計算という統計を編纂する過程では，政府支出のいかなる項目が政府消費もしくは公的資本形成として分類されるかを定めなければならない．政府消費を構成す

---

[55] 政治循環の違いが政治制度的要因によってもたらされるのかを検討するために，パーソンとタベリニは選挙前の減税と福祉支出増大という二つの政策手段を分析している（Persson and Tabellini 2002）．

る主要項目は社会保障関連支出と政府機関の経常支出である．一方で公的固定資本形成は公共事業関連の費目が大部分を占める．政府在庫投資は，かつて食管制度を用いていた時代には，生産者からの政府米買い上げによる在庫などを計上していた．ここで分析の焦点は与党自民党が政権維持を目的とし財政支出を操作するか否かであり，従属変数としては公的固定資本形成と政府在庫投資を足しあわせたものを「政府投資」として用いる．分析においては，季節変動とインフレの影響をあらかじめ除去した系列を用いる．1990年を例に取るなら，政府支出の総額は67兆円であり，GDPの15％を占めていた．この数字はOECD諸国の中では小さい方だが，同時期の政府投資は政府支出の4割を占め，28兆円に達する．

分析を進めるにあたって留意しなければならないもう一つの点は，財政出動のタイミングの問題である．財政支出が選挙対策として行われるのであれば，支出の増大は選挙の前後に記録されるであろう．しかしGDP統計はこの点でさらなる注意を要する．予備的分析で明らかになったこととして，公共事業着工統計とGDP統計での政府投資の間には1から2四半期の時差が生じていることがあげられる．公共事業着工統計は当該四半期での公共事業受注状況，契約状況を反映するのに対し，GDP統計は実際の資金フローを元に算出されている（経済企画庁 1978）．選挙直前の公共事業受注実績が，選挙動員において効果的だと仮定するなら，選挙から1四半期後のデータにおいて，財政出動の足跡が残されるはずである．

第一期は，高度成長期であるとともに，固定為替相場制を採用していた．この時期，経済成長率は年率で平均9.5％に達していた．一方で1973年は日本の政治経済を考える上で，様々な意味において分岐点であった．変動為替相場制への移行とオイルショックを境に，第二期の成長率は年率で3.5％に鈍化した．第三期はバブル崩壊後の停滞期に当たるが，平均成長率は1.1％にまで鈍化した．資産バブルが崩壊した1990年以降，不良債権の処理，生産性の伸び悩み，そして2008年以降の世界金融危機に翻弄されることになった．

このような経済環境の変化もさることながら，三つの時期は政治的なインセンティブ構造でも大きな変化があったと言える．第一期は，1955年の結党以来，自民党が余剰連合であった時期と重なる．小派閥が自民党を離党した場合でも，自民党が過半数議席を維持することが可能だった時期である．ある意味，過半数議席を維持するために厳格な戦略を講ずる必要がなかった時期でもある．

第二期に入ると，自民党にとって過半数割れをいかに回避するかが現実的な制約条件となった．当時，野党は全体として分裂した状態にあったが，一つでも自民党内の派閥がまとめて離党し，野党と連携した場合には，自民党は野党に転落する可能性があった．またこの時期，貿易摩擦が外交課題として浮上し，高度成長期に可能であった政策手段が不可能になるなどの政治環境の変化が生じた．1994年以降の第三期は，自民党が政権に復帰し，衆議院新選挙制度への対応を行っていった時期である．また第三期の殆どの期間で，自民党は小政党をパートナーとする連立内閣を組織することで与党の座にあった．

衆参両院の選挙期間とそれ以外の時期を区分する二値変数の他に，内閣支持率を説明変数として用いる．内閣支持率は，朝日新聞世論調査に対する回答を用いている．世論調査の間隔は一定ではないので，四半期毎に支持率の単純平均を算出している．政府支出に影響を与える要因は，選挙の時期と支持率の他にも考えられる．前四半期の経済成長率と失業率を用いる．財政出動が景気刺激策として用いられるのであれば，景気が落ち込んだ状況で政府投資が増大すると予想される．

最初に，ノードハウスの機会主義的仮説とゴールデン＝ポターバの支持率維持仮説を検討しよう．ノードハウス仮説は，選挙前に拡張的な政策がとられるとするものであり，選挙四半期二値変数のリード変数を用いている．表4.2から分かるように，この仮説は必ずしも支持されない．選挙二値変数は第三期の参議院選挙（10%水準）を除きいずれも有意ではなく，しかも第三期の参院選は符号が負であり，ノードハウス仮説とは逆である．またゴールデン＝ポターバ支持率維持仮説は，第三期では10%水準で有意であり，政府支出が支持率に反応的になったことを示唆している．

一方で中位投票者を買収するために選挙前後に財政出動が行われるとの仮説，すなわち「危機と補償」モデルによる分析では，内閣支持率の低下した時期に参議院選挙が行われる場合，政府投資が有意な大きさで増大することが分かった（表4.3）．参議院選挙については，内閣支持率と選挙時期の相互作用項は第一期と第二期で有意に負である．しかし衆議院選挙については同様の結果は検出されなかった．相互作用項の係数は正であり，第二期では有意であった．従来モデルと同様に，選間期において内閣支持率の係数は非有意である．第二期では，不況期に政府投資が増加する傾向があったことが分かる．

次に，内閣支持率が政府投資増加率に与える影響を，相互作用項とあわせて

Ⅳ．政治的予算循環

表 4.2　選挙予算循環の推計　従来モデル

変　数	第 1 期 (1956 : 1-1973 : 3)	第 2 期 (1973 : 4-1993 : 3)	第 3 期 (1994 : 3-2009 : 3)
失業率 $t-1$	−2.624	0.709	−0.190
	(−1.54)	(0.53)	(−0.27)
経済成長率 $t-1$	−0.706	−1.946**	−0.484
	(−1.16)	(−3.28)	(−0.88)
内閣支持率 $t-1$	−0.066	0.042	−0.087
	(−0.63)	(0.74)	(−1.93)
衆議院選挙 $t+1$	−0.437	−1.670	−1.939
	(−0.15)	(−1.00)	(−1.00)
参議院選挙 $t+1$	1.440	2.175	−3.338
	(0.49)	(1.30)	(−1.71)
定数項	11.060*	−0.624	3.773
	(1.90)	(−0.21)	(1.16)
R^2	0.059	0.170	0.135
誤差自己相関係数	0.204	0.006	−0.038
標本数	72	80	61

注：括弧内は t 値．＊5％ 水準，＊＊1％ 水準で統計的に有意（両側検定）．

条件付係数として解釈する（表4.4）．政治危機において政府投資が増加するならば，支持率の条件付係数の符号は負でなければならない．選間期はいずれも支持率の係数は有意ではない．第二期の衆議院選挙は正であり，支持率が高い時期に支出が増加する傾向があった．参議院選挙については，全期間で係数符号は負であり，第一期，第二期において統計的に有意である．

同様に，選挙時期の影響を条件付係数として解釈する．衆議院については「危機と補償」のメカニズムは認められない（表4.5）．条件付係数は，選挙期に観測された実際の支持率変動の幅について見る限り，概ね非有意である．例外は第二期であり，支持率が落ち込んだ場合は支出も有意に落ち込む傾向がある．内閣支持率が低い状況での解散総選挙は不信任案の可決など突発的な要因に左右される場合があり，この場合には与党指導者が最適な決定を実行することが困難だったとも解釈されうる[56]．第三期は支持率が高い状況で，係数が

---

[56] あるいは離散的内生変数を含む同時方程式モデル（例 Amemiya 1979）を用い，分析することも考えられるが，参議院選挙の時期が衆議院選挙の時期を完全に予測してしまうため，表4.2-4.6と比較可能な形で推計を行うことは不可能である．先行研究で同手法

第4章 支持率の変動と選挙循環

表 4.3 選挙予算循環の推計 危機と補償モデル

変数	第1期 (1956:1-1973:3)	第2期 (1973:4-1993:3)	第3期 (1994:3-2009:3)
失業率 $t-1$	−3.272	1.569	−0.080
	(−1.86)	(1.11)	(−0.13)
経済成長率 $t-1$	−0.865	−2.652**	−0.895
	(−1.40)	(−4.79)	(−1.61)
内閣支持率 $t-1$	−0.071	0.071	−0.068
	(−0.58)	(1.49)	(−1.50)
衆議院選挙 $t+1$	−11.813	−21.861*	−13.305
	(−1.01)	(−2.13)	(−1.08)
参議院選挙 $t+1$	39.497	32.198**	9.510
	(1.87)	(3.50)	(1.70)
衆議院選挙 $t+1$ × 内閣支持率 $t-1$	0.272	0.644*	0.359
	(1.01)	(2.06)	(1.33)
参議院選挙 $t+1$ × 内閣支持率 $t-1$	−0.950*	−1.011**	−0.118
	(−1.70)	(−3.37)	(−0.92)
定数項	12.344	−3.524	2.308
	(1.94)	(−1.08)	(0.78)
R^2	0.138	0.313	0.245
誤差自己相関係数	−0.140	0.172	−0.187
標本数	72	80	61

注:括弧内は t 値. *10% 水準, **5% 水準, ***1% 水準で統計的に有意(両側検定).

表 4.4 内閣支持率の条件付効果

変数	第1期 (1955:4-1973:3)	第2期 (1973:4-1993:2)	第3期 (1994:3-2009:3)
選間期	−0.071	0.087	−0.063
	(0.58)	(1.49)	(−1.50)
衆議院選挙	0.201	0.731*	0.290
	(0.86)	(2.34)	(1.10)
参議院選挙	−1.021	−0.924**	−0.187
	(1.87)	(−3.05)	(−1.64)

注:括弧内は t 値. *5% 水準, **1% 水準で統計的に有意(両側検定).

を用いた Cargil and Hutchison (1991b) を参照.

IV. 政治的予算循環

表 4.5　衆議院選挙四半期の条件付効果

時　期	選挙回数	選挙直前内閣支持率(%)	条件付係数	頑健 t 値
第 1 期 (1955:4-1973:3)	6	最大 62.0 平均 43.2 最小 25.0	5.052 −0.071 −5.013	0.82 −0.02 −0.92
第 2 期 (1973:4-1993:2)	5	最大 37.0 平均 32.4 最小 24.3	2.011 −0.952 −6.171*	0.88 −0.54 −2.01
第 3 期 (1994:3-2009:3)	5	最大 51.6 平均 41.2 最小 19.0	5.220 1.477 −4.587	1.89 0.63 −0.77

注：*5% 水準, **1% 水準で統計的に有意（両側検定）．

表 4.6　参議院選挙四半期の条件付効果

時　期	選挙回数	選挙直前の内閣支持率	条件付係数	頑健 t 値
第 1 期 (1955:4-1973:3)	6	最大 43.0 平均 37.6 最小 28.0	−1.334 3.791 12.909*	−0.32 1.32 2.12
第 2 期 (1973:4-1993:2)	5	最大 33.0 平均 29.0 最小 22.0	−1.170 2.843 9.953**	−0.66 1.77 3.41
第 3 期 (1994:3-2009:3)	5	最大 72.2 平均 41.2 最小 28.1	0.966 4.327* 6.191*	0.22 2.30 2.51

注：括弧内は t 値．*5% 水準, **1% 水準で統計的に有意（両側検定）．

10% 水準で有意である．これは解散時期の選定が，政策操作とともに行われた可能性を示唆する．

次に参議院選挙の条件付係数を見ると，内閣支持率が高い場合には政府投資は必ずしも増加しないが，内閣支持率が落ち込んだ場合には有意に増加する（表4.6）．それぞれの時期で内閣支持率が最高水準にあった場合の条件付係数を見ると，三つの時期区分の全てにおいて選挙期の影響は非有意である．しかし，内閣支持率が期間中の平均値に等しい場合には，政府投資増加率が選間期に比べて概ね 3～4% ほど高い．支持率が最低水準に落ち込んだ場合には，選

挙時期の影響は正であり，三つの時期全てにおいて統計的に有意である．各期の参議院選挙で内閣支持率が最低水準に落ち込んだ場合，政府投資増加率は選間期に比べて約6%（第3期）から13%（第1期）の幅で有意に高い．日本の政府支出における政府投資の大きさを考慮に入れた場合，この金額の増加は実質的に大きな意味を持つものだと見なすことが出来る[57]．

V. 結 語

本章は，自民党政権による解散総選挙タイミングの選択と，衆参選挙に合わせた政府予算の増加傾向について分析した．経済成長率と選挙タイミングの関係をグラフで検討した限りでは，固定相場制時代 (-1973) は景気循環の頂点で選挙が起こる傾向にあったが，変動為替相場制に移行して以来，景気循環の底で選挙が起こることが多かった．一方，選挙制度改革以降 (1994-) は，成長率が落ち込んだタイミングで選挙を避ける傾向にある．生存時間解析による推計結果は，議席率が高く，議会運営をより円滑に行うことの出来る状況下では，解散を引き延ばす傾向にあること，逆に議席率が低い状況では局面打開に向けて早期に解散する可能性が高い傾向にあったことを示している．

選挙のタイミングが固定的で，与党候補者個人後援会が相対的に弱体な参議院では，選挙前の支持率が低い状況では政府投資が増大する傾向にあり，逆に高い状況ではそのような傾向は検出できない．本章の分析は，日本経済と自民党の選択について巨視的なレベルで解釈することを目的としており，必然的に自民党内の複雑な合従連衡の力学については捨象している．また解散に至る過程の違い（不信任案，話し合い解散など）については考慮していない．

議院内閣制における憲法制度の設計思想，そして戦後日本の解釈憲法学の主流派は，解散総選挙があることによって，また選挙が頻繁に起こることによって，衆議院は参議院に比較してその時点での世論をより正確に反映するものとして，権限の上で衆議院の優越を認めた．また参議院議員には長期の任期を認めることで政策選択の安定性を確保することを企図した．しかし実際には，衆議院が解散することによって反映している世論は，選挙のタイミングという意味で，与党に有利な状況を拾ったバイアスのかかったサンプルだと言える．参

---

[57] 例えば第3期の政府投資額は単純平均で31兆円であり，人口一人あたり25万円に相当する．同時期のGDP全体に占める政府投資の割合は平均して約6%である．

V. 結 語

議院は政党投票による変動幅が大きく,逆に政策変化や政界再編へ向けての流れを形作る大きな契機となった.

猪口は官僚機構の自律性を前提に,政治的景気循環が作用しない可能性を指摘しているが (Inoguchi 1979),本章第 IV 節の分析が示すように,支持率が低い参議院選挙では政府固定資本形成が選挙の前後に増加する傾向があった.一方で選挙のタイミングが柔軟に選択でき,強力な個人後援会をてこに選挙戦を行う衆議院選挙では,選挙時期と財政支出の間に明瞭な関係は認められなかった.しかし,これはあくまで全国集計での結論であり,自民党が選挙区や自治体毎の状況に応じて財政支出戦略を組み立てていた可能性を否定するものではない.次章では,衆議院の選挙区間,選挙区内の状況が中央から地方への財政移転にいかなる影響を及ぼしていたかを検討する.

第5章 集票のための補助金

「党で集票活動をチェックしている．予算編成のときに困るのはあなた方でしょう．」
1983年6月6日　二階堂進（1909-2000）　自由民主党幹事長

I. はじめに：分割支配のための補助金

　政治がすなわち「誰が何を何時いかに獲得するか」の過程である限り（Laswell 1936），予算を通じて税収をいかに分配するかは，権力者にとって死活的な重要課題である．当然ながら民主主義体制では，誰が権力を担うかが選挙によって決まる．通常想定されるシュンペーター的な競争が機能すれば，民主主義体制における政治家は，権力を獲得するためにこそ，有権者を満足させようと競争する（Schumpeter 1942）．しかし自民党が長らく政権にあった日本では，与党による庇護を獲得するために，有権者の側が競争を強いられた．選挙結果は，まさにこの意味において政権与党による分配政策に直結すると幅広く信じられ，これを裏付ける傍証には事欠かない．

　例えば中選挙区制時代の選挙活動を生々しく描いている政治マンガ『票田のトラクター』（ケニー鍋島作・前川つかさ画 1989：130-31）では，地元選出国会議員の事務所に陳情に訪れた地元市長と議員とのやりとりが描かれている．ここでは与党「民自党」所属の国会議員が，自治体毎に集計された自身の得票実績を示しながら，地元の市長に対して予算配分に影響があると恫喝する．この情景は逆説明責任の論理そのものだが，これはあくまでマンガの世界の話であると一笑に付すことが果たして出来るであろうか．他にも自民党政権期に，地方自治体や各種利益団体を互いに競争させて集票していたことを裏付ける発言やエピソードが，随所で記録されている[58]．

第5章 集票のための補助金

　本章は，逆説明責任体制としての自民党政権が，いかなる形で政策便益を選挙区に配分し，選挙を戦ってきたかを分析する．第4章では，衆議院選挙のタイミングは，必ずしも政府公共投資支出の総額に影響を与えているものではないことを示した．しかし，総額の時系列での変動が選挙のタイミングと相関していないという知見は，必ずしも政府支出が政治的操作と無縁であったことを示すものではない．本章では，政府支出の地理的配分に着目し，選挙目的での支出の操作を検証する．

　逆説明責任体制は，末端において監視と報復を実行し得る組織体が存在して初めて機能する（第2章）．その手段として公共財の配分は有効ではなく，私的財を通じた投票誘導策が必要となる．これを実施する組織体とは具体的には地方自治体，農協や特定郵便局など，地域に深く根ざして活動する公共団体，経済団体である．本章では特に，地方自治体を通じた投票誘導策に焦点を当て，中央政府から地方自治体への補助金配分がいかなる動機で行われていたかを分析する．

　本章は，より具体的には，自民党政権による地方政府への移転支出が，逆説明責任体制を維持するために活用されたとの仮説を提示し，検証する．仮説を検証する上では，理想的には共同体内でただ乗りを防止することが可能で，地理的に分割できる支出費目を検討することが望ましい．しかし日本の財政データでは，都道府県以下の単位で費目別に時系列で追跡できるような公開統計資料が実質的に存在しない．現実的な対応として，1977年以降の資料に掲載されている地方交付税交付金と国庫支出金データを用いる．

　第II節では，利益誘導政治に関する政治経済学の研究が，日本の事例を考える上でどのような示唆をもたらすかを検討した上で，日本の政府間関係，すなわち中央政府と地方政府との関係を規定する制度について概観する．第III節では，選挙区毎に集計した補助金データに基づき，選挙区間の財政資源配分について分析を行う．ここでは，自民党が「安価な」議席を購入するために，定数格差によって守られ，多くの地方議員の存在する選挙区に集中的に補助金を投入していたことを明らかにする．第IV節では，自治体毎の補助金配分を

58　例えば2003年総選挙の直後に陳情に訪れた愛知県知事に対し，麻生太郎総務大臣（当時）は，「愛知はまたたくさん落としてくれた．陳情はほどほどにした方がいいですよ」と苦言を呈した．愛知県では，同総選挙で自民党候補が大量に落選している（『読売新聞』2003年11月18日）．

分析する．補助金配分は，とりもなおさず選挙区内の自治体が繰り広げる寡占的競争であり，「集票競争」で良い成績を収めることが，細切れの利益分配につながっていたことを示す．

II. 分配政治と地方自治制度

1. 選挙制度と分配政治

　近年の分配政治に関する研究は，日本政治の展開を考える上でどのような示唆をもたらすであろうか．分配政治に関する理論的研究を概観することで，地理的に分割された選挙区の間でどのような資源配分が行われ得るか，見渡すことが出来る．第一の視角は，選挙制度に着目する．つまり，現職議員がどのような構造の選挙競争を経て勝ち上がってくるかに注目する．例えば比例代表制度と中選挙区との違いは，現職議員がどのような政策に関心を持つかを定義すると言える．第二の視角は，憲法制度や立法組織に着目するものである．憲法体制は，政策決定過程において誰が議題の形成や，拒否権を持つのかを規定する．これによって誰がどのような形で影響力を持つかが決まる．選挙制度が選挙前過程を通じて政策に影響を与えるとするなら，立法過程は選挙後過程そのものである．

　第一の視角，すなわち選挙前過程に着目する議論は，選挙制度の種類によって，公共財と私的財のどちらを重点に配分することで議席や政権を獲得することにつながるかを分析している．特にマイアーソンによる買票モデルは，選挙区定数が増加すれば増加するほど，現職議員は特定の少数派集団に集中的な便益をもたらす動機を持つようになることを示す（Meyerson 1993）．またコックスによれば，有権者一人一人が投ずる票数を議員定数が上回る場合は，イデオロギー次元で見た場合に，候補者もしくは政党同士が互いに政策的な距離を取る誘引がある（Cox 1990）．日本の文脈では，中選挙区制時代，与党は幅広く多数の有権者に訴求するよりもむしろ，集中的な利益を得る少数の支持者を開拓する動機を持つことになったであろう．小選挙区制では，こうした誘引は消滅するか弱体化する．政権党は公共財による訴求を強化し，イデオロギー的には中位投票者の理想点に収斂するのである．

　シュガートとキャリーは，世界各国で用いられる選挙制度を分類する上で，

有権者の投票行動，政治家側の選挙運動の双方において，政党と候補者個人とどちらを重視するかを基準に用いている（Carey and Shugart 1995）．この分類によれば，単記非移譲式投票制度，いわゆる中選挙区制は候補者個人の知名度を重視するという意味では比類のない制度であって，戦後長らく中選挙区制を用いてきた日本において，利益誘導政治が跋扈したのは当然と言えば当然と言える．中選挙区制では，同一政党に属する候補者同士が互いに競争しなければならないジレンマが発生した．このため，過半数議席を狙う政党は複数候補を擁立しなければならなかった．選間期の政治資金を分析したコックス＝シースによれば，同一政党からの複数候補による競合により，現職議員がより多額の政治資金を使っていた（Cox and Thies 1998）．同様に公共政策も影響を受けていたと予想される．

　日本の国政選挙が比例代表制で行われていたなら，政府の政策はおそらくセクター別に有権者の支持を得ることを目指すものになっていたであろう．スウェーデンで社会民主労働党が連続して政権にあった期間（1932-1976年），福祉と教育を通じた精巧な所得再分配制度を構築することで有権者の支持をつなぎ止めた．しかし衆議院で中選挙区制を用いていた日本の場合，選挙で有力政党が過半数を得るためには地域ごとに支持をとりまとめ，便益を分配することが非常に重要になる（建林 2004）．結果として，政府間関係すなわち中央政府と地方政府との関係を媒介に，票田を開拓する補助金政治，利益誘導政治がまかり通ることになった．こうして自民党政権は，北欧諸国がそうしたように失業給付や福祉政策を充実するのではなく，公共事業によって様々な市場リスクに対する緩和措置を講じたのである（Estévez-Abe 2008）．結果的に地方政府，特に自治体やその傘下の自治会は，中央から延びる利益誘導パイプラインの蛇口としての役割を果たすこととなった（Scheiner 2005a, b）．

　第二の視角，すなわち選挙後過程もしくは立法過程の分析は，議会交渉を通じた連立政権形成過程もしくは政策争点毎の合従連衡に焦点を当ててきた．基本的な論争軸は，ライカーが過半数をぎりぎり上回る数の議員が連立政権を形成する，最小勝利連合を理論的予測として提示したことに起源を持つ（Riker 1962）．一方で，米国議会の利益分配政治を分析したワインガストは，特に選挙区への分配政策において全会一致による議決が慣行になっている事実に着目した（Weingast 1979）．後に発展した議会交渉モデルは，議題設定権の獲得によって利得が変動することを示すとともに（例：Baron and Ferejohn 1989），拒否

権の設定に着目した (Tsebelis 1995; Tsebelis 2002; Bawn 1999; McCarty 2000). この流れでは,連邦制や地方分権の議論は,政府間関係に拒否権を設定する議論としてとらえることが出来る.

選挙前過程における誘引は,選挙後過程における政党組織の形成に大きな影響を及ぼす.例えばドイツ連邦議会下院議員は小選挙区比例代表併用制によって選出されるが,この委員会所属状況を分析した研究によれば,小選挙区選出議員は地理的な便益を供与することが可能になる政策分野に特化する傾向がみられた (Stratmann and Baur 2002). 同様に日本の衆参両院を比較したコックスらの研究によれば,衆参の選挙区定数の違いから,中選挙区時代の衆議院には,特定の政策分野に族議員として特化する傾向があった (Cox, Rosenbluth, and Thies 1999; 2000).

日本の議院内閣制は党議拘束が強く,自民党が政策決定過程を独占し,党内の政策決定機関が高度に制度化した上に,公式の立法過程である国会が形骸化したことに特徴があった.余剰連合として,長期的に政権を維持するのがほぼ確実な状況で結党した自民党は,自らの政権維持のために政策や制度を変更しうる立場にあった.しかし,中選挙区制によって派閥が制度化されていく中で,自民党は派閥の連立政権としての性格を強め (Leiserson 1968),中選挙区制の期間を通じて政党中枢の指導力は限定的だったと言える.そのような状況で,個々の議員は族議員として専門政策分野に特化していった (猪口・岩井 1987, 建林 2004).

2. 政権維持のための地方自治

このように中選挙区制によって形作られ発展してきた自民党の政党組織を,地方で支えていたのは,地方自治体の首長と議員であった.戦後改革は地方政府により大きな権限を持たせ,中央政府による統制を緩和することを企図していたが,中選挙区制の論理が政党組織の隅々まで浸透する過程において,自民党が政権を維持することを助けるための地方自治制度が進化発展していった.戦後憲法は予算項目の優先順位までは規定していなかったが,自民党は財政制度を再構築することで,与党としての優位を揺るぎないものにしていったのである.

日本の地方自治制度は,47の都道府県と,その下に置かれた市区町村という三層制の形態である.公式の法的な行政組織としては市区町村が基底的な単

位である．しかし，日本の地方自治，住民自治の基礎単位は，市区町村レベルというよりはむしろより小さな単位で存在すると考えた方がよい．第2章で触れたように，日本の長い歴史の中で農村集落や都市部の街区を単位とする自治会もしくは町内会が，行政と個々の家庭を媒介する組織として存在し続けてきた．さらに近隣の数家庭のみを含む隣組が，近世より相互監視制度として存在してきた．

戦前の政府は，国家総動員体制を構築するに当たり，こうした住民組織を上意下達機関として再編成した．戦後の民主化によって，この上意下達機関が選挙運動の基礎単位として変容していくことになる．無論，こうした住民組織は，住民の参加を促し，要求の表出と，一定の民主的説明責任を達成する上で重要な役割を果たしており，必ずしも翼賛機関としてのみ機能していたわけではない．しかしながら，歴史的に形成された相互監視の網の目は，いったん普通選挙が施行されるや，選挙のための監視や動員において非常に有機的な役割を果たしていくようになるのである．

地域住民組織を，法的根拠に基づいて束ねる役割を演じたのがとりもなおさず地方自治体であった．日本の政府支出全体のうち，地方政府によるものがおよそ60％を占めるが，地方政府による独自の財源は政府支出全体の40％に過ぎず，差額は中央政府からの財政移転措置に依存することになった．財源的な裏付けを欠くこともさることながら，各種の法律の縛りにより，地方財政は高度に基準化され，地方自治体が裁量によって独自の税源を確保する余地はほとんど残されないものとなった (Reed 1986)．実質的に地方「自治」とは名ばかりで，霞ヶ関として通称される中央政府機構と，自民党政府による協業により，1990年代にさしかかる頃には「バス停を十メートル移動させるのも，小さな公民館一つたてるのも，中央政府のお墨付きを頂かなくてはならない仕組み」になっていたのである[59]．

中央政府から地方政府への直接的な財政移転制度には様々なものがあるが，金額的に最も大きいのは地方交付税交付金である．同交付金は，1950年に地方財政平衡交付金制度が創設されたことに端を発する．交付金制度は，地方公共団体の自主性を損なわずに，財政力の不均衡を除去することを理念としている．後に改めて詳述するように，交付金は行政サービス単価を積算した基準財

---

[59] 当時熊本県知事から国政に転じる準備を進めていた細川護熙による．細川・岩國 (1991) 10．

> **コラム⑨　現代の参勤交代：東京での陳情合戦**
>
> 　逆説明責任体制としての自民党政治を端的に表すのは，陳情政治の伝統であろう．『岩波国語辞典第5版』によると，陳情とは「実情を述べて，善処してくれと願うこと」である．しかし陳情政治の実態は，税金を一旦東京に集めて，それを族議員やその意向を受けた官僚に陳情することで交付してもらうという，利益誘導政治の構造を，目に見える形で儀式化したものだ．
>
> 　与党の議員が「票」や「カネ」を集めるために，陳情団の要望を聞き，省庁に実現を迫り恩を売る．そして陳情団は要望実現において力を発揮した議員のために集票活動や政治献金において協力する．半ば伝統芸能のように形式化された陳情政治が，自民党，霞ヶ関，地方自治体の関係を物語ってきた．
>
> 　次年度の予算編成の時期になると，霞ヶ関や永田町には，地方自治体や業界団体から組織された陳情団が大挙して押しかける．陳情団は主として市町村長，都道府県議会議員，市町村議会議員によって構成され，事務局を都道府県や市町村の職員が務める．あるいは公共事業の推進主体として期成同盟会が組織され，同盟会を単位に陳情団が組織されるが，この主要メンバーには先に挙げた地方政治家に地元実業界関係者が加わる．

政需要を，標準税率に基づく基準財政収入で賄いきれない場合に交付される仕組みになっている．いわば標準的なモデル自治体における行政経費を基準に，財政力の強弱をならす仕組みになっているが，実際には殆どの地方自治体が交付金の配分対象になっている．

　自民党が結党された1955年以降，数々の特例法が制定され，地方自治体への財源措置が充実していく．1961年には後進地域特例法が成立し，1962年にはいわゆる辺地法や激甚災害対策法，豪雪地域対策特別措置法が制定される．翌1963年には地方自治法が改正され，地方財政制度は全面的に見直されることになる．地方交付税交付金による財政移転は，その前身となった財政平衡交付金の時代も含め，概ね一般会計の14%から22%の間で変動してきた．交付税による財源の手当は，基礎的な行政サービス水準を全国的に保証することにつながったが，一方で地方自治体の一挙手一投足が自民党の意向に縛られることにつながった．

3. 自民党の集票戦略

　第2章の繰り返し利益誘導ゲームが示唆するところでは，利益誘導の対象になりやすいのは，買収費用 c_j が安く，共同体内の監視能力 p_j が高い地域であ

った.利益誘導ゲームが協調解で均衡していれば,票と便益の交換が行われるため,与党の得票率と受け取り便益の双方が上昇するであろう.

買収費用の地理的なばらつきは,何よりも定数格差の問題としてとらえることが出来る.戦後の急速な経済成長と産業構造変化は,急速な都市化をもたらすことになった.人口重心の急速な移動に選挙区割りもしくは定数再配分が追いつかないために,定数格差が生み出された.自民党は明らかに,この定数不均衡を利用する形で政権を維持した.しかも自民党は,衆議院での過半数議席を確保するために十分な形で逆説明責任体制を構築する必要があり,最も安価な議席から,ちょうど過半数目までの議席を確実に獲得するための政策を取る必要があったのである.

選挙区人口規模に対する議員定数の不均衡は,世界の議会選挙において根深い問題であり[60],分配政治に与える影響について一定の研究の蓄積が見られる[61].議員数と選挙区人口の不均衡は,選挙前過程と選挙後過程の双方において,有権者一人一人が持つ政治的資源に大きな影響を与える.民主主義政体は一般的に,有権者からの投票による付託によって正当性を保つ.定数格差は,一部の有権者の発言力を制度的に拡大もしくは縮小し,地理的な格差を生み出すのである.

あるいはさらに単純化するなら,選挙制度や議会制度の性質を無視し,単に自民党という企業組織の最適化行動として捉え直すことも可能であろう.市場で競争する企業が製品やサービスを生産するために労働や資本などの投入を購入する必要があるのと同様に,政権党にとっては議席を獲得するための様々な資源を投入しなければならない.それだけでなく,与党にとって過半数議席を

---

60 定数格差の国際比較統計については,サミュエルズ=スナイダーによる研究を参照 (Samuels and Snyder 2001).

61 定数格差を分析に取り入れた議会交渉モデルとしてはパッソン=タベリニとナイトによる研究がある(Persson and Tabellini 2000; Knight 2004).二院制における定数配分ルールの違いに焦点を当てた数理モデルにはアンソラベヘラ,スナイダー,ティングとカランドラキスによるものがある(Ansolabehere, Snyder, and Ting 2003; Kalandrakis 2005).米国上院の定数格差が再分配に及ぼす影響を分析した研究は下記を参照:McCubbins and Schwartz (1988); Atlas, Giligan, Hendershott, and Zupan (1995); Lee (2000); Ansolabehere, Gerber, and Snyder (2002); Lee (2004); Knight (2004).日本の定数格差と分配政策については,和田(1985),吉野・吉田(1988),菊池(1989),土居・芦谷(1997),Horiuchi and Saito (2003),堀内・斉藤(2003)がある.

「購入」することが，政権党として存続するための前提条件である．企業は利潤を最大化する際に，費用最小化行動を取るが (Varian 1992)，同様に与党は過半数議席を維持するために，なるべく安価な議席を獲得するはずである．実際に第2章で検討したように，票の価値が高く，便益提供の費用が安ければ安いほど，票と便益の交換は成立しやすくなる．同様に与党の監視能力が高く，報復戦略が効力を持つ状況において，相対的に票と便益の交換が起こりやすいのである．

図5.1と5.2は，中選挙区制時代の与党候補得票率と定数格差の関係を散布図として示したものである．与党得票率を算出する際に，与党系候補として扱ったのは，自民党公認候補の他に，党内派閥により支援を受けた無所属候補，醜聞の後に一時的に離党した無所属候補などである[62]．定数格差は選挙毎に，各選挙区の議員定数と有権者数の比率を，全国平均で割ったものである[63]．つまり，全国平均での有権者一人あたり議員数を1として基準化した場合に，各選挙区が何倍多くの議員を擁しているかを比率として示したものである[64]．明らかに一票の重さと自民党得票率には正の相関がある．しかも高度成長期を通じて定数格差が拡大していく中で，自民党が一票の「軽い」地域で票を減らし，「重い」地域で得票を伸ばしていくのが顕著である（図5.1）．一方でオイルショック以降，農村部から都市部への人口移動が鈍化しただけでなく，数度にわたって小規模ながらも定数格差が是正された．特に80年代以降，自民党は都市部で復調していくが，1986年同日選の得票変動はこれを裏付ける（図5.2）．

自民党が「逆説明責任」の仕組みを活用しながら集票活動を行ったのは，監視費用が安い地域であったと考えられるが，第2章の議論に置き換えるならば，有権者による裏切りを検出する確率の高い地域に財政資源を配分し，そうでない地域ではイデオロギー的理由から投票する有権者を当て込むのが安価な政権維持策となる．監視能力を直接的に計測するのは困難だが，代理変数として自治体人口規模に着目しよう．衆議院選挙区，特に中選挙区制の時代は，単一の選挙区が複数の自治体によって構成されていた．同一規模の選挙区が，より多くの小規模自治体に分割されていれば，自治体の平均人口規模は小さくなる．小規模自治体では，人口一人あたりの地方議員数が多いため，多くの自治体が

---

62 当選者や選挙区定数などの情報は川人・川人（1997）に基づく．
63 定数格差指標の定義は第3章のSPV指標と同一である．
64 定数および有権者数情報は川人・川人（1997）に基づく．

第 5 章 集票のための補助金

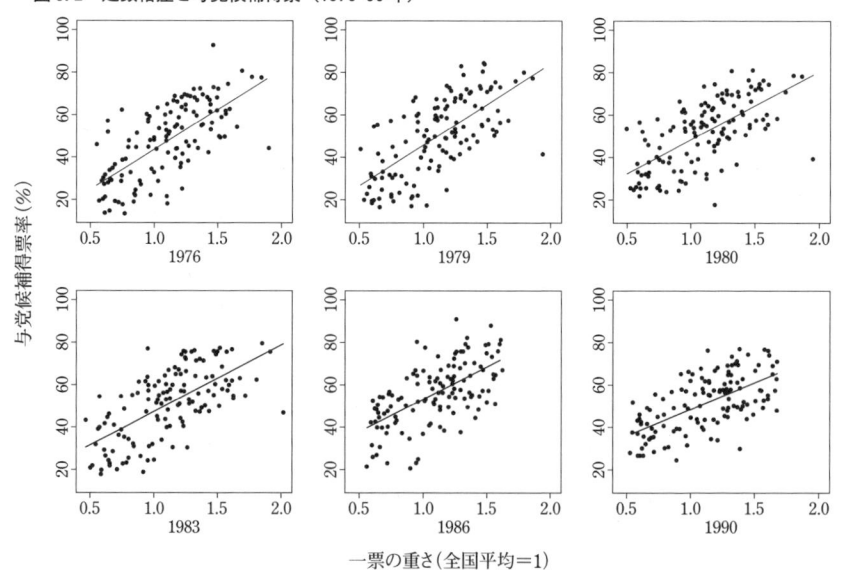

図 5.1 定数格差と与党候補得票（1958-72 年）

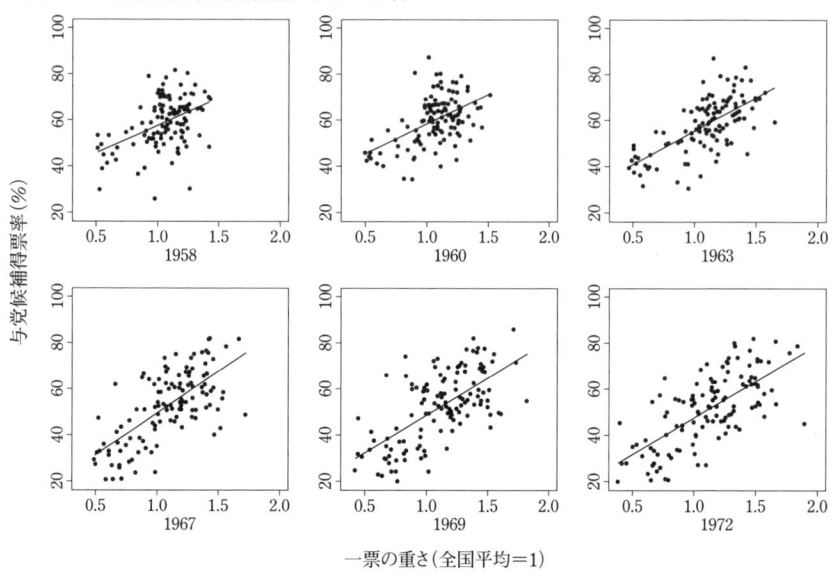

縦軸：与党候補得票率（%）
横軸：一票の重さ（全国平均＝1）

1958　1960　1963
1967　1969　1972

図 5.2 定数格差と与党候補得票（1976-90 年）

縦軸：与党候補得票率（%）
横軸：一票の重さ（全国平均＝1）

1976　1979　1980
1983　1986　1990

II. 分配政治と地方自治制度

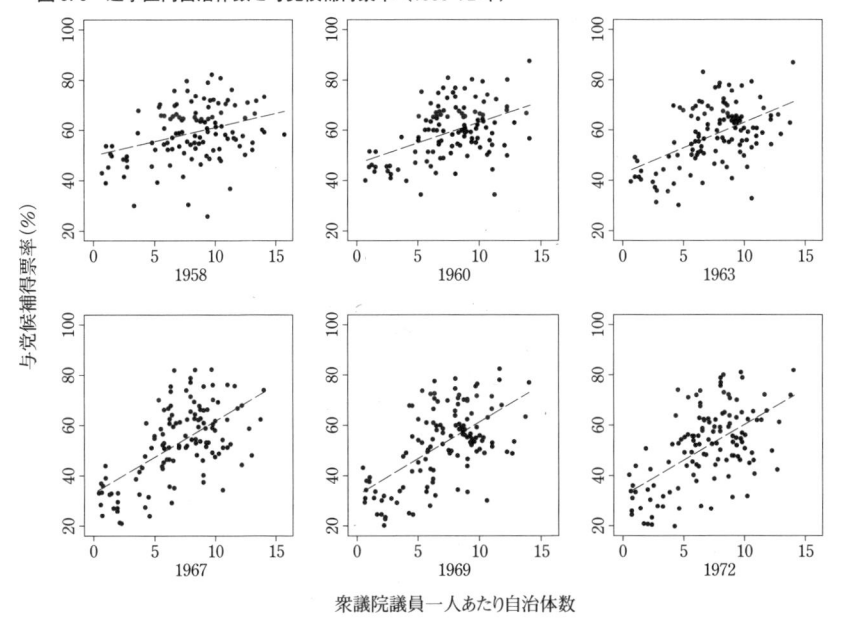

図 5.3 選挙区内自治体数と与党候補得票率 (1958-72 年)

(縦軸: 与党候補得票率 (%) / 横軸: 衆議院議員一人あたり自治体数)

選挙区に存在していれば，それだけ多くの地方議員が地元で活動していることになる．地方議会議員による緻密な集票ネットワークが存在していれば，当然ながら与党による監視，動員能力は高くなる．

図 5.3, 5.4 は，議員一人あたりで見た選挙区内自治体数と与党候補得票率の関係を示したものである．当初から自治体数と得票率には正の相関が見られたが，地方財政制度が安定し，多数の特別措置法が成立する 60 年代から回帰線の傾きがきつくなっていく．つまり，多数の小規模自治体が存在する中選挙区で，与党が高い得票率を記録する傾向が強まっていくのである（図 5.3）．

このように選挙毎の得票散布図を検討して分かることは，議席を「購入する」費用が安い，すなわち一票の重さが重く，監視動員活動を行うのが容易な地域で自民党が集中的に得票することになったという事実である．結果的に，便益の配分もこのような地域で集中的になされたと考えることが出来る．それでは，他の条件を一定とした場合に，一票の価値の重い（買収費用の安い）地域と，自治体数の多い選挙区には相対的に多くの財政移転が起こっていたと言えるであ

第 5 章 集票のための補助金

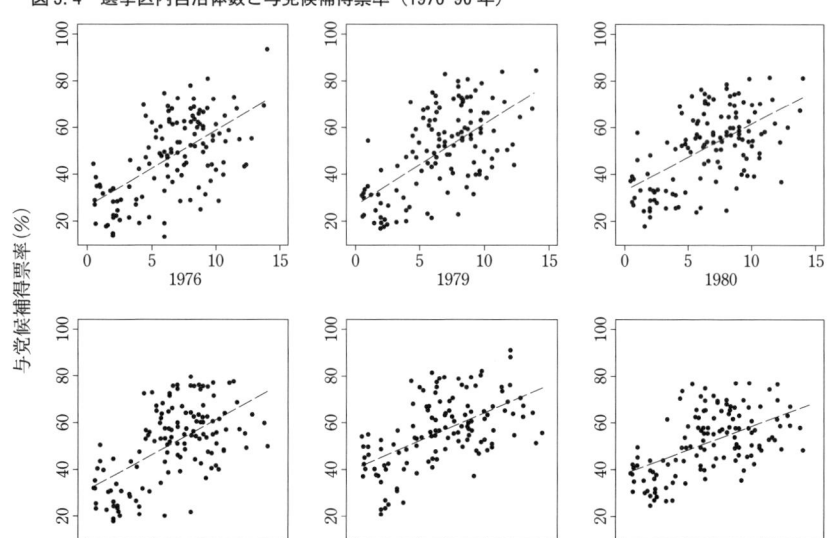

図 5.4 選挙区内自治体数と与党候補得票率（1976-90 年）

与党候補得票率（％）

1976　　1979　　1980

1983　　1986　　1990

衆議院議員一人あたり自治体数

ろうか．選挙区毎，自治体毎に集計されたデータをもとに検証する必要がある．

III. 選挙区間配分の計量分析

次に第 2 章の繰り返し利益誘導ゲームが示唆するものを検証する意味で，選挙区単位で集計したデータを分析する．元になるデータは，地方財政，人口統計など全て自治体単位で算出されたものだが，これを選挙区境界を反映する形で合計してある．

1. 分析単位：選挙区

本章では 1977 年度から 1990 年度までの補助金データを分析する．総務省（旧自治省）から刊行されている地方財政データでは，補助金変数は 1977 年以後の時期について異時点間で比較可能な形で利用できる．他方で選挙データを見た場合，選挙区境界はこれまで 3 度にわたって一定の変更がなされた．1947

> **コラム⑩　陳情団の一日**
> 「地元」から「上京」する陳情団の一日は，要求実現集会，省庁訪問，議員事務所訪問，懇親会などからなる．陳情団は財源を手当てする財務省や，事業を直接担当する省庁に出向き，担当部局の職員に陳情書を提出する．この省庁訪問を取り次ぎ，陳情団を案内するのが地元選出国会議員の秘書である．これと前後して地元選出国会議員の議員事務所を訪れて要望書を手渡し，事業採択への後押しを依頼する．議員事務所は，陳情団の顔ぶれを確認しつつ，必要に応じて議員本人が省庁に電話するなどの対応を取り，その政治力を陳情団に誇示する．
> 　陳情団の上京に際して，しばしば要求実現のための集会が都内で開催される．例えば高速道路についてみると，地元関連路線の期成同盟会主催の「建設促進集会」では，未着工区間の事業促進要望を大会決議として採択し，省庁への要望活動にお墨付きを与える．会場には地元選出国会議員や国土交通省，高速道路会社関係者が来賓として参加し，祝辞を述べるが，地元の熱意を値踏みするような高飛車な発言をすることも多い．これに対して地元住民代表の声ということで，例えば温泉宿の女将さんがスピーチし，観光地としての魅力を売り込んだりする．
> 　こうした集会を開催することにより，事業実現への地元世論の盛り上がりというシグナルを発するのである．膨大な人数に上る陳情団が上京する際にかかる旅費・滞在費，集会の経費は，回り回って結局は国と地方政府双方の財政負担によって弁済される．この陳情政治の過程では，与党である自民党が選挙区民に説明責任を果たすために他政党と競争しているのではない．むしろ，地元の有権者が事業採択への熱意を示す競争を，他地域を相手に繰り広げ，これを中央省庁に値踏みさせ，自民党がこの仕組みを維持することで利益分配を行っていたのである．

年に設定された中選挙区は，1972年選挙の後に，都市部を中心に分区が行われ，選挙区数は124から130に増加した．以後1976年から1993年まで選挙区境界の基本的枠組みは維持され，1990年選挙を最後に奄美群島区（定数1）が鹿児島1区に併合された他は選挙区境界の変更は小規模なものにとどまり，定数格差是正措置は定数の増減によってなされた[65]．1993年選挙は，選挙区境界は奄美群島区が鹿児島1区に編入された以外は安定していたが，以降の予算が非自民連立政権による予算編成の影響を受けた．以後の予算年度は，新制度で選挙区境界が抜本的に変更された状況を反映すると考えられるため，第8章

---

[65] 1986年の定数格差是正では，和歌山1区と2区，愛媛1区と3区，大分1区と2区，それぞれの間で小規模な選挙区境界変更がなされた．

で改めて検討する．

1995年に設定された小選挙区は，国勢調査を元に10年ごとに区割りの見直しが行われる．2000年国勢調査の結果を反映する形で2003年には新区割りで選挙が行われた．小選挙区制では定数の増減によって定数格差を是正することが出来ないため，いかなる定数格差是正措置も境界線の変更を伴う．一方で中選挙区制時代には定数の増減で格差是正を図ることが可能であったため，選挙区境界が安定的であった[66]．この特性を利用し，選挙区パネルデータに対して固定効果法による推計を行う．

2. 従属変数：人口一人あたり補助金受取額

多年度にわたる地方財政データと選挙データを結合する際に，自民党の得票と定数格差の状況は，選挙の翌年度決算から次の選挙年まで影響が及ぶと仮定した．つまり，特定の選挙で選ばれた議員が，本予算の成立に関与したことを基準にした[67]．

従属変数は，自治体人口一人あたりの中央政府から市町村への移転支出総額であり，対数変換してある．具体的には地方交付税普通交付金，同特別交付金，国庫支出金の合計である．交付金は一般補助金であり，算定式を基準に自治体に配分された後，具体的な使途は自治体の裁量に委ねられるが[68]，配分額を決める段階では中央政府の政治判断が作用しうる．特別交付金は，基準財政需要の算定に当たって補足されなかった特別な需要に手当てすることを目的とするだけでなく，突発的な災害への対応などを行う財源となる．自治体は交付金の使途を自由に決める権限を有するが，国庫支出金は特定補助金であり，事業毎に費用の一定割合が国から補助され，使途は補助事業に限定される．

分析対象期間の最終年度である1990年度の時点で，これら補助金の総額は

---

66 かといって中選挙区制が小選挙区制に比べて望ましいとは言えない．定数増減での定数格差是正は，逆に選挙区ごとに定数がばらつくことによる政治的不平等をもたらす（Monroe and Rose 2002）．また世襲議員が増大した理由の一つとして，中選挙区制において選挙区境界が過度に安定的だったことが考えられる．

67 76年衆院選に対して77年度補助金配分，以下同様に79年衆院選に80年度，80年衆院選に81年度，83年衆院選に84年度，86年衆院選に87年度，90年衆院選に90年度をそれぞれ対応させた．

68 地方交付税法第3条には「国は，交付税の交付に当たっては，地方自治の本旨を尊重し，条件をつけ，またはその使途を制限してはならない」と規定している．

名目ベースで約10兆円3千億円であり，GDPの2.3％，政府予算総額の13％に達した．国民一人当たりの受取額は平均して12万円であり，金額的には実質的な意味を持つ．一方で，総務省（旧自治省）管轄の交付金及び支出金は，地方自治体を通じた所得移転制度であり，利益誘導政治の手段としての事業予算としては，一部に過ぎない．

上記補助金合計の内，90年の数値では地方交付税普通交付金が61％，同特別交付金が7％，国庫支出金が32％を占める．国庫支出金の構成比は80年代前半にかけて48％まで上昇するが，その後は普通交付金の構成比が増加する．特別交付金の比率は概ね5％から7％で，90年代前半にかけて漸増している．

分析対象となった従属変数は決算ベースであり，本予算および補正予算の合計を反映している（地方財政調査研究会，各年版）．インフレ率は，県民経済計算における政府消費デフレーターの値を用いて調整した（経済企画庁 1991 他）．

3. 説明変数

主要な説明変数は，選挙区内自治体数と定数格差である．市町村数は，衆議院議員一人あたりの市町村数であり選挙区内自治体数を議員定数で除したものである[69]．これは代理変数として与党による監視能力の影響を示すものである．自治体数が大きければ選挙区が多くの自治体に分割され，多数の地方議員が政治活動に従事していることになる．そのような地域では監視と利益誘導による集票が機能しやすい．なお，政令指定都市は単一の自治体として見なし，区毎の数値は考慮していない．選挙区内自治体数情報は水崎（1993）に基づく．

4. 制御変数

制御変数としては，与党得票率もしくは議席率，財政力指数，人口構造を導入する．再選を果たすために与党現職議員が重要な役割を果たしているという半ば常識にも似た認識が幅広く共有される中で，既存の実証研究は自民党議席率と補助金配分額の間に，必ずしも安定的な相関関係を見いだしてきたわけではなかった．例えば堀内・斉藤による実証研究では，定数格差や産業構造の影響を考慮に入れた後で，議席率と補助金配分額の間に負の相関関係を検出している（Horiuchi and Saito 2003）．

---

[69] 分析に用いた変数 N_{kt} は，選挙 t における選挙区 k 内自治体数 n_{kt}，議員定数 m_{kt} に対して $N_{kt} = \ln(n_{kt}/m_{kt})$ である．

第 5 章　集票のための補助金

　ここで従属変数として扱っている補助金総額には，算定式に基づいて配分される項目と，政治的裁量によって按配が可能な項目が混在している．算定式に基づいて配分される部分の影響をコントロールするために，回帰式の右辺に財政力指数を導入する．財政力指数は，基準財政収入を基準財政需要で割った数値について，過去三年間の平均を算出したものである．

　基準財政需要は，各自治体の必要とする経費を費目ごとに積算したものであり，法律により規定され，毎年度改正される（出井他 2006 : 286）．自治体による裁量の余地が限られた費目には，給与，義務的な国庫負担事業が含まれ，これらは全額が基準財政需要に反映される．一方で裁量の余地が大きい公共事業にも，一部が需要額の算定に反映される．

　より具体的に見ると，基準需要は費目ごとに，「単位費用×測定単位数量×補正係数」を算出し，合計したものである．単位費用は，標準団体の標準的歳出から国からの補助を差し引き，これを標準団体の数値で割った数値である．これによって例えば，警察官一人当たり，児童・生徒一人当たり，道路面積 1 平方キロメートル当たりの標準的な費用が算出される．例えば 1989 年 3 月に成立した「地方交付税法等の一部を改正する法律」によれば，市町村人口 1 人当たり 6,630 円の消防費，道路面積 1 平方キロメートル当たり 9 万 3800 円の維持費，小学校児童 1 人当たり 3 万 400 円，1 学級あたり 55 万 9000 円などとして単位費用が計上されている．この単位費用を，自治体毎の人口，道路面積，児童数，学級数と掛け合わせ，全事業分野について合計するのである．

　補正係数は，各自治体の置かれる環境要因や，事業種別の違いを調整するものである．例えば特定重要港湾を要する都市と，地方港湾を要する都市では，港湾面積あたりの事業需要が異なるとの前提が置かれている．他に自治体人口規模による行政経費の違いを補正する段階補正や，豪雪地帯で割高になる行政費用を調整する寒冷補正などがある．自民党結党初期の立法措置によってこれが可能になったのである．

　基準財政収入は，標準税率をもとに課税した税収の 75% と，地方譲与税などの全額を合算したものである[70]．財政力指数は，こうして算出された基準財政需要を基準財政収入で割り，三年間の移動平均としてならしたものである．財政力指数が 1 を上回ると原則として普通交付金の配分が停止される．従って

---

[70]　残りの 25% は自治体の裁量によって使途を決定できる留保財源である．

財政力指数と補助金の関係は非線形であるため,自乗項を回帰式に加えた.

既存の仮説,すなわち年齢構成や産業構造,都市農村の対立図式が重要だとする議論を検討する意味もかねて,下記の変数を導入する.14歳以下人口比率は,保育所,小中学校など学校教育を媒介とした集票ネットワーク,65歳以上人口比率は同様に,高齢化による集票への効果を見るためである.義務教育費,老人福祉関係の費用負担が補助金に与える影響は既に財政力指数に反映されていると考えられる.

都市と農村の対立軸は日本の政治行動を分析する上で最重要の変数であると考えられてきたため(例 Scheiner 1999; 高畠 1997),これを示す変数として都市住民比率と第一次産業就業者比率を導入する.都市部住民比率は,人口集中地区人口比率である(国勢調査資料,各年版).一方で補助金分配を繰り返し利益誘導ゲームの一環としてとらえるのなら,集票活動の困難な都市部にあえて多額の財政支出を行うことはないであろう.第一次産業就業者比率は,総就業者に占める農林漁業就業者の構成比である.

国勢調査は5年ごとに行われるため,予算年度時点での変数の値を求めるために線形補間を施した.固定効果推計を行っているため,異時点間で変動のない変数については有意な関係は検出できないものと思われる.

政令指定都市は都道府県と同様の権限を持ち,財政制度的な変更が加わる.このため,選挙区内で政令指定都市に属する有権者の比率を算出した.分析期間中,広島市(1980年)と仙台市(1989年)が新たに政令指定都市となった.

5. 分析結果

推計結果は表5.1に示してある.推計式1は主要説明変数のみを含み,式2-3は議席率,得票率とともに制御変数をも含む.選挙区内自治体数と定数格差は補助金配分に有意に正の影響を与え,制御変数の有無によって影響を受けない.多数の小規模自治体に細分化され,定数格差によって守られた選挙区に,より多くの補助金が流入していたことを物語る.

分析期間(1977-90年)は,市町村の境界が比較的安定的な時期だったが,合併の件数はゼロではなかった.1976年12月選挙の時点で3,279存在していた自治体は[71],1990年2月選挙の時点で3,268に減少している[72].選挙区内で自

---

[71] 内訳は23特別区,9政令指定都市,635市,1978町,634村である.
[72] 同様に23特別区,11政令指定都市,644市,2001町,589村であった.

第 5 章　集票のための補助金

表 5.1　補助金の選挙区間配分（衆院選の翌予算年度 1977-1990 年）

推　計　式	1	2	3	4
自治体数	2.322**	0.707*	0.717*	0.706*
	(6.06)	(1.99)	(2.01)	(1.99)
定数格差	1.698**	0.627*	0.634*	0.627*
	(5.96)	(2.31)	(2.33)	(2.32)
与党得票率（％）		−0.13		−0.13
		(1.42)		(1.27)
与党議席率（％）			−0.023	0.000
			(0.67)	(0.01)
財政力指数		0.965	0.980	0.965
		(1.11)	(1.12)	(1.11)
財政力指数自乗		−1.45*	−1.46*	−1.45*
		(2.30)	(2.30)	(2.30)
14 歳以下人口（％）		0.025*	0.025	0.025*
		(1.99)	(1.96)	(1.98)
65 歳以上人口（％）		0.050*	0.048*	0.050*
		(2.34)	(2.21)	(2.36)
都市居住人口（％）		−0.010**	−0.010**	−0.010*
		(2.63)	(2.63)	(2.61)
第一次産業就業者（％）		0.031	−0.025	0.031
		(0.06)	(0.05)	(0.06)
政令指定都市（％）		0.032	0.045	0.032
		(0.10)	(0.14)	(0.10)
標　本　数	780	780	780	780
R_2（選挙区内）	0.50	0.72	0.73	0.74

注：このほかに選挙回二値変数を用い，全国的な経済状況の影響を制御している．括弧内はクラスタ処理済み頑健 t 値．＊5％ 水準，＊＊1％ 水準で統計的に有意（両側検定）．

治体が合併した場合には，補助金の配分が減少していたことを示唆する．他に小規模ながらも選挙区境界の変更がなされたが，いずれにせよ選挙区内自治体数の増減により補助金分配は影響を受ける．推計式 2 に基づく試算を行うと，議員一人当たり自治体数を平均値から 1 標準偏差減少させると，人口一人当たり補助金受取額が約 53％ 減少する．

　定数格差の影響も，四つの推計式ともに有意であり，係数符号は正である．定数格差が是正されることで，補助金の流れにも変化が生じたことが裏付けら

れる．推計式2によれば，定数格差指標を平均値から1標準偏差増加させると，人口一人当たり補助金額がおよそ22%増加する．

与党得票率，与党議席率ともに，単独でも同時に双方の変数を使った場合も有意ではない．得票率の係数符号は点推定でマイナスである．計量経済学的には，内生性が厄介な問題となる．得票の安定している現職が政治力を発揮しつつ利益誘導を行う可能性がある一方で，選挙基盤の脆弱な現職こそ，再選のために利益誘導を行うとの考え方もある[73]．しかし一方で，監視と動員態勢に関連する制度的文脈に変化が生じた場合，すなわち自治体数や定数格差の変化に対応して自民党が資源配分を変化させた形跡を考えるなら，むしろ得票力や議席率は独立の影響を与えていない可能性も考えられる．

財政力指数の符号は一次項が正で非有意，二次項が負で有意である．これは予想通り，財政力指数が1を上回る場合の減少幅が大きいためである．若年者人口，高齢者人口ともに補助金への影響は正で有意である．一方で都市部人口比率の係数は予想通りマイナスである．第一次産業就業者比率と，政令指定有権者比率は非有意であった．農林漁業従事者に対する利益誘導は，基本的には農林水産省予算で行われるため，総務省（旧自治省）所管の補助金が有意な影響を受けていない可能性がある．

IV. 選挙区内配分

選挙区単位での分析は，ある意味で選挙区内の自治体が直面する集合行為問題を看過してしまうことにつながる．本章の冒頭で言及したように，選挙区内の自治体は，互いに利益誘導を勝ち取るために集票競争に従事することを迫られたのである．この過程に着目するために，選挙区内配分の問題を検討する．分析単位は自治体であり，1998年4月1日時点での境界を反映する形でパネルデータを整備した．自治体が，選挙区を越えて補助金獲得競争に従事するのではなく，むしろ選挙区内でゼロサム・ゲームに近い競争を強いられていた可能性を検討する．

---

73 投票日の降雨量による外生的な変動を用いることで内生性に対処した研究としてTamada (2009), Horiuchi and Saito (2007) を参照．

第5章　集票のための補助金

1. 寡占競争モデルと自治体単位の分析

　自治体の首長が自民党のために集票競争に従事する様子は，ある種のベルトラン競争過程ととらえることが出来る（Persson, Roland, and Tabellini 2000）．ミクロ経済学の教科書に登場する標準的なベルトラン競争では，各企業は価格を通じて競争する．その際に競合他社の最適価格設定を織り込みながら，自己の利潤を最大にするように自社製品の価格を決定する．同様の寡占競争モデルでも産出量を通じて競争するクールノー競争と比較した場合，ベルトラン競争では，各企業はより弾力的な需要曲線に直面する．このためベルトラン競争でのナッシュ均衡点は完全競争での均衡と一致し，価格は限界費用と等しくなる．結果的に低価格で多くの生産がなされ，総余剰は完全競争時と等しく，パレート最適となる．

　例えばある選挙区で，市長Aと，市長Bが，独占的便益供給者である自民党の庇護を受けるために競争していたと想定する．両市長が自民党のために選挙運動を行う前提として，財政移転を求めたとしよう．市長が選挙運動を行うか否かの境目になる補助金水準を，労働経済学における留保賃金になぞらえて留保補助金として考える．両市長にとっては，財政移転を全く受けないよりは，少しでも財政移転を受けることが利益にかなうため，選挙運動努力の限界費用と同一になるまで，留保補助金水準を「競り下げ」てしまう．この力学が貫徹した場合，与党は選挙運動の動員量を，安価に最大限確保できるのである．

2. 変数の定義

　ここでの分析は，選挙区平均との差をみるものと，自治体ごとの実額を見るものと，二種類の推計を示す．分析対象期間は選挙区単位の分析と同様に，1977年から1990年までである．従属変数は，自治体毎集計で見た人口一人あたり補助金合計である．選挙区内偏差は自治体の数値から選挙区平均を引いたものである．

　主要説明変数は与党得票率と自治体人口規模である．従属変数と同様に，偏差は自治体の値から選挙区平均を差し引いたものである．制御変数として，選挙区単位の分析と同様の変数を用いた．

IV. 選挙区内配分

表 5.2 補助金の選挙区内（自治体間）配分（衆院選の翌予算年度 1977-1990 年）

従属変数	選挙区内偏差	選挙区内偏差	実額	実額
推計式	1	2	3	4
与党得票率（％）[a]	0.001**	0.001*	−0.001*	0.000
	(2.84)	(2.14)	(2.44)	(0.77)
人口規模（対数）[a]	−0.641**	−0.082	−1.683**	−1.008**
	(10.84)	(1.43)	(30.51)	(15.50)
財政力指数[a]		−1.457**		−2.087**
		(30.34)		(15.17)
財政力指数自乗[a]		0.518**		0.372**
		(8.07)		(4.47)
14 歳以下人口（％）[a]		0.012**		0.029**
		(6.45)		(13.71)
65 歳以上人口（％）[a]		0.045**		0.015**
		(11.30)		(4.22)
都市居住人口（％）[a]		−0.007**		−0.003**
		(9.57)		(3.04)
第一次産業就業者（％）[a]		−0.003**		−0.013**
		(3.48)		(10.47)
政令指定都市[b]		0.066		0.186
		(1.15)		(1.43)
標本数	19,530	19,530	19,530	19,530
R_2（自治体内）	0.18	0.42	0.68	0.78

注：このほかに選挙回二値変数を用い，全国的な経済状況の影響を制御している．括弧内はクラスタ処理済頑健 t 値．*5％ 水準，**1％ 水準で統計的に有意（両側検定）．a 式1-2 では選挙区平均との差，式3-4 では自治体値，b 全推計式で二値変数．

3. 分析結果

　選挙区内偏差を用いた分析は，各選挙区ごとに二値変数を割り当てた分析と実質的に同じである．固定効果法による推計結果は表 5.2 に示してある．与党得票率は，選挙区内平均からの乖離が正で有意（式1-2），実額で見た場合には負で有意もしくは非有意である（式3-4）．さらに興味深いことに，統計的に有意ではあるが，得票率の係数はかなり小さく，補助金の増減に実質的な影響を及ぼすほどではない．つまり，選挙区平均に対してより多くの得票実績を上げることは，ほぼ確実に補助金の増加に結びつくが，増加額は決して多くないと言うことである．推計式2の係数に基づいて試算すると，与党得票率の選挙

区内偏差が1標準偏差（＝約10％）増加した場合，人口一人当たり補助金配分額は0.7％増加するに留まる．

人口規模の影響を見ると，選挙区内偏差を検討した場合，制御変数を用いない推計式では負で有意だが，制御変数を導入すると非有意になる．実額を検討した場合には二つの推計式ともに負で有意である．

選挙区単位で合計した分析とは異なり，財政力指数の係数は一次項が負で有意，二次項は正で有意であった．横断面で散布図を検討すると，財政力指数と補助金の関係は左に傾いたL字型になっている．原発を立地している自治体では，財政力指数が2以上を記録する年度が多々ある．大規模自治体で財政力指数が1を上回る場合には交付金不交付団体になるが，電源立地自治体には多額の補助金が流入している．選挙区で合計した場合には，小規模自治体の影響は平滑化されてしまうが，自治体単位で分析した場合には電源自治体の影響を拾ってしまう．

人口統計と産業構造の影響は，第一次産業就業者比率を除き，予想通りである．若年者人口，高齢者人口は偏差，実額ともに有意である．都市部居住人口が増えると補助金が減額される傾向にある．

V. 結　語

本章は，票と便益の交換が行われる際の，便益の配分に焦点をあて，選挙区および自治体単位で集計したデータを検討した．選挙区単位では自治体数と定数格差が，交付金と国庫支出金の合計額に影響を及ぼしていることが分かった．自治体単位の分析では，与党得票率が選挙区内平均を大きく上回る場合には，補助金配分が増加する傾向にあることを示した．

こうした結果から分かることは，自民党は費用最小化行動として「単価の安い」議席を，地方議員によって構成される緻密なネットワークを活用しながら手に入れていったことである．それだけでなく自民党は，地方自治体が選挙区内で直面する集合行為問題を活用し，選挙区内の自治体同士を互いに競わせることで監視と動員を強化し，集票活動を行っていた．つまり，自民党長期政権が固定化することで，有権者の側が競争を迫られる逆説明責任状態が，自治体単位で機能していたのである．

第6章 利益誘導と自民党弱体化:我田引鉄の神話

> 「猿は木から落ちても猿だが,政治家は選挙に落ちたらただの人だ.」
> 大野伴睦(1890-1964) 自由民主党副総裁(1957-1964)

I. はじめに:インフラと票田の荒廃

　いかなる国でも民主制をとる限り,選挙での再選は政治家にとって死活問題である(Mayhew 1974).我が国では,選挙が政治家にとっていかに重要かを示唆するために,元は大野伴睦によると伝えられる格言が引用されることが多い.大野は党人派の中心人物として,自民党結党初期の副総裁を務めた.「猿は木から落ちても……」「政治は義理と人情」など数々の名言もさることながら,岐阜1区選出の大野の存在が,後世語り伝えられることになったのは,おそらく岐阜羽島駅によってであろう.

　日本の政治をこれまで報じ,分析してきた人々は,大野伴睦の政治力と岐阜羽島駅の存在そのものに,利益誘導政治の典型的な事例を見いだしてきた.1964年10月に東海道新幹線が開業したとき,岐阜羽島駅の周辺は一面の田園風景であったと伝えられる.岐阜羽島駅前には大野伴睦・つや夫妻の銅像がそびえ立っているが,碑文には「……道路の整備等,殊に岐阜県の玄関として東海道新幹線岐阜羽島駅を實現.岐阜県並びに羽島市の発展の基盤を確立された.」と記されている.岐阜羽島駅は,政治の力によって駅が作られた我田引鉄の典型例として語り継がれることになったが,大野自身は新幹線開業を数ヶ月先に控えて亡くなっており,岐阜羽島駅が大野の選挙にどのような影響を与えたかは知る由もない.

　既存の政治経済学の研究文献には,地域公共財の供給を増大させることが現

第 6 章　利益誘導と自民党弱体化：我田引鉄の神話

職政治家もしくは政権政党の再選に有利に働くとの議論が多い．利益誘導は便益が特定の地域に集中し，費用が全国の有権者から広く薄く徴収される構造を持つ．このため選挙区から選出される現職議員が公共事業獲得に動くとする主張は，初期の公共選択論から伝統的になされてきたものである（Buchanan and Tullock 1962; Weingast, Shepsle and Johnsen 1981）．少なくとも米国政治のデータでは，利益誘導によって現職議員が選挙を有利に戦っているとの研究結果が報告されている（例：Rivers and Fiorina 1989; Levitt and Snyder 1997）．特に交通インフラ投資は，ポーク・バレル，すなわち利益誘導政治の花形として捉えられることが多かった．

同様に，日本政治の文脈でも，大正期に遡ると言われる「我田引鉄」という言葉に象徴されるように，地理的な利益誘導は広範に行われていたと考えられ，これが選挙において非常に有用であったと捉えられてきた．そして，自民党長期政権はこうした利益誘導政治に支えられてきたとする見方が一般的であった（Calder 1988; Curtis 1992; 広瀬 1993; Woodall 1996）．このように政治的動機によって公共政策がゆがめられた結果として，日本におけるインフラの供給は過剰であるとの認識が幅広く共有されている（五十嵐・小川 1997）．

しかし既存の常識的な理解は，説明責任が正常に機能していることを前提としていたがために，根本的に誤っていた．むしろ，自民党政権が逆説明責任体制だったが故に，補助金漬けの農村部と過密な都市という二重構造が発展したのである．第 2 章で既に検討したように，支配政党として，自民党が集票組織を円滑に機能させるためには，野党に投票した有権者に対して報復を加える必要がある．しかしながら，交通インフラはひとたび完成してしまうと地域公共財としての役割を果たすだけでなく，撤去することがほぼ不可能なため，投票実績に応じて便益の調節を行うことが出来ない．着工以前は，インフラ整備を遅らせる，もしくは中止するという脅しが有効に機能するが，完成してしまえば地域後援会は，あえて大変な労力を有する選挙運動に参加する動機を失ってしまう．そのため，半永久的に大きな経済効果を持つインフラを急いで整備することは，選挙対策としては非常に拙劣な行為となってしまう．

より広範な政治経済学の文脈では，本章は次の新たな視点を提供する．まず第一に，社会資本ストックを増加させることが，現職の再選に対して悪影響を及ぼす可能性を示す．既存の研究は，選挙区への補助金や事業予算のフローに着目し，何らかの形で業績評価投票理論（Key 1966; Fiorina 1981）を前提とし

ている．すなわち，正常な説明責任が機能していると仮定しているため，地域に集中的な利益をもたらした政治家もしくは与党の選挙地盤は強化されるとの結論が導かれる．しかしながら，本章の分析は，地域住民そして政治エリートが，過去の業績評価よりはむしろ将来を見越しての戦略的行動をとっているという仮説とより整合的である．第二に，当研究はインフラすなわち地域公共財と補助金という二種類の便益が，異なる選挙結果につながることを示す．これまでにも様々な政治制度の下で補助金と公共財のどちらが選挙対策として有益か，理論的な議論が行われてきたが（例：Lizzeri and Persico 2001），本章は異なる角度，すなわち与党中央と集票組織の戦略的相互作用の視点からこれを分析する．日本では長期的に一党優位が続き，逆説明責任が働いていたため，むしろ便益の供給を遅らせ，低開発状態を維持することが，与党の支持をつなぎ止めることにつながったのである．そのため，与党の有力な地盤ほどインフラ整備が遅れ，経済的な競争力を失い，補助金の流入に依存することになる．逆に過去のインフラ投資の受益者である都市部の住民は与党に票を投じる動機を失う．

つまるところ本章が示すのは，選挙区に交通インフラ投資を行う上で多大な貢献をなした政治家には銅像こそ建つかもしれないが，後の得票に結びつくわけではないと言うことである．この点を明確にするために，本章は次の概略に沿って議論を進める．次節では，新潟県と島根県を事例に，インフラ整備が早期に進んだ県と遅れた県で，自民党の得票力にいかなる違いがもたらされたかを検討し，さらに全国自治体得票データに基づく記述統計を検討する．次にインフラ投資がなぜ与党の選挙に逆効果なのか，理論的に説明する．第IV節では，インフラが完成するまでの時間を，生存解析手法を用いて分析する．第V節は固定効果法を用い，インフラ投資の済んだ地域で自民党得票が有意に低いことを示す．

II. インフラ整備と自民党得票：事例研究

自民党が結党された当時，日本列島は地方から大都市に至るまで，道路インフラが貧弱であった．鉄道は主力幹線を含めて国内のほぼ全ての路線が，国力が脆弱な時代に敷設が進んだ狭軌線をそのまま用いる状況が続いていた．当時，名神高速道路建設の予備調査を行っていたワトキンス調査団による報告書

第 6 章　利益誘導と自民党弱体化：我田引鉄の神話

(Watkins 1956) によれば，「日本の道路は信じ難い程悪い．工業国にしてこれ程完全にその道路網を無視してきた国は日本の他にない」状況であったとされる．当時，日本の道路舗装率は一般道路で 2% に過ぎず，国道や都道府県道でさえ 8% の水準であった．自民党が政権を担当した期間，日本はおそらく世界中のどの国よりも多額の費用を用いて，道路及び鉄道インフラに投資を行ったが，この要因の一つが戦後初期において脆弱だった社会資本の状況にあったことは間違いないだろう．

1. 新幹線と高速道路の戦後史

それでは，日本のインフラ整備の根幹となる政策は，いかなる形で形成され展開してきたのであろうか．日本の国土構想，国土軸形成構想の中で核心として位置づけられてきたのは太平洋ベルト地帯構想であろう．これは，池田勇人政権（1960 年 7 月 19 日-1964 年 11 月 9 日）が所得倍増計画を策定する中で 1960 年に提唱したものであった．既に 1957 年には高速自動車法が制定され，日本の道路網整備が本格化する準備が整いつつあったが，東京から中京，京阪神地域を経て九州北部に至る太平洋沿岸地域が，基幹インフラ整備の中核に位置づけられたのである．同構想は，1962 年制定の第一次全国総合開発計画によって具体化され，太平洋ベルト地帯を中心とする拠点開発構想が推進される．当時，太平洋ベルトの基幹インフラとしての役割を担う東海道新幹線や名神自動車道は既に着工されており，開通を間近に控えていた．1962 年には首都高速道路京橋，芝浦間が開通し，翌 1963 年 7 月には名神高速栗東～尼崎が開通した．1968 年には東名高速道路が部分開通し，東京と京阪神地域を結ぶ動脈が形成されていく．

一方で 1966 年には国土開発幹線自動車道建設法が成立し，高速道路網の本格的な全国展開に法的な裏付けがなされた．1969 年に策定された新全国総合開発計画は，全国的な大規模開発プロジェクトであった．高速道路や高速幹線鉄道について広範な全国的ネットワークの整備をめざし，地方での大規模工業基地の開発をも企図していた．この時代背景の中で，1970 年には全国新幹線鉄道整備法が成立し，翌 1971 年の告示では，東北（東京～盛岡），上越（東京～新潟），成田，以上 3 新幹線路線の建設が決定された．1972 年には北海道（青森～札幌），東北（盛岡市～青森市），北陸（長野市・富山市経由），九州（福岡市～鹿児島市，長崎市）の 5 整備新幹線ルートが決定した．しかし直後に発生したオイ

ルショックの影響もあり，未着工の新幹線構想は凍結された．第三次総合開発計画（1977年閣議決定）では，都市の開発抑制が提唱され，これに付随する形で整備新幹線プロジェクトの大部分が見直しの対象となった．

それでは，オイルショックを挟んで，着工決定に至った路線と，そうでなかった路線では，沿線の政治地図に長期的にどのような変化が生じたであろうか．まず自民党を代表する派閥領袖であった田中角栄のお膝元，新潟県における自民党得票状況を分析する．続いて，田中角栄の派閥を受け継いだ竹下登の地元，島根県の得票状況を検討する．交通インフラ整備は，新潟では早期に進み，80年代にほぼ完成を見ることになった．一方で島根では新幹線構想は凍結され，高速道路は基本計画に対する供用率が2009年の段階で50%に過ぎない．

2. 新潟の逆説

新潟県はかつて，新潟3区から田中角栄元総理が選出される公共事業王国として知られていた．これまでに多くの文献で，田中元総理は，金権政治の代名詞として引用されている（例：Johnson 1986; Schlesinger 1997; 立花隆 1982）．全盛期の田中角栄とその後援会である越山会の活動について，高名な政治史家である升味（1985：392）は次のように記録している．「こうして，彼は，土木事業を三区に導入することによって，社会党（日農）の勢力と保守派（町方旦那衆）の支配を浸食し，選挙地盤を拡大した．越山会は，工業化・都市化によって弛緩する伝統的地盤を補助する後援会ではない．逆に，工業化・都市化を促進することによって，有権者を結集し，他の候補者の地盤を切り崩した．」

大野伴睦と同様に，田中元総理も上越新幹線浦佐駅前に銅像が建立されている．田中は1972年7月から1974年12月まで首相の座にあっただけでなく，早くから自民党及び内閣の要職を歴任している．それどころか，自民党内最大派閥の領袖として，首相退任後もキングメーカーの名をほしいままにしていた．1976年7月，田中はロッキード社から5億円の賄賂を受け取った容疑で逮捕されることになった．1983年10月には，東京地裁において懲役4年の判決が下されている．しかしながら，1983年12月の総選挙では，田中は記録的な22万761票を得て再選されている．当時の新聞報道は，田中の記録的大勝利が利益誘導政治のたまものであったと報じている．たしかに，新潟県と東京を結ぶ上越新幹線は1982年に開業したばかりであった．1985年秋には，延長11キロメートル，国内最長の高速道路トンネルである関越トンネルが開通の運びで

第6章 利益誘導と自民党弱体化：我田引鉄の神話

図 6.1 新潟県の得票分布とインフラ（2003 年総選挙）

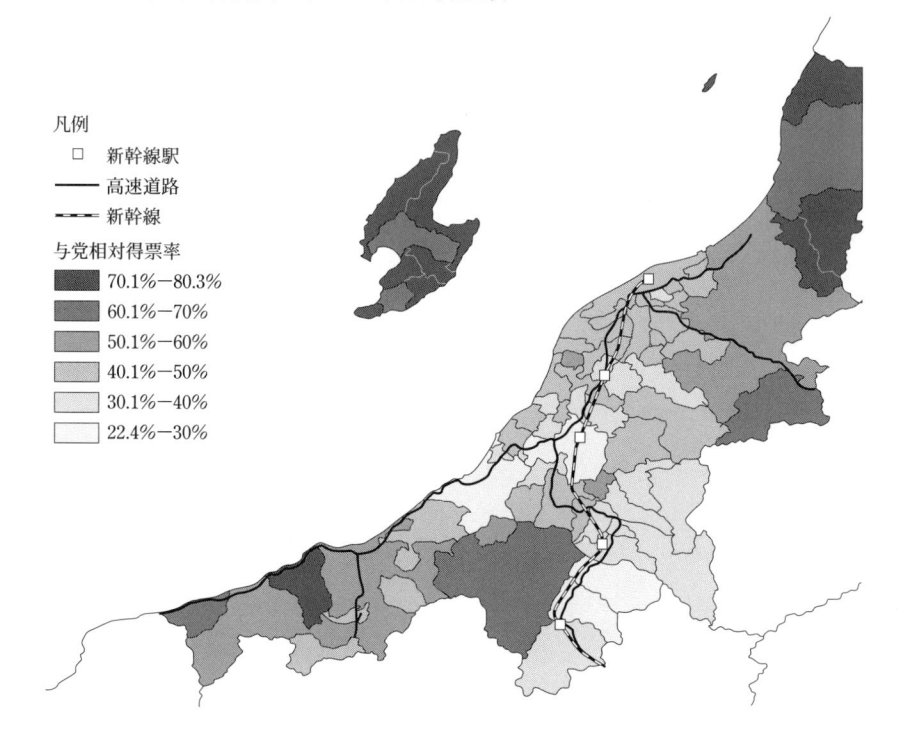

凡例
- □ 新幹線駅
- ── 高速道路
- ╌╌ 新幹線

与党相対得票率
- 70.1%－80.3%
- 60.1%－70%
- 50.1%－60%
- 40.1%－50%
- 30.1%－40%
- 22.4%－30%

あった．田中の影響力のたまものか，新潟県民一人当たりの行政投資額は高水準で推移し，1970 年代，80 年代を通じ近隣諸県の 2 倍程度の水準で推移し，1978 年，1980 年は全国一位であった．利益誘導政治が選挙でいかに重要で役に立つかという認識は，おそらくこうした顕著な事例が広範に報じられることで形成されたのであろう．しかし詳細にデータを分析すると，新潟県の有権者の投票行動は単純で直感的な議論とは相反するものとなっている．

田中が逮捕された 1976 年当時，三木内閣（1974 年 12 月 9 日-1976 年 12 月 24 日）において法務大臣を務めていたのは旧新潟 2 区選出の稲葉修であった．法務大臣が指揮権を発動すれば，元首相の逮捕はあり得ない話であり，これを阻止することは十分に可能だったであろう．しかし稲葉は結局，元首相が逮捕されることを黙認した．稲葉の 2 区は新潟県北部，田中の新潟 3 区は県中央部であった．公共事業計画に大きな影響力を誇った田中の存在を考えれば，政敵稲葉の

選挙区に新幹線や高速道路が到達しなかったのは不思議な話ではなかった．

2005年郵政選挙で自民党政権に強烈な追い風が吹いたにもかかわらず，新潟県内6小選挙区のうち，自民党議員を選出したのは2選挙区だけであった．しかも，2人の自民党現職両者共に，以前，稲葉修の選挙区であった地域から選出されている．旧新潟2区は，高速道路も開通せず，かの田中新幹線の恩恵に与っているわけでもない．他の4選挙区は，交通インフラ整備の一巡した地域だが，いずれも民主党系会派に所属する議員を選出した．逆説的にも，田中型利益誘導政治が最大の利益をもたらした地域で，自民党の選挙地盤は急速に弱体化したのであった．図6.1は新潟県内における自民党得票率（2003）と高速交通網整備状況を示したもので，インフラと得票率の負の相関関係は明瞭である．

3. 島根の自民党王国

一方でインフラ整備の遅れが，逆に自民党基盤の維持につながったのではないかという仮説を考える上で興味深いのが，島根県の事例である．便益が不可逆的，半永久的に発生するインフラ整備が遅れる一方で，人口一人当たりの行政投資額が長年にわたって一位であることから分かるように，私的財としての建設投資を行い，自民党現職議員への支持を強固なものにしていたのである．

中選挙区制時代の島根全県区には，田中角栄の派閥を引き継ぎ，宰相の座に上り詰めた竹下登がいた．しかも竹下だけでなく，中曽根派の大物として活躍し，数多くの閣僚ポストを射止め，衆議院議長をも務めた桜内義雄や，福田派の重鎮として存在感を発揮し，同じく数多くの閣僚ポストを手にした細田吉蔵がひしめいていた．参議院に目を転ずれば，後に自民党参議院幹事長，議員会長として指導力を発揮した青木幹雄がいた．このような現職自民党議員の政治力にもかかわらず，島根県のインフラ整備は大きく遅れることになる．

竹下登は，自民党内で選挙の神様と呼ばれていたが[74]，14回出馬した衆議院選挙の全てで勝利を収めただけでなく，うち10回は1位当選であった．竹下は県議を振り出しに政界でのキャリアを上り詰めることになるが，その選挙運動のスタイルは，公共事業予算をてこに，各種業界団体や地元市町村長の支持を取り付け，互いに競わせることを基本としていた．島根県に限ったことで

---

74 首相時代に訪米した竹下は，プレスクラブでの質疑応答で自分が党内で選挙の神様と呼ばれていると実際に認めている．『朝日新聞』1988年1月16日．

はないが，高速道路や新幹線の路線計画が発表されると，地元自治体，経済界を巻き込んだ期成同盟会が組織される．特に，沿線自治体の首長や経済団体を巻き込んだ運動体は，中央省庁への陳情活動を行うだけでなく，地元国会議員の再選運動において重要な役割を果たす．陳情活動への取り組みによって「地元の熱意」が中央官庁に値踏みされる．そして議員の側で集票状況を点検し，隣接自治体同士を競争させることで，選対組織を強化していくのである．

新潟県で 1980 年代までに新幹線，高速道路関連のプロジェクトがほぼ完成していたのとは対照的に，山陰地方は高速交通網整備において取り残されたままの状況が続いた．山陰新幹線は，大阪市を起点に鳥取と松江を経由し下関市に至る約 550 km にわたる新幹線建設をその基本計画としているが，1973 年 11 月に基本計画が決定されたまま，同時期に策定された他の新幹線構想同様，計画が棚晒しのままになっている．

一方で高速道路に目を転じると，1983 年には中国地方の中央部を縦断する中国自動車が全通したが，島根県は一部をかすめるに過ぎず，島根県の人口重心から遠く離れた六日市インターチェンジが設置されたに過ぎない．1989 年 10 月には広島市と浜田市を結ぶ浜田自動車道が部分開通に至り，1991 年には全通している．しかし，島根県の主要都市を連絡し，県土の一体性を確保する山陰自動車道は長らく未着手のままであった．

竹下が総理に就任した 1987 年時点で，計画された高速道路路線のうち，供用済みは 8% に過ぎなかった．2006 年末でこの数値が 49% に上昇したことを見れば，竹下はじめ島根の国会議員による政治力が何らかの違いを生み出したのかもしれない．しかし同時期に全国の高速道路供用率は 58% が 72% に上昇していたことを差し引くなら，島根県の政治力と公共事業支出に似つかわしくない整備率であったとも言える．しかも開通区間は，暫定二車線区間が多く，連続立体交差かつ流入制限という意味では高速道路の要件を満たすが，実質的に追い抜きの難しい道路構造となっている．

このような脆弱なインフラ状況によって，逆に島根は自民党得票率を維持していった可能性がある．図 6.2 は 2003 年選挙の得票と，インフラ所在状況をまとめたものである．選挙制度改革以後 2009 年に至るまで，島根県の衆議院選挙区で自民党は完勝を誇り，まれに野党候補が比例復活を達成したに過ぎない．

本来の竹下の政治力を持ってすれば，より早い時期に高速道路網は完成して

> **コラム⑪　陳情団の地元：期成同盟会**
> 　選挙で当選すると，本人の意思確認を経ない形で非常に多くの役職，名誉職に就任することになる．公職者には毎日のように様々な会合への案内状が届く．重要な会合には本人が出席するように努め，日程の関係で困難な場合は秘書が代理出席する．少なくともほとんど全ての会合に，祝電やメッセージを送る．先に触れた期成同盟会の顧問職もこうした役職に該当する．期成同盟会は霞ヶ関や県庁で行う陳情活動の主体になるが，誰によって構成され，地元ではどのような活動を行っているのであろうか．筆者が議員時代に出席した「東北横断自動車道酒田線建設促進庄内期成同盟会」を例に取ってみよう．平成15年度の総会資料によれば，同盟会の構成は次のようになっている．
> 　会長は地元商工会議所会頭が努め，副会長には近隣の商議所会頭，農協，漁協組合長，市長，町村会長が就く．顧問には地元衆議院議員，県選出参議院議員，県知事，県会議員，県幹部職員，学識経験者が名前を連ねる．理事には町村長，市町村議会議長，商工会長，農業委員会会長，土地改良区理事長が就く．総会当日には，会場周辺に黒塗りの車が連なる．総会は開会の挨拶，会長挨拶，来賓祝辞，来賓紹介と続き，決算，予算，役員案，その他議案の承認を経て閉会する．総会の後に，道路公団（当時）関係者による講話となる．

いたのかもしれない．しかし竹下登は気配りの政治家として知られ，「汗は自分でかこう，手柄は人にやろう」が口癖だったといわれる（根本・鈴木 1989）．派閥をまとめ，党をまとめる要職にあったが故に，手柄を人に譲るために他県の高速道路事業を優先的に着工させていたのかもしれない．

　しかし竹下が政治的な権勢を誇っていた時代から今日に至るまでの公共事業実績を見ると，竹下が慈悲深い領袖であったとする仮説は裏切られることになる．図6.3は，島根県と新潟県で行われた行政投資すなわち，国・県・地方自治体による公共事業支出総額の推移を示したものである．各予算年度での全国平均を1に基準化した場合，島根県の行政投資額は1980年以降概ね1.5倍を上回り，2倍以上を記録する年度も少なくなかった．竹下は第二次大平内閣（1979-80年），第一次から第二次中曽根内閣（1982-86年）の大蔵大臣に就任している．その後も島根県の人口一人当たり行政投資額は竹下が総理に就任した翌年の1988年度から，本章執筆時点で最新の数値である2006年度まで一貫して全国一位であり，配分実績を見る限り，田中角栄の新潟県が霞んでしまう状況であった．にもかかわらず，なぜ，高速道路インフラの整備が遅れたのであろうか．

第6章 利益誘導と自民党弱体化：我田引鉄の神話

図6.2 島根県の自民党得票分布とインフラ（2003年総選挙）

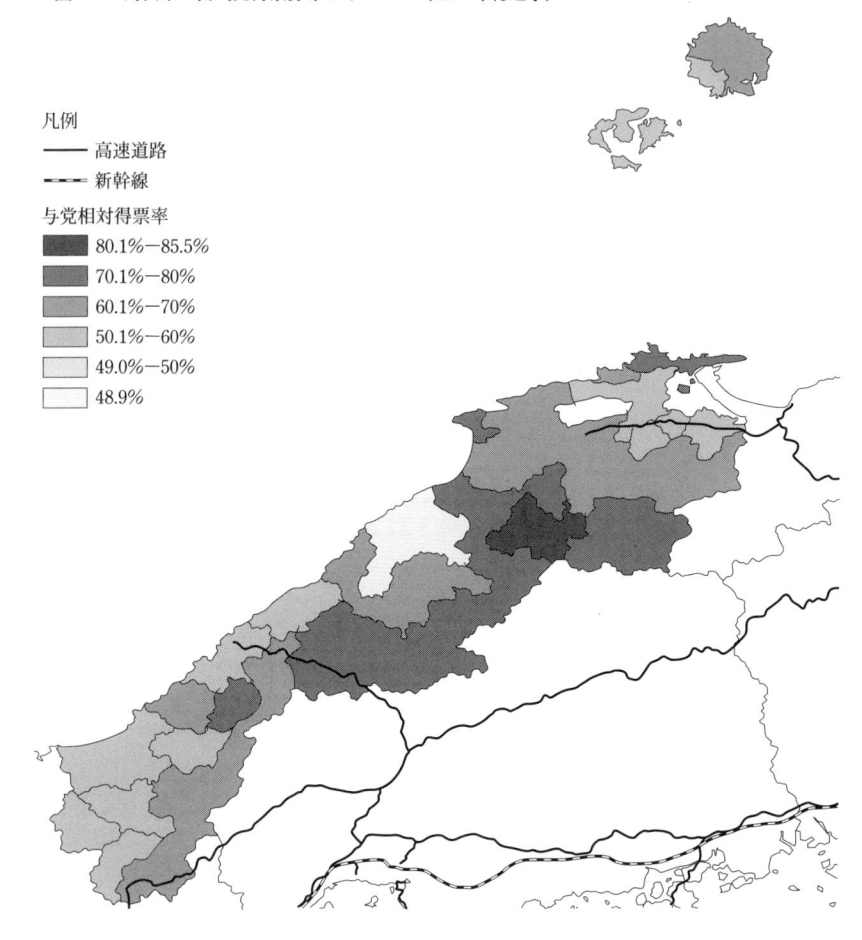

凡例
── 高速道路
--- 新幹線
与党相対得票率
■ 80.1%−85.5%
■ 70.1%−80%
■ 60.1%−70%
■ 50.1%−60%
□ 49.0%−50%
□ 48.9%

高速道路と同時並行で進行していた他の公共事業を見ると，高速道路事業の遅れには，事業分野の選択が影響していた可能性に気付く．島根県の公共事業として代表的なのが，中海干拓事業である．同事業は，塩分を含んだ中海を淡水化し，なおかつ干拓を行うことで2,500ヘクタールの農地を造成することを計画していた．事業が開始されたのは1963年であり，食糧増産のために田圃を造成することに，理解の得られる時代であった．国営中海干拓・淡水化事業は，1968年12月に着工された．しかし1998年に，干拓工事は凍結されるこ

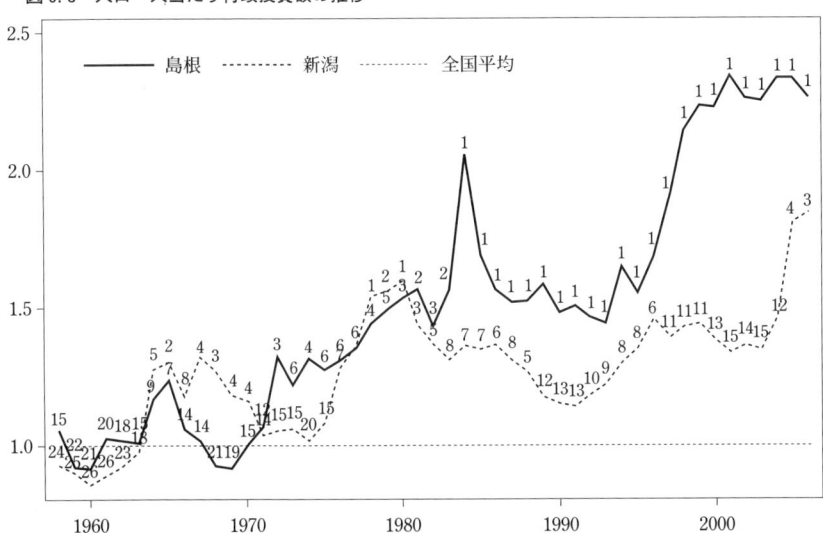

図 6.3 人口一人当たり行政投資額の推移

注：各年度での全国人口一人当たり行政投資受取額を，1として基準化してある．図中の数字は，当該都道府県の全国 47 都道府県中の順位である．

とになった．凍結までに 500 億円以上の工費が投じられた．しかも 2000 年総選挙を目前に控え，長年にわたって干拓事業を推進してきた竹下登が逝去した．竹下の死後二ヶ月を経て，中海干拓事業の本庄工区の事業中止が正式に決定された．2002 年には宍道湖，中海の淡水化事業中止が決定されることになる．

4. 全国自治体での自民党勢力図：記述的分析

新潟県や島根県における得票パターンは，決して例外ではない．表 6.1 は，東海道・山陽新幹線が完成して数年が経過した 1979 年と，平成大合併が急速に進展する直前に行われた 2003 年総選挙での，全国自治体の得票と交通インフラの状況を集計したものである[75]．従来の研究はインフラの整備状況を金額換算のストックとして把握してきたが，対照的に本章では，ある時点においてインフラが存在したか否かという二値変数として扱っている．与党得票率は絶

---

75 変数のより詳細な定義は，本章第 V 節を参照．

第6章　利益誘導と自民党弱体化：我田引鉄の神話

表6.1　インフラと与党系候補得票率

選挙時期	1979年10月			2003年11月		
群	有	無	差	有	無	差
新幹線	36.12	49.24	−13.13**	31.72	41.57	−9.85**
	(0.83)	(0.30)	(0.88)	(0.36)	(0.24)	(0.43)
n	409	2,846	3,255	780	2,475	3,255
高速道路	39.37	50.29	−10.92**	34.70	43.90	−9.20**
	(0.64)	(0.30)	(0.711)	(0.26)	(0.30)	(0.40)
n	804	2,451	3,255	1,659	1,596	3,225
ダ　ム	48.24	47.52	0.72	43.49	38.54	4.95**
	(1.01)	(0.30)	(1.06)	(0.68)	(0.22)	(0.71)
n	319	2,936	3,255	439	2816	3,255

注：与党系候補者絶対得票率の変化．括弧内は標準誤差．＊5％水準，＊＊1％水準でそれぞれ統計的に有意（両側検定）．二群の分散は不均一であると仮定．

対得票率，すなわち各市区町村における与党候補者の得票を有権者数で除したものである[76]．

　高速交通インフラのある自治体では，そうでない自治体に比べて与党の得票率が低い．表6.1から分かるように，1979年，2003年双方の総選挙で，新幹線駅あるいは高速道路出入口に隣接する自治体における与党系候補得票率は，そうでない自治体に比べて有意に低い状態であり，10％前後の差があった．同様のパターンは2003年総選挙のデータにも当てはまる．2003年時点で，自民党の金城湯池と言われる地域は，新幹線及び高速道路の空白域が多かった．最も顕著な例は宮崎県，和歌山県，奈良県であろう．

　異時点間の得票について階差を取って比較した場合でも，インフラ整備は与党の得票に負の影響を与えている．しかも東海道新幹線や東名高速道路に遡って，比較的早期から負の影響が作用していた．表6.2は，1960年11月と1979年10月総選挙，1979年10月と2003年11月総選挙における得票率の変化を要約したものである．前期は東海道，山陽新幹線が，後期は東北，上越，長野の各新幹線が開業している．ここでも，高速交通インフラが新規に開通した自治体では，インフラ状況に変化のなかった自治体に比べて得票率の下落幅が有意に大きい．下落幅は前期で9％前後，後期の新幹線が5.5％，高速道路が

---

[76] 絶対得票率の代わりに相対得票率を用いても，分析結果はほとんど影響を受けない．

表 6.2 新規完成インフラと与党系候補得票の変化

選挙時期	1960年11月-79年10月			1979年10月-2003年11月		
群	有	無	差	有	無	差
新幹線	−11.48	−2.08	−9.40**	−13.26	−7.75	−5.51**
	(0.72)	(0.30)	(0.78)	(0.74)	(0.29)	(0.79)
n	408	2,791	3,199	371	2,884	3,255
高速道路	−9.67	−1.15	−8.53**	−10.91	−7.48	−3.43**
	(0.58)	(0.31)	(0.66)	(0.44)	(0.33)	(0.54)
n	797	2,402	3,199	855	2,400	3,255
ダ ム	−2.82	−3.33	0.51	−5.80	−8.48	−2.69
	(0.94)	(0.30)	(0.98)	(1.41)	(0.27)	(1.44)
n	319	2,880	3,199	120	3,135	3,255

注:与党系候補者絶対得票率の変化. *5% 水準,**1% 水準でそれぞれ統計的に有意(両側検定). 二群の分散は不均一であると仮定. 第1期は沖縄を除く.

3.4% である.

地元経済に波及効果の大きな高速交通インフラには得票への負の影響が認められるが,事業費では遜色のないダム事業には,このような効果はない. 表 6.1 で,ダム隣接自治体の与党得票率は 2003 年において有意に高く,表 6.2 では有意な差は認められない. 少なくとも記述統計を最も単純な形で見る限りでは,新規に交通インフラが完成し供用されることで,自民党の票田は弱体化する傾向が明瞭だ.

III. インフラ投資が票田を荒らす理由:理論的説明

従来の研究は,地域公共財が選挙区に対して与える影響について,理解が不十分であったと言わざるを得ない. 特に地元に利益誘導をする際に,インフラ投資は他の政策手段とは次の点で大きく異なる. ①投資の不可逆性,②半永久的な経済効果,③消費の非排除性. このような特徴のため,政策便益の供給において独占的な役割を果たす与党にとって,インフラ投資を迅速かつ効率的に行うことは非常に拙劣な選挙戦術になってしまう.

1. 選挙財としてのインフラと補助金

一言で利益誘導と言っても,新幹線や高速道路を選挙区に通す我田引鉄型の

第6章 利益誘導と自民党弱体化：我田引鉄の神話

利益誘導と，予算年度毎の補助金の采配による利益誘導では，集票への効果は実は大きく異なる．まず第一に，地域毎の得票率を見ながら年度毎に配分を采配できる補助金とは異なり，インフラ投資による便益は不可逆的であり調節が困難である．不可逆的，半恒久的，非選択的に便益を提供することは，繰り返し囚人のジレンマにおいて報復措置を放棄するのと同義であり，票と便益の交換がストップしてしまう．

地域住民の側から見た場合，我田引鉄による利益誘導には，完成した交通インフラを利用することによる利益と，建設工事による費用が地元に投下されることによる利益の，二種類の利益が発生する．選挙区外の住民から見れば，インフラの建設費用は血税から支出される費用に他ならない．しかし，地元住民にしてみれば，投下される工事費用は，用地買収による所得の増大や，工事期間に建設業の就業機会が増えるなど，目に見える経済効果を生み出す (Weingast, Shepsle, and Johnsen 1981)．しかも建設工事によって発生する利益は，相手を選んで供与することが出来る．いったん着工が決まると，施工に伴って莫大な額の用地買収費や労務費，資材費などが地元住民，地元業者に流れ込む．高速道路の用地買収単価は，一般道の数倍であり，高速道路沿線の集落には御殿が建つと言われる．どの地域に高速道路を通すか，サービスエリアに誰を出店させるか，どこの商品を置くか，誰を儲けさせるか，政治が影響を与えようとすれば，様々な形で関与することが可能だ．しかし高速道路や新幹線プロジェクトを「誰かを儲けさせるための政治」に用いることは，いったん用地買収が完了し，着工されてしまえば困難になってしまう．

第二に，予算を止めさえすれば地元に落ちる便益が無くなってしまう補助金とは異なり，高速交通インフラは大きな生産性効果をもたらし[77]，その効果は事実上半永久的に継続する．しかも既にできあがった生産性効果の大きなインフラを撤去することは事実上不可能である．地域が高速交通ネットワークに組み込まれているか否かによって，工場や商業施設の立地に大きな影響を及ぼすだけでなく，地域の知名度や市場でのブランドも変わってくる．結果的に人口移動のパターンも大きく影響を受け，非流動性資産の価値上昇にもつながる．

---

[77] 公共投資が生産性を増大させるか否かについては，広範な議論が存在する（Aschauer 1989; Gramlich 1994）．日本の事例に限って言えば，特に高度成長期を中心にインフラ投資が地域経済の成長を促したとする見方が有力である（Shioji 2001; 村田・森澤 2003; 中里 2003; 後藤 2004）．

Ⅲ．インフラ投資が票田を荒らす理由：理論的説明

> **コラム⑫　高速道路無料化論の思い出**
> 　筆者は衆議院の候補者として活動を開始した2002年8月以来，道路関係の財源を整理統合し，基幹インフラとして無料の高速道路を重点的かつ迅速に整備すべきだと主張していた．有料道路は混雑料金が正当化される区間に限り，二酸化炭素排出対策は燃料課税によって行うのが経済政策として合理的だと考えている．
> 　地方では世界一高い高速道路料金を嫌い，高速道路の利用率が低迷している．当時の筆者の計算では，地元から東京までトラック一台のコメを出荷すると，道路料金だけで往復5万円以上かかった．その分一般道が渋滞するため，ガラガラの高速道路に併行して3kmも離れていない地点に一般国道バイパスを高規格で建設するなどの無駄な重複投資が行われてきた．高速道路無料化は即効性のある行政改革かつ景気対策だと考え，衆議院への当選後も同じ主張を繰り返した．民主党の道路政策に影響を与えた著作としては山崎（2003）があるが，当時の菅直人代表の方針もあり，高速道路無料化政策はマニフェストの一項目として採用された．

　第三に，インフラの工事自体は私的財の性質が強いが，工事完成後に高速道路や新幹線を利用することによって発生する利益は，誰でも利益を享受し得る地域公共財である．高速道路や新幹線は，これを実現するための運動体を組織する間は自民党議員にとって有益な集票手段になるが，いったん完成してしまえば利益誘導政治自体を弱体化させてしまう性格を持つ．新幹線や高速道路が開通してしまえば，政治がいかなる形で関与しようとも，地域公共財としての便益が発生し続け，しかもこの便益は，有権者がどの政党を支持しているかとは無関係に発生する．与党が支持者だけを選別して交通インフラを使わせることは不可能であり，有権者の投票態度によって便益を加減することも困難である．補助金行政とは異なり，与党支持者の多い自治体だけ道路料金を安くするというような価格差別を取ることも難しい．完成した高速道路や新幹線を壊すという選択肢が考えられない以上，交通インフラは「アメ」だけの政策手段となり，便益をストップする「ムチ」による脅しが機能しなくなる．我田引鉄，我田引道といわれる利益誘導は，用地買収が完了し，インフラができあがってからは選挙戦略としては有効ではなくなるのだ．

2．インフラ投資と後援会ゲーム※

　このような論理をより簡潔に示すために，単純な展開型ゲームを検討しよう．

第6章　利益誘導と自民党弱体化：我田引鉄の神話

このゲームのプレーヤーは，自民党（LDP）とその後援会もしくは地域組織（Machine）である．自民党が先手をとり，選挙向けの利益誘導政策を発表する．この政策を見極め，後援会が選挙での対応を決める．すなわち，自民党の選挙をやる（Help）か，だんまりを決め込む（Ignore）かの選択である．当該自治体での得票如何によって全国レベルの選挙結果が覆ることはないと仮定する．ゲームの樹形図は図6.4に示してある．

先に自民党は，地元組織が動く限りにおいて便益を供与するという選挙戦略をアナウンスする．便益の供与（Buy Votes）は，自民党から地元組織へのレントの移転，すなわちインフラ建設費用（$c>0$）と補助金（$s \geq 0$）の支払いを伴う．一方で地元組織が選挙運動で動いた場合にはコスト（$\theta>0$）がかかる．この文脈でθは資源動員コストそのもの，もしくは本来なら政策的選好が異なる自民党の選挙運動を行うという心理的コストもしくはイデオロギー的距離を表すと考えることも出来る．このコスト（$\theta>0$）のため，自民党が当該自治体での集票（Buy Votes）を行わず，政治的支持を見捨てた場合（Abandon），地元組織は決して選挙を手伝わない（Ignore）．地元組織が活発な選挙運動を行った場合（Help），自民党はこの自治体を拠点として確保する利益$\lambda>0$を得る．

この自治体での生産活動による収入は選挙運動とは無関係であり，生産収入はインフラの有無によって低いか，高いかの二つの値をとる：$y=\{1, \alpha\}$．インフラが存在しない場合の収入を1に基準化し，インフラの生産性効果によって，インフラ完成後は収入が$\alpha>1$に上昇する．選挙運動とは無関係に，税率$\tau \in (0,1)$が自民党に対して支払われる．よってインフラ建設は地元組織にとっては建設費用の受け取りcと生産性上昇$(\alpha-1)(1-\tau)$という二つの利益をもたらす．

任意の単一の選挙における近視眼的な相互作用を単純に後退帰納法で解く．部分ゲーム完全均衡として票と便益の交換（Buy; Ignore, Help'）が行われる条件は，

(1) インフラが存在しない場合は，$\theta \leq s+(\alpha-1)(1-\tau)+c$かつ$\lambda+(\alpha-1)\tau \geq c+s$である．

補助金の額は$s \geq \max\{0, \theta-(\alpha-1)(1-\tau)-c\}$であればよく，選挙動員コスト$\theta$に対して選挙戦を手伝う誘引が存在する．一方で自民党側としては，レントを拡大するために生産性効果の大きな地域でインフラに投資する誘引が働く．

Ⅲ．インフラ投資が票田を荒らす理由：理論的説明

図6.4　後援会ゲームの樹形図

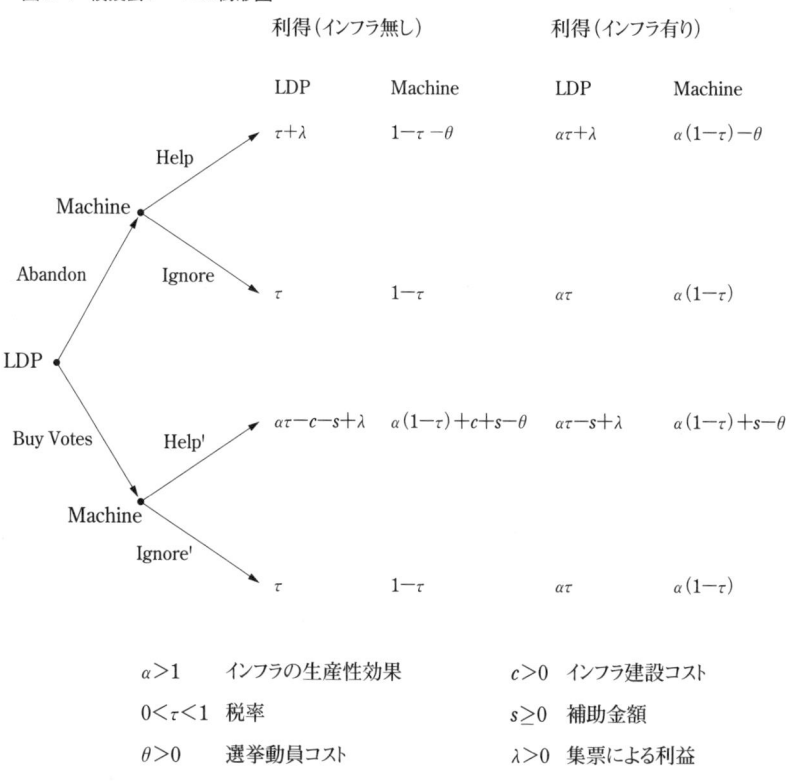

	利得（インフラ無し）		利得（インフラ有り）	
	LDP	Machine	LDP	Machine
Help	$\tau+\lambda$	$1-\tau-\theta$	$\alpha\tau+\lambda$	$\alpha(1-\tau)-\theta$
Ignore	τ	$1-\tau$	$\alpha\tau$	$\alpha(1-\tau)$
Help'	$\alpha\tau-c-s+\lambda$	$\alpha(1-\tau)+c+s-\theta$	$\alpha\tau-s+\lambda$	$\alpha(1-\tau)+s-\theta$
Ignore'	τ	$1-\tau$	$\alpha\tau$	$\alpha(1-\tau)$

（LDP：Abandon → Machine（Help/Ignore）／Buy Votes → Machine（Help'/Ignore'））

$\alpha>1$　インフラの生産性効果　　$c>0$　インフラ建設コスト
$0<\tau<1$　税率　　　　　　　　　$s\geq0$　補助金額
$\theta>0$　選挙動員コスト　　　　　$\lambda>0$　集票による利益

（2）　インフラが存在する場合は，$\theta\leq s$ かつ $\lambda\geq s$ である．

自民党は，地元組織に対して選挙運動費用もしくはイデオロギー的距離全てを補う補助金を提供しない限り，地元は動かないことになる．

　要約すると，インフラの投資を行うことは，投票態度の如何に関わらず恒久的に便益を供給することをコミットすることと同義であり，計画段階では集票に結びつくが，いったん着工され生産性効果がコミットされた段階で，自民党は集票のために必要な報復の脅しを捨ててしまうことになる．自民党はむしろ税収を増加させる効果が高い地域において，集票を犠牲にしてインフラ投資を行う誘引を持つことになる．

第6章 利益誘導と自民党弱体化：我田引鉄の神話

IV. インフラ完成までの生存時間解析

1. 比例ハザードモデル

　それでは高速交通インフラはどのような要因によって，その完成までの時間が決まっていたのであろうか．高速道路投資は地域公共財の不可逆的投資の過程であり，供用済みのインフラを意図的に破壊することは，戦災などの例外を除き，非常にまれである．こうした側面に鑑み，投資決定因の分析に生存時間解析手法を用いる．

　分析の対象は，各自治体に新幹線及び高速道路が到達するまでの時間であり，1998年4月1日時点の自治体境界を基準にし，自治体毎データを暦年ベースで整備した．また高速交通インフラとの比較を行う意味で，大規模ダム完成に至るまでの時間も同様の手法で検討する．完成後に公共財としての便益を発生させる交通インフラとは異なり，ダム建設はしばしば住民移転を伴い，政治問題化しがちである (Aldrich 2008)．しかも完成後に地元自治体に対して手厚い財政補助措置が講じられ，私的財の半恒久的な流入が発生する．

　インフラの位置関係については，日本測地系に基づき特定した[78]．新幹線駅[79]，高速道路出入口，有効貯水量1万立方キロメートル以上のダムを設置した自治体を1，それ以外を0として処理した．しかし交通インフラが供用を開始することによって利益を受ける地域は広範囲に及び，インターチェンジが自治体内に開設されることだけを基準にすると，隣接自治体に及んでいる影響を見逃す可能性が高い．インフラが空間的外部性を及ぼすことを考慮に入れ，各市区町村の庁舎が，新幹線駅から半径20キロメートル以内，高速道路で半径10キロメートル以内に位置する場合は1，それ以外は0としてコーディングした．この20キロ，10キロという閾値は若干恣意的ではあるが，新幹線駅の間隔がほぼ20 km，高速道路のインターチェンジの間隔がほぼ10 kmおきであることを踏まえている．

　インフラの完成日については，国土交通省鉄道局 (2004)，全国高速道路建

---

[78] インフラの緯度経度情報については，「goo地図」を参照した (http://map.goo.ne.jp/).
[79] ここで言う新幹線とはフル規格新幹線であり，いわゆるミニ新幹線である山形，秋田新幹線を除外する．なお，ミニ新幹線を含む分析でも結果に大きな変化はない．

設協議会 (2004), 日本ダム協会 (2005) に基づく. 高速道路の定義は概念的には, (1) 中央分離帯が設置され, (2) 出入口以外での車両流入が制限され, (3) 連続立体交差, つまり交差点が存在しない, 以上の三つの条件を満たすものである. しかしデータの整理にあたり, 便宜的に旧日本道路公団及び各都市高速道路公団による路線をデータ化している.

2. 共変量

分析に用いた時間共変量は, 次の三つのグループに大別される. 第1に, 高速道路建設・供用に関連する政治的要因である. 第2に高速道路供用が生み出すであろう経済波及効果の大きさである. 第3に, 高速道路建設に伴う費用である.

日本道路公団民営化やダム工事が非常に政治化したことに象徴されるように, 大規模事業の政治的要因を無視することは不適切であろう. ここでは, 定数格差指標と自治体毎与党絶対得票率を用いる. これら変数は, 川人・川人 (1997) 及び水崎 (1993, 1996, 2000), 朝日新聞 (2003) に基づく.

高速道路供用に伴う経済波及効果に影響を与える要因として, 自治体人口規模, 周辺地域人口規模, 面積などが考えられる. 自治体人口規模は当該自治体が高速道路網に接続した場合の便益である. 周辺地域人口規模の目安としては, 半径 100 km 圏内の人口規模を用いる[80]. 自治体面積は厳密には埋め立てや境界変更などに伴い変化するが, 当分析では 1998 年度末自治体面積を全期間に当てはめて分析した (地方財政調査研究会 1998). 各年における人口規模, 半径 100 km 人口規模は国勢調査データ (各年版) を用いている. 国勢調査年以外の年度については線形補間法によりデータを補った.

一方で, 建設工事に伴う費用については, 主として地形要因が考えられる. 高速道路工事に伴う全ての技術的側面を測定し, 自治体単位で集計することには困難が伴い, 必ずしも完全な形で対処したとは言えないものの, 当分析では地域毎の標高, 傾斜を分析に用いる. また, 標高の影響が非線形である可能性を勘案し, 同変数には自乗項を導入した. 地形データは若松他 (2005) による. 同データは地震の被害を予測するハザード地図を編集することを念頭に作成されたもので, 全国各地域の地形がおよそ 250 m 刻みのメッシュ (網目もしくは格

---

[80] これは, 各国勢調査年の人口データから, 庁舎間の距離が 100 km 以内であることを基準に総人口を算出したもので, 当該自治体の人口は除いてある.

3. 推計結果

コックス比例ハザード回帰分析の結果は，表6.3に示してある[81]．係数は全てハザード比に対する倍数として換算してあり，係数が1より大きければ供用時間を短縮する効果があり，係数が逆に1よりも小さい場合には供用時間が長引く影響がある．定数格差指標の影響はいずれも負であり，1％水準で有意である．集票目的で配分される補助金とは異なり，定数格差によって過大代表された選挙区で大規模事業が行われているわけではない．自治体毎の得票率の影響は，新幹線は非有意，高速道路は10％水準で有意，ダムは負で有意である．一方で人口規模の影響を見ると，新幹線，高速道路共に当該自治体の人口規模と半径100キロ圏内人口規模が大きいほど完成までの時間が短縮されている．ダムは逆に，当該自治体の人口が小規模かつ100キロ圏人口が大きいことが立地につながるようである．面積の影響も，ダムはプラスであるが，交通インフラには負の影響を及ぼしている．一方で産業構造の影響を見ると，新幹線では製造業の与える影響が非常に大きく，産業拠点を連結するために新幹線が建設されたことが覗われる．

費用要因の代理変数として自治体庁舎周辺の地形が及ぼす影響を検討すると，新幹線については明瞭な関係が見受けられない．高速道路とダムについては，標高は予想通り非線形の影響を及ぼしており，一定の標高に達するまではハザードが上昇するが，標高の非常に高い山岳地域では逆に低下する傾向がある．傾斜がきつい地域では高速道路供用に至る時間が長い．ダムは逆に，傾斜のきつい自治体に立地される傾向にある．

比例ハザード回帰分析による結果が示唆するところは，日本の高速交通網整備は，大都市部を中心に主として経済波及効果を重視する形で進捗していった．つまり，早期に完成したインフラは税収増を促すためのものであり，自民党政権は必ずしも自らの地盤において優先的に交通インフラを建設していたわけで

---

[81] なおインフラ供用に至るまでのハザード関数の形状を検討すると，新幹線完成のハザード比は，山陽新幹線が開業する70年代中庸にかけて上昇し，これ以降は着実に低下している．高速道路供用のハザード比は1980年頃にかけて上昇し平坦に推移していくが，90年代に入ると下落局面を迎える．ダム完成のハザード比は単調的に減少している．

表 6.3 比例ハザード・モデルによるインフラ完成時期の分析（1960-2003 年）

インフラの種類	新幹線		高速道路		ダ ム	
	係数	z 値	係数	z 値	係数	z 値
定数格差指標	0.506**	(−4.46)	0.709**	(−3.02)	0.548**	(−2.62)
与党得票率	0.752	(−0.97)	1.460	(1.81)	0.472*	(−1.96)
人口規模（対数）	1.377**	(6.72)	1.530**	(10.23)	0.681**	(−5.85)
面積（対数）	0.767**	(−5.85)	0.695**	(−10.24)	1.471**	(6.35)
半径 100 km 人口（対数）	1.072	(1.79)	1.134**	(4.32)	1.598**	(8.18)
第一次産業就業者比率	1.511	(1.01)	0.159**	(−6.64)	0.139**	(−5.09)
製造業就業者比率	119.993**	(11.29)	1.739	(1.78)	0.254**	(−2.54)
標 高	1.000	(0.55)	1.003**	(6.21)	1.006**	(6.23)
標高自乗	1.000	(0.02)	1.000**	(−3.75)	1.000**	(−4.71)
傾 斜	0.286	(−1.31)	0.005**	(−7.26)	6.456**	(2.63)
標本数	122,327		106,455		128,966	
自治体数	3,253		3,253		3,253	
完成自治体数	730		1,659		439	
対数尤度	−5,471.928		−12,245.845		−3,327.632	

注：係数はハザード比に対する影響度．括弧内は頑健 z 値．*5% 水準，**1% 水準で統計的に有意．

はなかった．

V. インフラ投資の得票への影響

1. 固定効果法による推計

　固定効果法は，パネルデータの特性を生かし，各自治体固有の要因を除去した上で，変数の効果を推計する手法である．すなわち，各観測個体内（この場合は自治体）でのインフラ状況の経時的変化が，得票力にいかなる影響を及ぼすかを分析するのである．固定効果法は，各自治体で得票力が異なるとの前提で，観測不能な変数も含めてその影響を制御できる利点がある．しかし内生性の影響，つまり得票力が低下するとの予想を前提に，これを防ぐ目的でインフラ建設を行った影響を拾っている可能性を排除できない点で限界がある[82]．

---

[82] 内生性に対処する方法として，傾向得点マッチングを用いた分析については，斉藤（2008）を参照．なお同手法で得られた分析結果は本章の回帰分析とほぼ同様である．

2. 従属変数

従属変数は，各自治体における与党系候補の絶対得票率である[83]．市区町村は，選挙及び国勢調査関係データの集計上の最小単位である．異時点間の比較を可能にするため，平成大合併進展以前の市区町村境界（1998年4月1日時点）を基準に集計した．自民党得票率は水崎（1993, 1996, 2000）及び朝日新聞（2003）に基づく．自民党，保守党，公明党，以上政党の公認候補，保守系無所属候補は与党系として扱ったが，連合傘下の労働組合の支援を受けた無所属候補者は野党系とした．

3. 説明変数と制御変数

説明変数は，新幹線，高速道路，ダム，以上三種類のインフラであり，定義は第4節の比例ハザードモデルと同様である．回帰式には，次の制御変数を導入する．まず第一に人口一人当たり補助金受取額，次に人口規模，人口動態及び産業構造である．補助金受取額については，人口一人当たりの地方交付税交付金，国庫支出金の合計である（地方財政調査研究会，各年版）．半永久的に一定の便益を地域公共財として及ぼし続ける交通インフラとは異なり，補助金は年度毎の予算増減が可能である．逆説明責任体制で「脅し」が有効に作用する種類の便益であり，係数符号は正と予想される．自治体人口規模が増大すると，総じて人口一人当たりの地方議員数が減少する．従って自治体人口は得票にマイナスの影響を与えると予想される[84]．都市化の影響を直接検討するために，都市部居住人口を用いる．これは人口集中地区の人口比率である．従来，都市対農村は，投票行動を規定する要因として指摘されてきた（Scheiner 1999, 蒲島 2000）．65歳以上人口は，世論調査や投票行動に関する先行研究が示唆する通り，自民党支持率には加齢効果が働くことを考慮に入れるためである（松本 2001）．国勢調査は5年毎にしか行われないため，国勢調査以外の年については線形補間した数値を用いている．第一次産業就業者比率は，監視と動員がより有効に機能する農村・漁村型産業構造の影響を取り込むためである．

---

[83] 理論的動機は与党による監視と選挙動員であり，与党への支持をつなぎ止めるために，野党への支持流出と棄権の双方を抑制することを視野に入れている．なお当節の分析結果は，相対得票率を用いても実質的な変化はない．

[84] 議会定数上限は地方自治法において定められている．第2章参照．

表 6.4 固定効果法による推計：インフラ整備と自民党得票率

期間(選挙回数)	1960-2003年(15回)		1960-79年(7回)		1980-2003年(8回)			
推計式	1	2	3	4	5	6	7	8
新幹線	−3.113**	−1.287**	−3.545**	−0.933*	−4.399**	−4.177**	−3.622**	−3.56**
	(9.52)	(4.02)	(7.67)	(2.04)	(9.66)	(9.08)	(7.91)	(7.74)
高速道路	−3.615**	−1.696**	−3.856**	−1.105**	−2.139**	−2.091**	−2.015**	−2.016**
	(12.85)	(6.29)	(8.65)	(2.53)	(6.13)	(7.76)	(5.82)	(5.83)
ダム	0.880	0.014	0.993	−0.257	0.176	0.174	0.005	0.011
	(1.45)	(0.02)	(1.32)	(0.37)	(0.19)	(0.26)	(0.01)	(0.01)
一人当たり補助金(対数)						1.534**		0.889**
						(5.05)		(2.71)
人口規模(対数)		−7.687**		−11.799**			−2.43	−1.411
		(11.40)		(11.95)			(1.43)	(0.80)
高齢者人口(%)		0.213**		0.082			0.321**	0.323**
		(4.08)		(0.57)			(3.96)	(3.98)
都市部居住人口(%)		0.018		0.002			0.031	0.034
		(1.73)		(0.15)			(1.61)	(1.75)
第一次産業就業者(%)		0.114**		0.008			0.283**	0.288**
		(9.55)		(0.41)			(10.44)	(10.61)
標本数	48,607	48,603	22,567	22,565	26,040	26,040	26,038	26,038
R_2(各自治体内)	0.21	0.25	0.06	0.10	0.30	0.30	0.31	0.31

注：全自治体数は3,255．括弧内は自治体毎クラスタ処理済頑健z値．＊5％水準，1％水準でそれぞれ統計的に有意．各推計には選挙回毎の二値変数を用いており，全国的得票変動の影響を制御してある．

4. 推計結果

　固定効果を用いた推計で，交通インフラの影響は負であり，全期間を通じた推計と期間を分けた推計の全てで有意である（表6.4）．ダムは得票率に対して少なくとも負の影響を及ぼすことはない．また，制御変数の有無によって新幹線，高速道路，ダムそれぞれの有意水準は大きな影響を受けない．補助金のデータが利用できる第二期（1980-2003年）について補助金の係数符号は正に有意であり，自治体を通じた監視と動員が自民党の選挙を支えていたことを示す経験的根拠の一つといえる．

第6章 利益誘導と自民党弱体化:我田引鉄の神話

次に制御変数の係数を見ると,固定効果法で推計した場合,各自治体の都市化がそのまま自民党の弱体化に結びつくわけではないことに注意する必要があろう.人口規模の影響は概ね負の影響が認められるが,後期においては有意ではない.人口が成長し,人口一人当たりで見た自治体議員数が減少することが,自民党の弱体化につながる.また後期に入ると,独自に条例を制定し,法定の定数上限を大幅に下回る定数を設置する自治体が増えたことにも注意する必要がある.

一方で都市部居住人口の係数はプラスである.固定効果だけでなく,インフラと人口規模を同時に考慮に入れた場合,農村集落に対して人口集中地区という,居住共同体の違いは,必ずしも与党の得票力にマイナスの影響を及ぼしたとは言えない.特に後期を含む推計でプラスの影響を示していることを考えると,自民党の都市シフトと共に,公明党との連立の影響も考えられる.なお高齢人口比率,第一次産業就業者比率は推計式4を除き,有意にプラスの影響が認められる.

第一次産業就業者比率が特に1980年代以降を含む分析で正の相関を示すことには注意が必要である.農業政策の主軸が米価対策から減反や土地改良事業を中心とする公共事業に変化していく中で,農業者の自民党への支持はより強固なものになった可能性がある.

VI. 結　語

本章の知見は,日本の利益誘導政治について,既存の研究の再考を迫るものである.これまでも,政府支出と得票率の増大について頑健な相関関係が検出されてきたわけではなかったが,通説ではその理由は統計学的には内生性の問題,すなわち選挙で脆弱な政治家ほど利益誘導のための努力を行うためだと考えられてきた.これは実際の政治過程を考える上でも,また分析手法上も重要な問題ではあるが,一方で現実世界での利益誘導政治を考える上で重要な側面が見落とされてきた.有権者は,補助金や様々な政府支出の受取額と同様に,自らの生産性や所得,保有する資産の価値にも等しく強い利害を持つ.有権者の全員が高い所得を求めて移り住んだりするわけではなく,保有資産の全てが流動的なわけでもない.そのため特にインフラが脆弱な地域では,選挙の政策争点でインフラ投資計画は中心的な争点として浮上しがちである.インフラ投

VI. 結　語

> **コラム⑬　高速道路無料化論への反発**
>
> 　筆者が衆院に当選した当時，無料化論は少数意見に過ぎなかった．しかも道路特定財源と有料道路を前提に高速道路誘致運動を繰り広げてきた期成同盟会にとっては寝耳に水の主張だったに違いない．そのうち筆者の地元では，国土交通省の工事事務所や商議所主催で，有料道路制度や道路特定財源がいかにインフラ整備に役立っているかを周知徹底させるシンポジウムやイベントがいくつも開かれるようになり，事実上の落選運動主体となった．筆者は，官製の世論醸成がいかなるものかを見せつけられることになったが，ゲーム理論でいえば，均衡経路から外れたプレーヤーに何が起こるかを如実に示した事例だ．「型どおりではない」行動をしてしまったことから，霞ヶ関の出先機関，またその利害に影響を受ける地元経済界も含め総反発を招くことになったのである．

資は不可逆的であり，特に中央集権制をとる政治体制では，地域住民と中央政府との交渉力に継続的に影響を及ぼす．それ故に，インフラが完成したとたん，地域住民の中には中央政府の言うことに従う動機を失ってしまう者が一定割合で見られるのである．

　インフラを建設しても，集票にはつながらないが，一方で一定程度は物的インフラ資本の蓄積が見られたのも事実である．与党が直面する政権維持誘引を考えるならば，議会で過半数を握り続けることが政権維持の十分条件である以上，二分の一を若干でも上回る議席を手に入れたら，残りの議席は必ずしも必要ではない．経済効率の高い地域に重点的にインフラを投資し，開発の遅れた地域を低開発状態に止めおき，補助金によって所得を移転することが，与党の支配戦略となった．いかにレント追求型の政治体制であっても，政権を維持するための税源を確保することは必要であり，そのためにインフラが必要だったのである．

第7章 利益誘導と政界再編

「政治改革実現に責任を持たねばならない，と考え離党を決意した．」
1993年12月15日，石破茂衆議院議員[85]

「地元の発展を『人質』に取られている重みがある．鳥取の有権者を犠牲にはできんのです．新進王国になれば一時は歓呼で迎えられたろうが，予算編成を経ると，やがて怨嗟（えんさ）の声に変わっていく．」
1998年1月12日，石破茂衆議院議員[86]

I. はじめに：政界渡り鳥現象とインフラ

　本章では，1990年代の政界再編が，どのような形で展開し収束したのかを説明する．1990年代の不安定な政治情勢の中で，民主党が自民党に対する代替政党としての地位を固めるまでの間，数多くの既存政党および新政党が消滅していった．いわゆる政界再編の流れは，市民・有権者の選好や態度の変化もさることながら，政治家側が戦略的に行動したことで顕在化した．おびただしい数の現職議員が，前回総選挙から次回総選挙までの間に，所属政党を変更したのである．本章では，この政党選択行動に焦点を当て，政界再編の背後にあった環境要因を探る．
　政党移籍に関する既存の実証研究は，1993年の自民党分裂が基本的には自民党内の世代抗争に根ざすものであると結論づけている（Cox and Rosenbluth 1995; Kato 1998）．この他に，個々の議員が政治制度改革に対する選好を有していたか否か（Reed and Scheiner 2003），また族議員としての政策分野の棲み分

---

[85] 『朝日新聞』1993年12月27日．
[86] 『朝日新聞』1998年1月9日．

けが所属政党選択行動に影響を与えたとしている（建林 2004）．これらの主張に対して本章では各議員の支持基盤において，インフラ整備がどの程度進捗していたか否かで，所属政党選択行動が大きく異なったことを明らかにする．インフラ整備状況は，1993年自民党分裂のみならず，新選挙制度導入後に野党議員が自民党に復党もしくは入党する行動にも大きく影響を与えた．前章で指摘したように，インフラを通じた利益誘導は，自民党得票の増加にはつながらず，完成後はむしろ得票が減少する．いったん新幹線や高速道路が供用されると，自民党支持団体，地域組織は求心力を失い，弛緩してしまう．政治改革への気運が高まった1993年時点で，このような地域から選出された議員が，より高い確率で自民党を離党し，しかも一貫して野党に在籍する傾向にあった．

1990年代の政界再編を説明する上で，本章は次のように構成されている．まず次節では，選挙制度改革を挟んで起こった政界再編過程を概観する．第III節は，インフラがなぜ政党選択に影響を及ぼすのか，理論的に検討する．第IV節は，インフラと政党選択行動に関する比較事例研究であり，新幹線の開通した選挙区に対し，人口統計上類似していながら新幹線が未開通の選挙区を対照事例として取り上げる．第V節は離党議員の地元と新幹線の位置関係を地図上に示す．第VI節はインフラ変数に基づいた計量分析である．

II. 1990年代の離党・復党行動

1. 離党・復党による政界再編成

宮沢喜一内閣に対する不信任案が255対220の票差で可決したのは1993年6月18日の出来事であった．結果的に宮沢首相は解散を選び，7月18日投票の総選挙とその後の連立交渉の結果，自民党は結党以来38年を経て，初めて下野する事態に直面した．不信任案可決にあたって，結果を左右したのは他でもなく現職自民党議員の一部が投じた賛成票であった．当時自民党に在籍していた274名の議員の内，39名が賛成票を投じ，18名が棄権もしくは欠席した．僅か数日の内に48名の議員が党を離れ，新たに新生党と新党さきがけを結成することになった．

自民党が分裂するまで，同党の支持率は漸減傾向にあった．収拾のつかない金権スキャンダルはリクルート疑惑として，1989年参議院選挙を控えて，時

Ⅱ. 1990年代の離党・復党行動

の竹下登首相の辞任につながったが，後任の宇野宗佑首相の女性醜聞も重なり，参議院選挙で自民党は惨敗することになる．1992年参議院選挙では，前熊本県知事であった細川護熙が日本新党を設立した上で新規参入し，既存政治勢力に飽き足らない有権者の支持を開拓した．しかし，こうした底流での変化にもかかわらず，自民党の支持率は過半数を維持するのに十分な高支持率を誇っていたと考えられる[87]．むしろ，自民党支持率は48人の議員の離党によって急激に低下しており，これら離党議員が自民党に留まってさえいれば，来る総選挙において過半数を維持することは十分に可能だったと考えられる．

結果的に93年7月の総選挙では，自民党は第一党の座は守ったものの，自民党と共産党を排除した形で連立政権が発足し，自民党は結党以来初めて政権の座から転がり落ちた．細川護熙を首班とする内閣が8月に発足し，自民党所属議員は断続的に離党する．しかしながら，非自民連立政権は8党派から構成され，支持率こそ高かったものの非常に不安定でもあった．翌94年1月に政治改革関連法案が成立した後，政権は求心力を失っていった．自身の金銭スキャンダルもあり，細川は退陣し，新生党党首羽田孜を首班とする少数連立内閣が形成された．

1993年衆議院選挙直後に自民党に所属していた227名の衆議院議員の内，非自民連立政権が継続する中で22名が離党することになった．野党時代，政策決定過程における自民党の影響力は大きく縮小することになったが，しかし第一党として最大議席を有する立場にあり，連立与党内の不満分子と提携することで政権に返り咲く可能性が残されていた．結果的に自民党は，新党さきがけと並んで，長年の仇敵であった社会党を連立に抱き込むことで，政権に復帰する．1994年6月30日に自民党＝社会党＝さきがけ連立政権の首班に指名されたのは，当時社会党委員長であった村山富市であった．村山内閣時代に，新選挙制度での区割りが発表されることになったが，生き残りを賭けた保守系・中道野党各党は，勢力を糾合し1994年12月に新進党を結党することになった．新進党は自民党脱党組である新生党に，旧中道勢力である民社党，公明党，そして90年代以降に新規参入してきた勢力の連合体であった．1995年参議院選挙は新進党の勢力を増大させ，政権交代も現実の可能性として取りざたされる

---

[87] 1993年4月に朝日新聞が実施した世論調査によれば，分裂前の自民党支持率は35％であった（『朝日新聞』1993年4月28日）．自民党は70年代以降，衆議院選挙直前の支持率で同程度もしくはこれ以下の数字で十分に過半数を維持していた．

ようになった．この時期，93年選挙で自民党以外の候補者として当選した議員が13名，自民党に入党している．

1996年10月には，並立制による初めての選挙が行われたが，自社さきがけ連立与党が合計で総議席500の内256議席を手中に収め，僅差とはいえ決定的な勝利を収めた．自民党単独では239議席と，過半数251議席まで12議席不足していたが，自民党執行部は野党所属議員の寝返りを促し，結果的に1998年末までに24名が新たに野党から自民党に入党した．

自民党が復党議員を抱え込みながら拡大していったのとは裏腹に，野党陣営は分裂の度合いを深めていった．新進党は1997年暮れに解党し，自民党への対抗勢力として民主党がその地位を固めていくまでに以後数年を要することになった．新進党解党に際して小沢一郎が党首の立場にあったが，小沢は後に自由党を結成し，1999年1月に自民党との連立政権を樹立する．これに止まらず，1999年10月には公明党が連立政権入りし，衆議院総議席の大多数をこれら連立三党が占める状況が続いた．政権交代可能な政治体制を作ることを目的に行われた選挙制度改革ではあったが，皮肉なことに小選挙区制によって短期的には自民党の選挙基盤がよりいっそう強固なものになった．一方で野党陣営も，新進党解体によって行き場を失った野党議員を民主党が吸収する形で勢力を拡大していく方向が形作られた．1998年参議院選挙では，議席を増加させることに成功した民主党ではあったが，衆議院では当時，議席の五分の一を占めるに過ぎなかった．

自民党が公明党を連立与党として取り込むことで，特に自民党の勢力が相対的に脆弱な都市部で公明党の支援を得，接戦区での取りこぼしを防ぐことが出来るようになった．逆に連立政権内に占める小沢自由党の存在価値は希薄になり，衆参どちらの院においても過半数を左右する存在ではなくなった．自民党が選挙協力を渋ったことを理由に，自由党は2000年4月に連立政権を離脱することになる．この時，39名の現職衆議院議員の内，小沢と行動をともにしたのは19名に過ぎなかった．残りの20名は保守党を結成し，連立政権に留まることを選択した．1996年10月の第41回総選挙と，2000年6月の第42回総選挙の間に，合計で34名の元野党議員が，連立与党入りしたことになる[88]．

小沢自由党が連立離脱することで，今日の与野党対立図式が基本的には完成

88　公明党を除外した人数である．

する．自由党は2003年総選挙の直前に民主党と合流し，二大政党制に向けての動きが名実ともに定着していくことになるが，これを機会に野党陣営から与党への寝返りはほぼ止まった．一方で公明党は連立与党の一員として，自民党との選挙協力をより推進していった[89]．

2. 自民党はなぜ分裂したのか？ 従来の説明とその限界

このように展開した政界再編へ向けての一連の動きは，いかなる要因によって説明できるであろうか．コックス＝ローゼンブルースは，自民党を派閥によって構成されたある種の連立政権と見なし，漸減傾向にあった自民党支持率が，当選回数の少ない，選挙地盤の脆弱な議員を離党に追い込んだと論じている（Cox and Rosenbluth 1995）．加藤は，ハーシュマンの退出理論を援用しつつ，離党議員の中心は党執行部に対する不満を強める若手議員であったことを示している（Kato 1998）．1993年自民党分裂が，所属議員の世代間対立だったというこれらの研究に続き，リード＝シャイナーは，政治改革への選好の違いが，所属政党選択を左右したと論じている（Reed and Scheiner 2003）．すなわち，離党議員の中心になった集団は，中選挙区制を廃止し，小選挙区制に移行することに関心を持つ議員であった[90]．一方で建林（2004）は，議員の政策関心分野によって離党の確率が大きく異なったことを示している．

これらの先行研究は，自民党組織の持つ特徴を分析する上で有益な示唆をもたらすが，大きな限界を持つ．まず第一に，これらの研究はなぜ自民党からの離党が，93年6月，野党転落後の二つの段階においてなされたかを説明していない．第二に，これらの研究はほとんどの場合1993年の自民党分裂に焦点を当てているが，なぜ離党していった議員の内，相当数がやがて自民党に戻っていったかを説明していない．議員が真に改革を志向し，政権交代可能な政党制を作ることを目指していたとしたなら，なぜ自民党に復党したのかが説明できない．反面，議員がただ単に権力志向，再選志向であったなら，なぜ多くの離党議員がそのまま野党に留まったのかも説明できない．日本の現在の政党シ

---

[89] 自民党は2005年の郵政民営化への対応を巡って再び分裂し，郵政民営化反対派議員の一部が国民新党を設立した．紙数の関係からここでは取り上げないが，今井は，自民党議員の同民営化法案への態度表明について実証分析を行っている（Imai 2009a）．

[90] 1992年12月までに「中選挙区制廃止宣言」に賛同署名した議員のリストを元に計量分析を行っている．議員のリストは新しい日本を作る国民会議（1992）による．

ステムが，数次にわたる離党・復党，選挙を経て形成されたと考えるならば，既存の説明では政界再編過程の大部分を見過ごしてしまうことになる．

III. インフラ整備による説明

1. インフラと集票

　こうした一連の政界再編過程を，最も単純に説明する変数は，インフラ整備を巡る利害対立である．現職議員が，インフラが未整備な地域を代表する場合には，与党議員として公共事業政策過程に参加する強い動機を持つ．反対に，インフラが整備済みの地域を代表する議員にとって，インフラや公共事業関係の政策過程に参与することは，自らの再選を考える場合に相対的に重要ではなくなる．

　与党議員は，純粋公共財としての政策分野，すなわち司法制度，外交，安全保障だけではなく，地域毎に便益を供給する公共事業を用い支持基盤を固めてきた．しかし予算年度毎に配分額が決定できる補助金とは異なり，交通インフラ投資は不可逆的であり，いったん工事が完了し，供用が開始されれば地域公共財としての経済便益を長期間にわたり半永久的に発生させる．

　また地域経済成長の実証分析が示すように，高速交通インフラ整備は，特に日本の高度成長期においては経済成長に貢献したことが示唆されており（村田・森澤 2003），工事に伴う雇用機会の提供や用地買収費の支払い以上の意味が，地域経済にあったと考えられる．すなわち，地域経済全般の成長を通じた外部経済効果である．しかも，この公共財としての経済便益は，政党支持態度如何とは関係なしに発生する．それだけでなく，いったん完成したインフラに追加投資することは，おそらく混雑緩和以上の意味がない．地域に不動産を保有する住民にとっては，インフラの初期投資こそが重要であり，例えば水田を所有する農家が，道路工事での土地売却機会を当て込むのは，随所で見られる実例である（神門 2006：132-135）．

　既にインフラ整備の一巡した地域では，インフラへの追加投資は工事予算による雇用創出が主要な経済効果と考えられるが，インフラ未整備地域での初期投資は地域経済全般に対してより大きな外部性効果をもたらすと考えられる．インフラ整備には多額の費用がかかり，しかも自治体境界を越えた広範囲な接

続性を確保することが重要なため，地方自治体が独自の財源と権限だけで整備することが困難である．一方，基幹インフラの建設は各種審議会とともに自民党中央でコントロールされ，族議員の巣窟と見なされることの多い鉄道調査会，道路調査会での議決を経て，総務会を通さなければならない．また党執行部は，どの地域においていつインフラ建設を着手するか，事実上の決定権を有する．

つまり，各議員は与党に所属することで，与党にのみ帰属する排他的な集票手段を有することになる．野党に所属した場合，これに対抗するだけの集票手段を自ら開拓しなければならない．次期総選挙以後に自民党が政権与党であることが明白な場合，与党に所属することでこそ，インフラ投資による地域開発を効果的に有権者に訴求することが出来る．しかしながら自民党の次期総選挙での勝利が不確かな場合には，インフラ整備による訴求力は低下してしまう．政権が交代してしまえば，地域のインフラ整備は，現在野党に所属している議員によってなされる可能性があるためである．インフラ整備が地域課題として立ちはだかっている地域でも，政権交代の確率が高まれば，政権交代の可能性に賭けて自民党を離れる余地が出てくる．

2. 所属政党選択のゲーム理論モデル※

この論理を，ゲーム理論モデルで検討しよう．プレーヤーは与党所属の現職衆議院議員 L とその後援会（集票マシーン）M であり，ゲームは二つの時期からなる．第一期において，現職議員 L は自らの所属政党 $i=\{G_1, O_1\}$ を宣言する．総選挙前の政党の集合 i は現与党 G_1 と現野党 O_1 からなる．所属政党の宣言は，当選の暁に後援会 M に配分される便益額 $s_i \geq 0$ に関するコミットメントを伴う．第二期では，後援会 M が議員 L の集票行為を手伝うか（H）断るか（D）を決定する．後援会 M が集票を行わない場合，当然ながら L は落選し，後援会への便益配分もなされない．後援会が集票する場合，議員は再選され，便益が配分される．現与党 G_1 は確率 p で政権を維持し，当然ながら現野党 O_1 は確率 $1-p$ で政権交代を果たす．これは事実上，自然手番が第三期において国政選挙全般の結果を決めるのと同義である．選挙後に与党となる政党の集合を $j=\{G_2, O_2\}$ とする．G_2 は選挙後与党，O_2 は選挙後野党である[91]．後援会 M が居住する地域のインフラ整備事業は，L が再選され，なおかつ選

---

[91] 単純化のため，L による所属政党選択が政権の帰趨を左右することはないと仮定するが，p が L の所属政党選択に依存する状況でも，基本的な結論に変わりはない．

第 7 章　利益誘導と政界再編

図 7.1　ゲームの樹形図

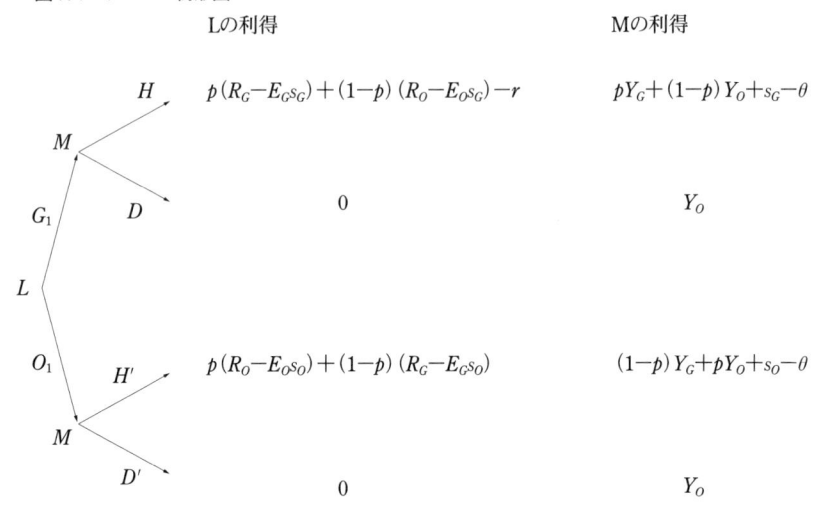

	L の利得	M の利得
G_1 — M — H	$p(R_G - E_G s_G) + (1-p)(R_O - E_O s_G) - r$	$p Y_G + (1-p) Y_O + s_G - \theta$
G_1 — M — D	0	Y_O
O_1 — M — H'	$p(R_O - E_O s_O) + (1-p)(R_G - E_G s_O)$	$(1-p) Y_G + p Y_O + s_O - \theta$
O_1 — M — D'	0	Y_O

挙後与党 G_2 に所属する場合においてのみ実現される．これ以外の場合，インフラ整備事業は中止されると仮定する．図 7.1 はゲームの構造を要約した樹形図である．

　後援会 M の利得は便益配分額 s_i と，生産（および資産）所得 Y_j からなる．選挙活動に対する「留保賃金」もしくは選挙活動の費用を $\theta > 0$ とする．便益配分額 s_i は議員 L の所属政党の如何に関わらず，L が再選される限り確実に配分されると仮定する．後援会員 M 生産所得は，L が再選され，選挙後に与党に属する場合は $Y_j = Y_G$ である．これ以外の場合，M の所得は初期値 $Y_j = Y_O$ に留まり，しかも $Y_O \leq Y_G$ である．M が集票活動を行う場合，選挙運動費用 $\theta > 0$ がかかる．M が集票活動を行わない場合，この費用はゼロとなるが，L は落選し，s_i は支払われず，M の s_i 受取額はゼロとなる．

　単純化のために，落選の場合の L の利得をゼロとして基準化する．再選を果たした場合，L の利得は次の要素から構成される．第一に，再選レント R_j である．これは議員として役職を保持すること自体による利得である．第二に，後援会に対して支払われる便益 s_i を確保するためのロビーイング努力 $e_j(s_i)$ である．第三に，政治制度改革を行うことに対して賛意を表明することによる消費的効用 r である．選挙後に与党に所属することで，政府関係の役職（大臣，

副大臣,政務官など)につく機会が得られることから,$0<R_O<R_G$ であると想定できる.後援会への便益配分は,議員によるロビーイング努力費用を伴うが,簡便化のために線形性を仮定し,$e_j(s_i)=E_j \cdot s_i$ とする.ここで与党に所属することでロビーイング活動が容易になることから,$0<E_G<E_O$ である.すなわち,選挙後に野党 O_2 に所属した場合,s_i 一単位につき,より大きなロビーイング努力が要求されることになる.議員 L が離党を表明した場合,r が得られる.r が大きい場合,政治制度改革に積極的に賛成することを意味する.反対に L が現与党と政治制度に対して強い現状維持志向を持つ場合,r の値は小さくなる.議員 L が選挙前与党 G_1 に留まる場合,利得から r が差し引かれる.

後退帰納法によって部分ゲーム完全ナッシュ均衡を求める.後援会 M にとって,$\theta \leq s_g + p(Y_G - Y_O)$ かつ $\theta \leq s_O + (1-p)(Y_G - Y_O)$ の場合,戦略 HH' は他の戦略に対して弱支配戦略である.集票活動費用 θ が便益配分とインフラ投資による生産所得への効果を下回る場合,後援会は集票に従事する.この場合,議員 L は第1期において

$$p(R_G - E_G s_G^*) + (1-p)(R_O - E_G s_G^*) - r \leq p(R_O - E_O s_O^*) \\ + (1-p)(R_G - E_G s_G^*) \quad (式7.1)$$

が満たされる場合に野党 O_1 に所属することを選択する.しかし,便益 s_i^* を配分することには費用が伴う.現職議員 L は,後援会 M に集票活動をしてもらうために必要な最低限の便益を配分するため,$s_G^* = \max\{0, \theta - p(Y_G - Y_O)\}$ かつ $s_O^* = \max\{0, \theta - (1-p)(Y_G - Y_O)\}$ である[92].選挙費用 θ が多額であり,$s_G^* > 0$ かつ $s_O^* > 0$ の場合,式7.1を整理することで r に対して次の条件が導かれる.

$$r \geq (2p-1)(A_I + A_X) \quad (式7.2)$$

ここで,インフラ事業をてこにした集票力,つまり与党に所属することで排他的に得られる集票力を A_X とする.$A_X = E_G(Y_G - Y_O)$ である.野党に所属していても議員の努力によって得られる非排他的な集票力を A_I とすると,$A_I = \theta$

---

[92] これは,$p>1/2$ の状況において与党議員は野党議員に比較して,より少額の補助金配分で当選できることを示唆する.堀内・斉藤によれば,自民党の議席率は地方自治体への補助金配分額に負の影響を与えていたとの知見を報告している(Horiuchi and Saito 2003).

第7章　利益誘導と政界再編

図7.2　政権維持確率と政党選択

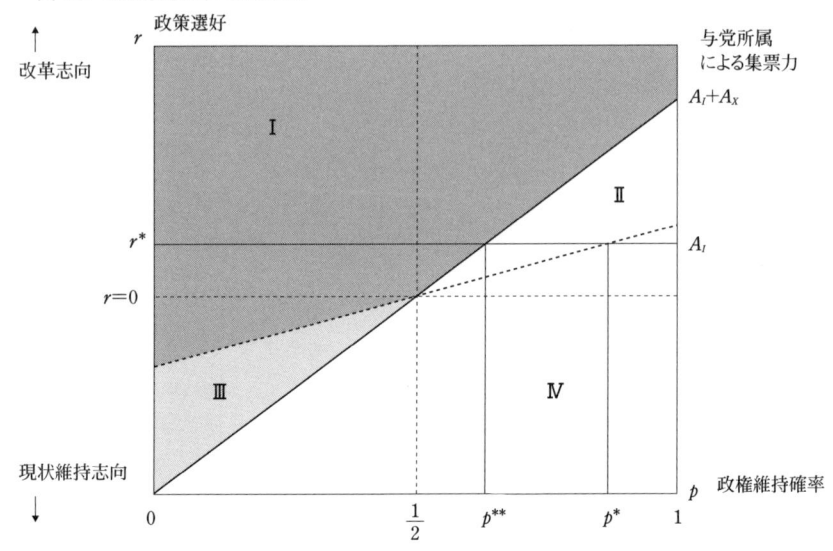

図中ラベル：
- 縦軸：r（政策選好）、上方向「改革志向」、下方向「現状維持志向」
- 横軸：p（政権維持確率）
- 右側：「与党所属による集票力」、$A_I + A_X$、A_I
- 横軸目盛：0、$\frac{1}{2}$、p^{**}、p^*、1
- 縦軸目盛：r^*、$r=0$
- 領域：I、II、III、IV

無差別曲線の説明
- ──── インフラ未整備地域選出の現職議員（$A_X>0$）
- ……… インフラ整備済み地域選出の議員（$A_X=0$）

領域	与党政権維持確率（p）が下落	与党政権維持確率（p）が上昇
I	$A_X>0$ と $A_X=0$ の議員が与党を離党	$A_X>0$ と $A_X=0$ の議員が野党に残留
II	$A_X=0$ の議員が離党	$A_X>0$ の議員が復党
III	$A_X>0$ の議員が離党	$A_X=0$ の議員が復党
IV	$A_X>0$ と $A_X=0$ の議員が与党に残留	$A_X>0$ と $A_X=0$ の議員が与党に復党

$(E_O - E_G) + R_G - R_O$ である．図7.2で示すように，$p > \frac{1}{2}$ の場合，$A_I + A_X$ が大きな値を取る場合に，議員 L が G_1 から離党しにくいことを意味する．これは具体的には次のパラメーターが大きな値を取る場合である：選挙運動費用 θ，与野党間のロビーイング費用の差額 $E_G - E_O$，与野党再選レントの差額 $R_G - R_O$，およびインフラ投資による生産所得効果 $Y_G - Y_O$．これらの効果は，与党の政権維持が確実な $p=1$ において最も明瞭になる．また与党が政権から転落する確率が高い $p < \frac{1}{2}$ の場合，p が0に近づくにつれて与党議員はむしろ離党する動機を強めていく．政権の帰趨が全く予測不能な $p = \frac{1}{2}$ では，与野党どちらに所属しても利得は変わらない．

支持者が既に整備済みのインフラを利用している場合，追加の投資はそれほど大きな生産・資産効果をもたらさない．極端な場合は $\bar{y} = Y_G - Y_O = 0$ となり，従って $A_X = 0$ である．一方でインフラが未整備の場合，$\bar{y} = Y_G - Y_O > 0$ であり，選挙後与党 G_2 による投資によって大きな生産所得効果が期待できる．$\bar{y}$ が大きな値を取る場合，排他的集票力 A_X も大きな値を取るのである．この違いは後援会の集票行動に影響を及ぼし，後退帰納法により，これを予期した現職議員による所属政党選択に影響を及ぼす．

　経済的外部性効果の大きい高速交通インフラは，プロジェクトが未着工の内は与党議員とその後援会にとって，非常に大きなスローガンになる．しかし，いったん工事が始まってしまえば，地域住民は多大な努力を要する陳情活動や選挙運動を行うことで政権与党とのつながりを強化していく動機を失ってしまう．

　自民党が政権を維持することが明白な場合，インフラが未整備な地域を代表する議員は，インフラ整備の完了している地域選出の議員に比べて自民党に所属する志向が強いと考えられる．従って，93年の自民党分裂の際にはインフラ整備済みの地域からより多くの議員が離党し，反対に96年以降にインフラ未整備地域の野党議員は吸い寄せられるように与党に戻ることになったと考えられる．細川＝羽田政権期のように自民党が次期総選挙で勝利するかどうか不確かな場合は，地域のインフラ整備状況は必ずしも議員の政党選択行動に影響を与えなかったと考えられる．

IV. 高速交通インフラと選挙：比較事例研究

　データの詳細な分析に立ち入る前に，比較事例研究を通じて実際の政治過程を検討しよう．ここでは，栃木県小山市と足利市，青森県八戸市と弘前市，長野県上田市と山形県鶴岡市，以上三組の事例を比較する．栃木県小山市と足利市の比較は，交通インフラ整備によって地域経済がどのような影響を受け，政治的相互作用に変化をもたらすかを考える上で興味深い．二番目の青森県八戸市と弘前市の比較は，インフラ整備プロジェクトの進捗に応じて自民党地方組織が強化と弱体化の道を歩んだことを考える上で有益な示唆をもたらす．三番目の長野県上田市と山形県鶴岡市の比較は，羽田孜と加藤紘一という，かつて自民党内においてネオ・ニュー・リーダーと呼ばれた政治家の地元である点に

第7章 利益誘導と政界再編

表 7.1 新幹線と自民党集票力（比較事例研究）

事例	都市（県）	2005年選挙 当選者（政党）	新幹線 （供用開始）	人口[a] 上段 1980年 下段 2005年	自民党得票率 上段 1980年 下段 2005年
1	小山市（栃木）	佐藤　勉（自民） 山岡賢次（民主）[b]	東北新幹線 （1982年6月）	127,226 160,150	52.6% 51.2%
	足利市（栃木）	茂木敏充（自民）	対照事例	165,756 159,756	54.5% 70.4%
2	八戸市（青森）	大島理森（自民） 田名部匡代（民主）[b]	東北新幹線 （2003年12月）	238,179 238,428	66.0% 52.0%
	弘前市（青森）	木村太郎（自民）	対照事例	175,330 173,221	41.8% 52.7%
3	上田市（長野）	羽田　孜（民主）	長野新幹線 （1997年6月）	111,540 123,678	52.0% 37.1%
	鶴岡市（山形）	加藤紘一（自民）	対照事例	99,751 98,127	57.6% 64.2%

注：a 人口は平成大合併以前の市町村境界に基づき，1980年と2005年の数値は比較可能である．
　　b 比例復活当選．
原典：朝日新聞（2005），水崎（1993），総理府統計局（1982），総務省統計局（2007）．筆者作成．

着目する．羽田孜が1993年に離党する一方，なぜ加藤紘一は2000年のいわゆる加藤の乱にあたって腰砕けに終わってしまったのか，その背景にある選挙区事情について分析する．これらの都市は，人口規模，新幹線開業当時の政治状況など他の条件においてなるべく類似しているという基準で選択してあり，人口統計上の特徴については，表1にまとめてある．さまざまな類似性にも関わらず，小山，八戸，上田の各市は新幹線開通による恩恵を受けたが，足利，弘前，鶴岡は新幹線からは取り残された地域となってしまった．

1. 繁栄と停滞：小山と足利

近代的経済成長は，生産性の低い農業部門からより付加価値の高い部門へと就業構造がシフトしていく過程を伴う．この産業構造の変化は，農村地域そのものが都市化を遂げるという地域内の変化と同時に，農村部から都市部への人口移動によって引き起こされる．高速交通インフラの有無が都市の成長実績にどのような影響を与えるかを考察する上では，栃木県小山市と足利市の比較が有益であろう[93]．両市ともに東京駅からおよそ80キロメートル北上したとこ

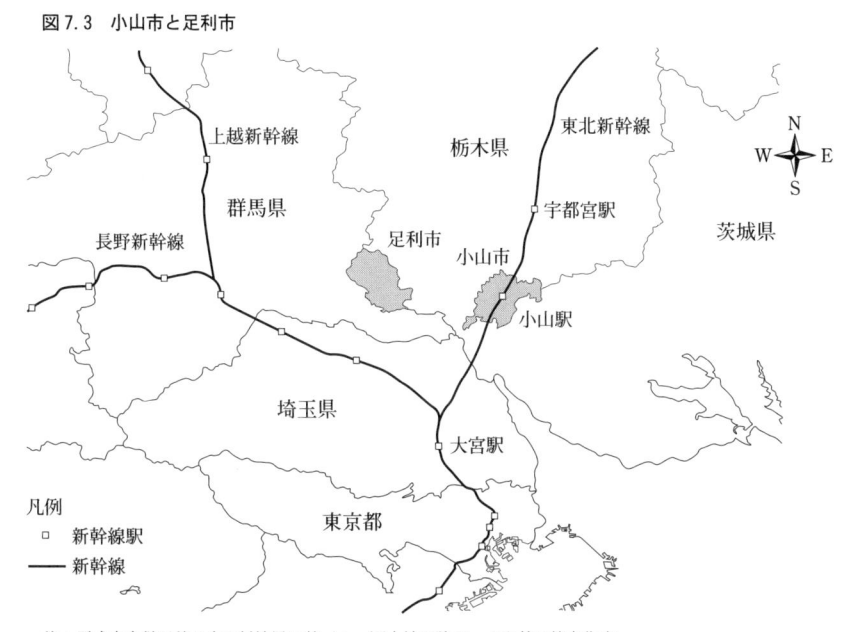

IV. 高速交通インフラと選挙：比較事例研究

図 7.3 小山市と足利市

注：平成大合併以前の市町村境界に基づく．国土地理院データを基に筆者作成．

ろに位置し，地方工業都市として発展を遂げてきた．戦後初期，両市ともに産業基盤は足利銘仙や結城紬などの繊維産業，食品加工，機械を中心としていた．東北新幹線が開業した 1982 年当時，足利市の人口は小山市を上回り，工業部門での就業者比率も足利市が上回っていた[94]．

この二つの都市の明暗を分けたのは，地理的な位置関係であったといえる．小山市は東京駅と県都宇都宮市を結ぶ直線上に位置し，同市は新幹線新駅設置にふさわしい地点として計画当初から想定されていた．これに対し，足利市は上越新幹線，東北新幹線の双方からほぼ等距離で離れていた．両都市ともに，在来線を利用しほぼ 2 時間で都心に通うことが出来るが，新幹線の開業によって小山市から東京までの時間的距離は 1 時間足らずに短縮した．新幹線沿線の

---

[93] 当節の記述は主に『下野新聞』『下野年鑑』及び『朝日新聞』『読売新聞』栃木版に基づく．
[94] 1980 年国勢調査データによれば，小山市の就業者のうち 15.8% が第一次産業に従事していた．足利市ではこの数字は 5.6% であった．

163

自治体人口が増加基調にあったにもかかわらず、足利市の人口規模は過去40年を通じて横ばいであった。新たな商業活動が新幹線沿線に引き寄せられる中で、足利市の中心街はシャッター通りと化した。ビジネス環境の変化は、市の財政をも直撃した。小山市の財政は補助金への依存構造から脱却していったが、足利市は抜け出ることが出来なかった。2000年の両都市の財政力指数を比較すると、小山市は基本的支出の4%を中央政府からの補助金に依存していたに過ぎないが、足利市ではこの数字は30%であった。小山市は足利市の人口規模を追い抜き、栃木県第二の都市へと成長した。

　国政を担う政治家が、「中央との太いパイプ」を強調する必要性は、当然ながら足利市においてより強かったと言えよう。こうした政治環境の違いは現職政治家の行動にも大きく影響を与えることになる。中選挙区制の時代、小山市と足利市は同じ栃木2区に属し、1980年頃の与党得票率に大きな違いは見られなかった。1994年の選挙制度改革により、小山は栃木4区に、足利は5区に編入された。今日、足利市で自民党得票率は1980年よりも高く、小山市では全く逆の現象が起こっている。2003年総選挙で足利市において最多得票を得た候補者は茂木敏充であった。茂木は中選挙区最後の選挙で、日本新党から立候補し初当選を飾った。日本新党が連立与党の一角を占める間、茂木は同党に所属したが、自民党が政権に復帰して程なく、無所属となった。1994年末には自民党に入党し、以後一貫して同党に所属し、第二次小泉内閣と福田康夫内閣において国務大臣を歴任している。一方、小山市で2003年総選挙において最多得票を得たのは山岡賢次であった。1993年総選挙の後、程なくして自民党を離党した山岡は、新進党、自由党を経て民主党に所属している。山岡は2005年選挙では比例復活となったが、民主党国会対策委員長を務めた。

2. 地方組織の反乱：八戸と弘前

　交通インフラ整備が選挙対策として有効なのは、プロジェクトの成否自体が棚上げの段階の時だけで、いったん高速交通インフラの建設が始まってしまえば自民党の地方組織は弱体化してしまう[95]。この点を如実に示すのは青森県の事例であろう。青森県では、自民党の得票力は新幹線プロジェクトの進捗によって大きく変動してきた。それだけでなく、同県の主要都市である八戸市と弘

---

[95] 当節の記述は主として『東奥日報』『東奥年鑑』『デイリー東北』および『朝日新聞』『読売新聞』青森版に基づく。

IV. 高速交通インフラと選挙:比較事例研究

図 7.4 八戸市と弘前市

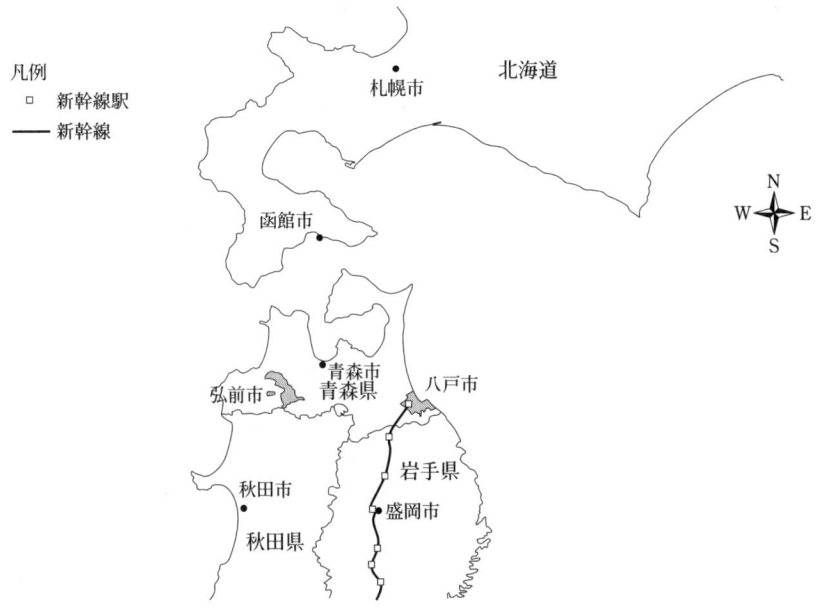

凡例
□ 新幹線駅
― 新幹線

注:平成大合併以前の市町村境界に基づく.国土地理院データを基に筆者作成.
　　北海道への新幹線延伸は,2010年に八戸―新青森が開業し,2015年には新函館への接続が完成する予定である.
　　西回りは,盛岡―鹿角―弘前―青森―函館―札幌のルートを構想していた.

前市が新幹線のそれぞれ東回りと西回りルートの誘致を巡って激しく競争した経緯があった.両市とも盛岡と函館を結ぶ中間地点に位置する.盛岡までの新幹線建設は1970年に既に決定済みであった.また,将来的に新幹線を敷設することを視野に,既に1961年には青函トンネルの建設が始まっていた.

新幹線の整備が国会の議案として浮上してきた1960年代終盤,最初に新幹線誘致の動きを鮮明にしたのは弘前市であった.同市は1968年10月に新幹線誘致特別委員会を設置した.後に県内の日本海沿岸自治体と秋田県北部自治体を巻き込んだ期成同盟会を組織していく.八戸市とその周辺自治体もまた,1970夏以降,新幹線誘致の動きを活発化させていく.

国会では1970年に全国新幹線整備法が立法化され,東北新幹線は東京・盛岡間で1971年に着工された.同法は当初,全国の鉄道網のおよそ3分の1を新幹線規格に更新することを企図していた.東西で激しい誘致合戦が進展しつ

つある中で，当時の政治的バランスは東回り路線に傾いていた．自民党内では総務会長が鉄道審議会長を務める慣例になっていたが，その責にあったのは八戸の南隣である岩手2区選出の鈴木善幸であった．整備計画に東回りが採用された頃，鈴木と田中角栄首相は，日本海岸の自治体関係者を宥めるために，東西両方の新幹線が完成するのはほぼ同時期だとの約束を交わしていた．

東回り着工の予算が認められようとしていた矢先に，第一次石油危機が日本経済を襲い，狂乱物価を抑えるとの名目で，新規着工は凍結された．これは青森県民にとっては，政府与党の最終決断を得るための長い戦いの幕開けであった．1973年に八戸市に生産拠点を持つ企業関係者が橋本登美三郎自民党幹事長に陳情した際に，橋本は「東西二本通すことにやぶさかではないが，一路線に二千億円の工費がかかる．自由経済を守り，新幹線を作るためには自民党への強い支持が必要だ」と発言している[96]．その後の青森県における自民党の党勢にはめざましいものがあった．1970年代から80年代にかけて知事職にあった竹内俊吉，北村正哉両知事は自民党公認であり，全国のほとんどの県で与野党相乗り無所属知事が選出されていた当時の状況では異例であった．1986年同日選挙では，同県から選出された衆参合計で9人の国会議員の全員が自民党所属であった．

同時期，青森県は東北新幹線盛岡以北延伸実現のために，猛烈な陳情工作を推進することになった．しかし一方で，盛岡以北のミニ新幹線化が検討されるなど，自民党中央は必ずしもフル規格での迅速な着工には前向きとは言えなかった．表向きの理由は，財政再建と国鉄民営化のために財源が苦しいというものであった．このような状況で，自民党青森県議団は党本部に対し集団離党と同県内での核燃処理施設設置への協力拒否という脅しをちらつかせながら，新幹線新規着工を要請していった．実際に盛岡以北の新規着工が認可されたのは1991年になってからであった．

1993年に自民党が政権の座から転落したものの，新幹線八戸延伸の方針が覆されることはなかった．同時期に，青森県選出の自民党国会議員にも，離党するものが現れた．弘前を地盤とする木村守男は，羽田派の一員として新生党の結党に加わった．八戸を地盤とする田名部匡省は自民党分裂当時農林水産大臣の責にあったが，自民党が政権から転落した直後に，加藤六月氏らとともに

---

[96] 『デイリー東北』2002年10月22日．

> **コラム⑭　新幹線のエスノグラフィー**
>
> 　社会科学の学術書において，著者がなぜ仮説やモデルを思いついたかについて，私小説的に述べられることは滅多にない．モデルや推計値の妥当性を主張する上で少しのプラスにもならないからであろう．しかし研究者も人間である以上，研究のアイデアは日常生活で見聞し体験することから大きな影響を受ける．筆者が第6章の仮説，すなわち「新幹線が開通すると自民党が弱体化する」命題を思いついたのは，大学生時代に上京と帰省を繰り返したときだった．さらに政治家として活動する中で，実際に因果関係があると確信し，落選後にデータを整理し，分析した．
>
> 　筆者の生まれ育った山形県酒田市は映画「おくりびと」の舞台として知られるが，交通インフラの貧弱な地域にある．新潟で新幹線が開通し，高速道路網が整備されていく中で，いつまで経っても高速交通網の整備は進まず，現在も県庁所在地にも隣県にも高速道路がつながっていない．
>
> 　学生時代に帰省する際に，新潟で新幹線を降りて在来線特急に乗り換えながら，何かしら惨めな思いを感じたものである．当時から，新幹線を引くことが選挙でプラスならば，なぜ全国で新線建設が進まないのか疑問でならなかった．当時，友人を訪ねて仙台や新潟に行くと年々都市化が進行しており，直後の選挙では自民党が苦戦している印象を受けた．
>
> 　果たしておよそ十数年後，実際に自分が選挙運動を始めると繰り返し様々な方々から伺ったのは「道路が立派になるとムラの人が選挙を手伝わなくなる」というエピソードであった．実際にデータを集めてみると，この命題は新幹線や高速道路にも当てはまるのであった．

党を離れた．多くの県会議員，市区町村議員が彼らの後を追い離党した．

　木村は1995年に県知事選挙に出馬し，自民党公認の現職を破った．新幹線建設が着手された状況では，自民党籍は必ずしも当選への必要条件ではなったのかもしれない．もしくは現職が高齢だったことにも助けられたのかもしれない．木村の地盤を継いだのは息子の太郎であった．1996年の総選挙で太郎は新進党公認で当選した．しかし，全県区で戦われる知事選挙と異なり，太郎の出馬した小選挙区は，インフラの脆弱な地域を中心としていた．当選後間もなくして太郎は新進党籍を離れ，1999年暮れには自民党に入党した．2000年の総選挙には自民党公認で出馬し，再選を果たした．

　田名部家の選択は，木村家とは大きく異なるものとなった．田名部匡省は1996年10月，小選挙区最初の総選挙で新進党から出馬し，大島理森に敗退することになった．田名部は1998年に参議院青森県区から出馬し，当選を果た

した．田名部の地盤を受け継ぎ，小選挙区での活動を開始したのは娘の匡代であった．匡代は後に，比例区での繰り上げ当選を経て，2005年総選挙で復活当選を果たしている．田名部家は，一貫して自民党入りせずに政治活動を継続している．2001年の八戸市長選挙では，田名部の支援した中村敏信候補が当選しているが，その政策は地方分権の推進を強調するものであった．この時の対立候補，金入明義候補は自民党の支援を受けているが，「中央との太いパイプ」を強調し，公共事業による地域活性化を訴えている[97]．

3. 派閥領袖の選択：羽田孜と加藤紘一

新幹線の開通は，派閥領袖クラスの議員の行動にも大きな影響を与えたと考えられる．羽田孜と加藤紘一の選択を比較しよう．1980年代にあって，羽田と加藤はともに自民党ネオ・ニュー・リーダーと呼ばれ，将来の総裁候補と目されていた．羽田は1969年，加藤は1972年にそれぞれ上田，鶴岡という由緒ある城下町の地盤を父親から引き継ぎ，初当選している．上田，鶴岡ともに農業地域の中核都市であり，羽田，加藤両氏ともに農水族議員として地歩を固めていくことになるのは，いわば当然の成り行きといえた．両者ともに総合農政族として，農林水産業全般の競争力強化を通じてコメ輸入自由化を認める立場にあることでも共通していた．いわば，新時代の国際派を代表する有力者として足場を固めていくことになる．加藤は大平正芳の薫陶を受け，大平内閣において官房副長官を務めている．官房副長官はいわば政界での出世コース登竜門であり，事実1984年には防衛庁長官として中曽根内閣の閣僚を務めている．同様に羽田も田中角栄による引き立てもあり，順調に政界での地歩を固めていく．1985年に農林水産大臣としての初入閣したことに象徴されるように，80年代の日米農産物貿易交渉において羽田は重要な役割を演じることになる．

こうした政界での類似点にもかかわらず，羽田と加藤は政治改革の方向性，望ましい選挙制度改革のあり方について大きな考え方の違いがあった．羽田は長年にわたって小選挙区制を基本とする制度の導入を主張してきた．海部内閣期に，自民党内の選挙制度改革委員会委員長を務めたこともあり，自民党内若手議員を中心に，羽田を政治改革の旗手としてもり立てる動きがあった．1992年12月には竹下派を割り，羽田派を立ち上げ，同派は後の新生党の母体とな

---

[97] 『デイリー東北』2001年10月29日．

IV. 高速交通インフラと選挙：比較事例研究

る．

一方で加藤は選挙制度改革に強硬に反対し，中選挙区制の堅持を主張していた．小沢と羽田の政治改革の動きに対抗する形で，山崎拓，小泉純一郎とともにいわゆるYKKと呼ばれる提携関係を構築していったのはこの頃である．羽田が自民党を離党し，加藤が残留したのは，ある意味当然の帰結であった．政党の選択が，選挙制度改革に対する議員の態度によって左右されたとの仮説は，少なくとも羽田と加藤については整合的であるといえる．しかしながら，それだけでは加藤がなぜ自党の総理大臣に不信任案をちらつかせながら結局のところ離党に踏み切ることが出来なかったのかは説明できない．羽田，加藤の選挙区は，高速交通インフラの整備状況において，大きな違いがあった．

羽田が離党した1993年，長野新幹線は高崎から軽井沢までの区間が既に着工済みであった．1989年に同区間が着工された段階では，軽井沢－長野間はミニ新幹線規格という取り決めになっていた．しかし1991年に国際オリンピック委員会による決定で，1998年冬季五輪が長野で開催されることになり，長野新幹線は長野まで全線がフル規格で建設されることが本決まりになった[98]．東京＝長野間の新幹線フル規格建設が確定したことで，羽田の地元である上田市にも新駅が建設され，東京と90分間で結ばれることになったが，これは在来線利用に比べて70％以上もの時間短縮になる．羽田の離党にもかかわらず新幹線プロジェクトが遅延することはなく，長野新幹線は1997年10月にフル規格で開業した．

羽田，小沢という有力候補が自民党を離党したことにより，加藤は将来の総裁候補として衆目の見なす有力者となった．加藤は党務において要職を歴任し，結果的に1998年には宮沢喜一の派閥を譲り受けることになる．加藤は1999年に自民党総裁選挙に名乗りを上げ，現職総裁である小渕恵三の前に敗退する．地元の支持者は，加藤が近い将来に総裁の座を射止めることを半ば確信していた．2000年6月の総選挙では，加藤は72％という高得票率で当選した．羽田の地元とは異なり，加藤のお膝元である山形県庄内地方は「庄内島」と言われるほど高速交通インフラ整備の立ち後れた地域にあった．加藤の公約集には，新潟と選挙区を結ぶミニ新幹線の建設が盛り込まれ，5年以内にその実現を目

---

98 偶然とは言え，羽田，加藤それぞれの地元である長野県と山形県は，冬季五輪誘致での国内選考において互いに競合する関係にあった．結果的に1986年の国内選考では長野が国内代表として指名されることになった．

指すと期限を明記していた[99]．地元有権者は，最高権力者に上り詰めた日に，公約が実行するであろうことを心待ちにしていた．

しかし総選挙から数ヶ月もたたないうちに，森喜朗内閣の経済政策運営に異を唱えた加藤は，当時野党が提出を予定していた内閣不信任案への賛成を仄めかす．いわゆる「加藤の乱」において，加藤は一貫して自民党内に残留した上で自民党内の改革を行うと主張していた．結果的に不信任案は野党によって上程され，加藤派は切り崩しにあい，加藤の乱は実質的に不発に終わった．加藤は不信任案採決の本会議場には現れず，派閥は解体の憂き目にあった．加藤の影響力は失われ，選挙区の支持者はこの一部始終に対して「新幹線事業に影響がなければよいが」と嘆いていた[100]．今日に至るまで，新幹線は構想段階に留まり，着工に向かう兆しは見られない．しかし加藤の得票力は健在である．

V. 地図分析：議員の地盤と離党行動

次に，政界再編の節目において現職の衆議院議員であった政治家の行動に焦点を当て，自らが代表する地域のインフラ整備が政党の選択に影響を及ぼしたか，地図分析を行う．次節では，各議員の地盤でのインフラ整備状況を指標化し，これが政界再編の節目において，議員の行動とどのような形で相関していたかを探る．

1993年自民党分裂当時の議員の地元と，インフラ整備の状況を示したのが図7.5である[101]．自民党に残留した議員の地元は●，離党した議員の地元は×印で示してある．新幹線駅は既述のように，93年の時点で長野新幹線は既に数年内に供用されることが決まっていたので，この供用開始日である97年10月を基準に示した．

地図上から分かるように，自民党議員の地元は日本全国に散らばっていたが，

---

99 当時選挙区において配布されていた討議資料，ならびに『山形新聞』2000年6月17日を参照．
100 『朝日新聞』山形版，2000年11月22日．
101 現職議員 l の地元自治体とは，選挙区自治体のなかで，幾何平均 $h=\sqrt{\dfrac{\nu_{lm}}{\nu_m}\cdot\dfrac{\nu_{lm}}{\nu_l}}$ が最大値を記録する自治体である．ただし ν_{lm} は議員 l の自治体 m における得票，ν_m は自治体 m における有効投票総数，ν_l は l の総得票である．すなわち，h は議員得票に占める自治体占有率と，自治体得票における議員得票占有率の幾何平均である．

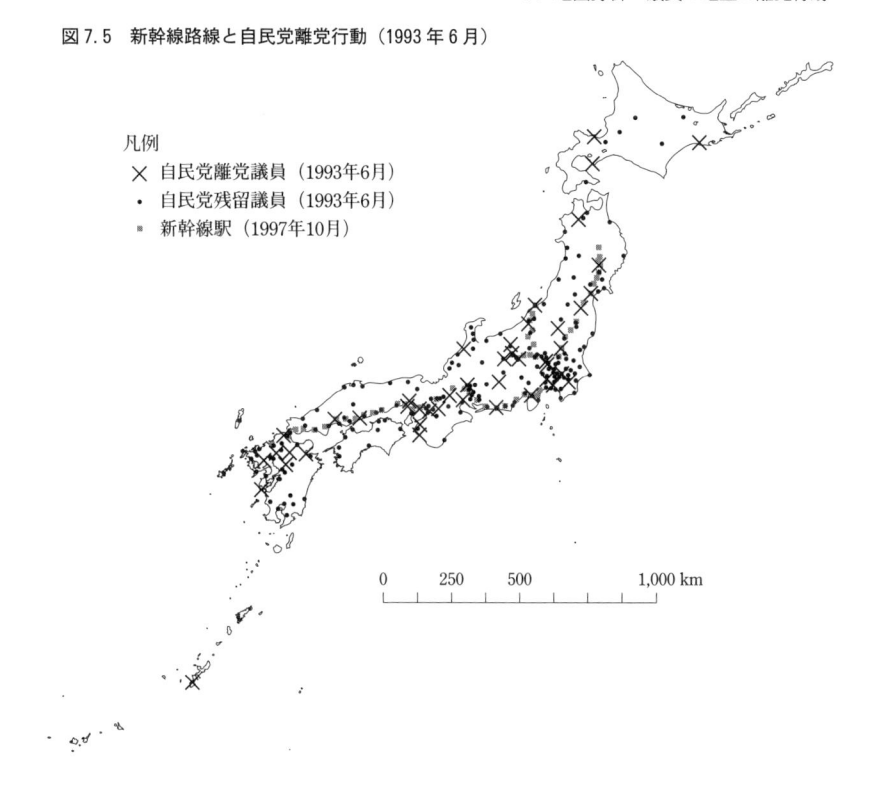

V. 地図分析：議員の地盤と離党行動

図7.5 新幹線路線と自民党離党行動（1993年6月）

凡例
× 自民党離党議員（1993年6月）
・ 自民党残留議員（1993年6月）
※ 新幹線駅（1997年10月）

1993年離党議員の地元は新幹線沿線に集中していることが分かる[102]．一方で四国選出議員には離党者は出なかった．九州南部選出議員も同様である．新幹線の整備が進んでいないにもかかわらず，離党者が集中している地域は，九州北部であり，細川護熙の地元が熊本県であったことが影響していると考えられる．細川が政界を引退した1998年までに，この地域の離党者はほとんどが自民党に復党している．なお興味深い事実として，博多＝熊本間の九州新幹線が着工に至ったのは2001年のことであった．和歌山県はインフラの整備が遅れた地域だが，小沢一郎の腹心であった二階俊博，中西啓介の両議員が93年に

---

102 自治体庁舎の位置情報は武田（2003）に基づく．ただし，1998年1月1日現在の自治体境界情報を反映させるために修正を施した．新幹線駅開業日情報は国土交通省鉄道局（2004）に基づく．インフラの位置情報は地図情報ウェブサイト（http://map.goo.ne.jp/）での日本測地系に基づく．

離党し,新生党に加わっている.しかし両氏ともに2000年4月の自由党連立離脱にあたって,保守党結成に加わり,自公保連立に残留している.

VI. 計量分析

1. インフラ貧弱指標

インフラが未整備の地域から選出されている議員が,自民党を離党する確率が有意に低かったことを示すために,ここでは議員毎にインフラ貧弱指標を算出し,これを用いて仮説検定を行う.このインフラ貧弱指標は,各自治体において主要交通インフラ三種類(新幹線,高速道路,空港)の内,未整備のものが何種類あるかを算出したものである.具体的には,まず各自治体庁舎から至近の新幹線駅,高速道路出入り口,滑走路1500 m以上の空港,以上の距離をそれぞれ算出する[103].次に,各自治体庁舎がこれらインフラのサービス半径に収まるか否かを二値変数に変換した.単純化のために,1998年1月1日の時点で,最寄りの新幹線駅から40 km以内に庁舎がある場合にはゼロ,そうでない場合は1を新幹線変数に与えた.同様に高速道路変数には出入り口から20 km以内にあるかを基準に,空港の場合は半径100 kmを基準に二値変数化した.この三種類の二値変数を足しあわせることで,交通インフラ事業が何種類未整備のままかを示すことが出来る.インフラ格差指数がゼロの場合,新幹線,高速道路,空港全てが完備していることになる.最大値3を取る場合,3種類のインフラ全てが未整備のままである.最後に,自治体毎のインフラ貧弱指数を,各議員の得票に占める各自治体構成比に応じて加重平均を算出した[104].議員毎に加重平均することで,各議員にとって相対的に重要な地盤において,インフラ事業への需要がどの程度かを測定している.

このインフラ貧弱指標が具体的にどのような値を取るか,見てみよう.表7.2は1993年4月時点で自民党に所属していた衆議院議員を対象にインフラ貧弱指標を算出し,上位20番目までの議員をリストアップしたものである.

---

[103] 高速道路と空港の供用開始日は,それぞれ全国高速道路建設協議会(2004)および日本航空協会(2004)に基づく.
[104] 議員 l のインフラ格差指数 $\bar{x}_l$ は,自治体毎インフラ貧弱指標 x_m に対して,自治体毎得票に応じて加重平均を算出したものである.すなわち,$\bar{x}_l = \sum_m \frac{\nu_{lm}}{\nu_l} x_m$ である.

コラム⑮ 整備新幹線構想の幻

長い年月が経ち忘れられがちだが，本来の新幹線構想は全国を網羅するものであった．1973年には「建設を開始すべき新幹線鉄道の路線を定める基本計画」として，全国の主要都市を接続する新幹線路線網構想が運輸大臣によって示された（運輸省告示第466号）．同告示に含まれる路線は図⑮の通りで，原型になったのは時の首相，田中角栄による『日本列島改造論』であった．しかし開業し，日の目を見た路線網はごく僅かで，計画だけで棚晒しにされた路線がほとんどだ．

図⑮ 整備新幹線構想

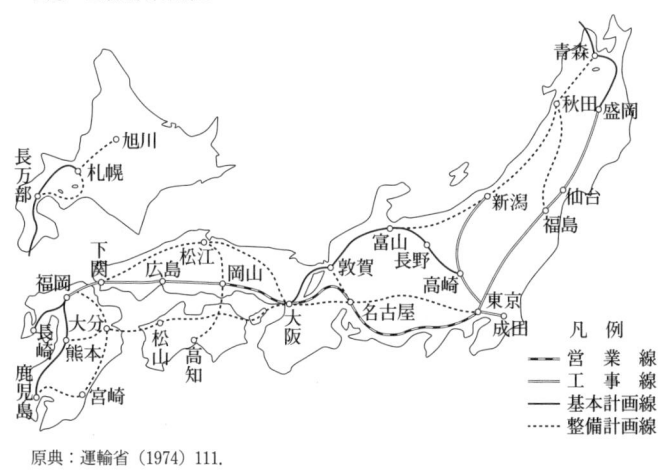

原典：運輸省（1974）111.

これら上位20人の内，離党者は3人に過ぎない．しかも，これらの離党者は全員が2000年総選挙までに自民党もしくは自民党連立与党の一員として政権与党側に復帰している．例えば北村直人は貧弱指標で第5位である．北村は93年に新生党に加わったが，97年9月に自民党に復党し，自民党が単独過半数を確保するために必要だったちょうど251番目の議席を提供している．地図分析の際に言及した二階は貧弱指標では第15位である．園田博之は第18位であり，新党さきがけ結成，そして後に自社さきがけ連立政権の調整役として重要な役割を演じた．園田は1999年12月に自民党に復帰している．福田康夫内閣で防衛大臣，麻生内閣で農水大臣を歴任した石破茂は貧弱指標では20位である．石破は自民党が野党に転じてから離党し，新生党に加わった．自民党が政権に返り咲いたのを見届けて新進党を離党した石破は，1996年衆議院選挙

第 7 章 利益誘導と政界再編

表 7.2 1993 年自民党分裂時のインフラ貧弱指標順位

順位	選挙区	自民党現職議員名	インフラ貧弱指標	離党（1993 年 6 月）
1	北海道 3 区	佐藤 孝行	2.65	
2	兵庫 5 区	谷 洋一	2.24	
3	鹿児島 3 区	二階堂 進	1.97	
4	北海道 5 区	武部 勤	1.97	
5	北海道 5 区	北村 直人	1.96	○
6	長崎 2 区	光武 顕	1.87	
7	長崎 2 区	虎島 和夫	1.85	
8	愛媛 3 区	今井 勇	1.85	
9	長崎 2 区	金子 原二郎	1.81	
10	和歌山 2 区	東 力	1.81	
11	石川 2 区	坂本 三十次	1.78	
12	島根全県区	細田 博之	1.76	
13	島根全県区	竹下 登	1.76	
14	愛媛 3 区	西田 司	1.73	
15	和歌山 2 区	二階 俊博	1.73	○
16	石川 2 区	瓦 力	1.73	
17	北海道 5 区	鈴木 宗男	1.69	
18	熊本 2 区	園田 博之	1.67	○
19	島根全県区	亀井 久興	1.65	
20	鳥取全県区	石破 茂	1.63	

注：筆者作成．既に大部分が完成した事業は中止できないと仮定し，1997 年末までに完成した新幹線，高速道路，空港を基準に算出した．

を無所属で戦い，1997 年になって自民党籍を回復している．

　一方，インフラが既に整備済みの選挙区から選出されている議員は，貧弱指標でゼロに近い値を取る．武村正義は新党さきがけの党首として，また細川連立内閣の官房長官として存在感を発揮したが，武村の貧弱指標は 0.04 に過ぎない．小沢一郎は，新生党代表幹事，新進党党首，後に民主党代表として，小選挙区制導入後の日本政治の方向性を形作ったといえるが，貧弱指標の値は 0.34 である．武村，小沢ともに農村型の選挙区選出だったが，1990 年代には既に基幹交通インフラの整備された選挙区から選出されていたことが分かる．

2. 離党・復党者の特徴：記述統計と平均差の検定

　次に，政界再編の節目において異なる選択を行った議員グループの間で，イ

表 7.3 インフラ貧弱指標と自民党の凝集力（1992-2000）

事例 （日付）	集団 A （人数）	平均値 （標準偏差）	集団 B （人数）	平均値 （標準偏差）	二群の差 （t 値）[a]	Willcoxon z 値[b]
竹下派分裂 （92年12月）	羽田派参加 （35）	0.466 (0.542)	竹下派残留 (33)	0.768 (0.606)	−0.302** (−2.163)	−2.072**
自民党分裂 （93年6月）	自民党離党 (47)	0.441 (0.558)	自民党残留 (226)	0.653 (0.633)	−0.212** (−2.311)	−2.122**
非自民党政権期の離党 （93年6月-94年6月）	自民党離党 (22)	0.641 (0.599)	自民党残留 (205)	0.696 (0.623)	−0.055 (0.405)	0.363
自民党への復党 （96年10月-2000年6月）	野党残留[c] (21)	0.334 (0.483)	自民党復党[c] (21)	0.725 (0.726)	−0.391** (−2.052)	−1.941*
加藤の乱 （2000年11月）	森内閣不信任案棄権 (40)	0.597 (0.648)	森内閣不信任案反対 (153)	0.554 (0.587)	0.044 (0.388)	0.060

注： ** 5%，* 10% 水準で統計的に有意（両側検定）．a t 検定は集団毎に分散が異なるとの仮定に基づく．
b 帰無仮説は，二つの集団のインフラ貧弱指標が同一の母集団から得られたと想定．c 1993 年 4 月の時点で自民党議員であり，なおかつ 1996 年衆議院選挙に野党から出馬し当選した議員．

ンフラ貧弱指標の値が異なっていたかどうかを検討する．仮説を検定する上でもっとも単純な手法は，二集団の平均値の差が有意にゼロから異なるかを t 検定することである．しかしながら，貧弱指標が右に大きくゆがんでいることを考慮に入れ，ウィルコクソンの符号順位検定の結果も示す（Wilcoxon 1945）．検定の結果は表 7.3 の通りである．

最初に，1992 年の竹下派分裂を検討する．後に新生党の母体になった議員集団が実質的に羽田派結成の段階で形成されることを考えるなら，自民党分裂の第一の契機として非常に重要な節目であった．92 年の段階で竹下派に所属していた議員の中で，12 月の羽田派結成に加わったものは，竹下派に残留した議員に比べてインフラ整備の行き届いた選挙区選出の議員が多かった．羽田派，竹下派残留組二群の平均差は −0.3 であり，統計的に有意にゼロから異なる．同様の傾向は，1993 年の自民党分裂についても当てはまる．

自民党が野党であった期間に，22 名の議員が離党した．連立政権が多数の政党から構成されていたこともあり，この時期の政治情勢は極めて混沌としていた．自民党は野党ではあったが，次期総選挙後に政権に返り咲く可能性も十分に考えられたといえる．この時期は，選挙区のインフラ状況とは無関係に，

第7章　利益誘導と政界再編

議員個々人の政策的選好を反映させる形で政党の選択がなされたと考えられる．実際に，離党者と残留者の二群のインフラ貧弱指標に有意な差は認められなかった．

小選挙区比例代表並立制で初めての選挙が行われ，自民党の選挙地盤が固まるにつれ，インフラの脆弱な地域を代表する野党議員は次々に自民党側に寝返っていった．1993年4月の時点で自民党議員として活動し，なおかつ1996年総選挙で野党候補として出馬し当選した42名の議員の内，半数の21名が，2000年6月までに自民党もしくは連立与党に加わることになった．野党残留組と自民党陣営復帰組の間には，インフラ貧弱指標で0.39の差があり，復帰組の貧弱指標は有意に大きい．

最後に，自民党が分裂する可能性をはらみながらも実際には一人の離党者も観測されなかった加藤の乱を検討する．2000年選挙で小選挙区から立候補し当選もしくは比例復活した193名の内，加藤紘一に同調して不信任案採決に欠席もしくは棄権した議員数は40名に上った．不信任案に反対した153名との間に，インフラ格差指数の有意な差は認められない．小選挙区制で総裁・幹事長に公認権が集中し，派閥の力が衰えたという状況もさることながら，加藤派所属議員には，インフラ未整備地域を代表するものが多く，与党であり続けることが死活的に重要だったと推察できる．

3. プロビット回帰分析

これまでの分析結果が，政党所属に影響を及ぼしうる他の要因の影響を考慮した場合にも成立するか，プロビット回帰分析を行うことで検討する．ゲーム理論モデルによる予測では，自民党が選挙後に与党であり続ける確率 p 次第で，インフラが政党所属構造に与える影響が変化する．ここでは，(a) 自民党分裂時の離党（93年4-6月），(b) 自民党野党期の離党（1993年7月総選挙後-羽田政権期），(c) 新選挙制度下での自民党政権安定期の復党（96年総選挙後-2000年総選挙直前）の三つの事例を取り上げる[105]．これまで繰り返し触れたように，自民党分裂期は，自民党政権維持確率 p が1に近い状況での離党であった．

---

[105] ここで村山政権から96年総選挙までの期間は離党・復党者数も少なく，しかも新選挙制度による選挙区境界の設置などの要因が複雑に作用するため，プロビット分析から除外した．同様に加藤の乱は選挙制度改革志向変数の妥当性を確かめる上では必ずしも適切ではないので，分析から除外した．

VI. 計量分析

離党者が出る直前まで，自民党支持率は十分に高い状況にあり，当時の情勢予測では必ずしも自民党過半数割れは確実視されていなかった．最初の離党は，そのような戦略的状況で行われたのである．自民党が野党にあった時期は，p が 1/2 に近い状況であった．確かに自民党は政権の外にあったが，かといって次期選挙で再度野党となる $p=0$ とはほど遠い状況だったと言える．非自民連立政権は当初八つの政党にまたがり，小政党の連立離脱により，いつ自民党が政権に復帰してもおかしくない状況であった．実際に，社会党とさきがけが連立を離脱したことで，自民党は政権に復帰した．野党時代の自民党は相対多数政党として一定の凝集力を確保しており，この時期の離党行動は，次期選挙後の政権政党の帰趨が不確かな状況（$p=1/2$）での離党だったと考えられる．一方，小選挙区比例代表並立制における最初の選挙が行われた 1996 年以降は再び政権維持確率 p が 1 に近い状況になった．新進党分裂により野党が弱体化する中で，自民党は公明党との連立，選挙協力を強化していく．

従属変数は先に挙げた政党所属である．説明変数はインフラ指標と並んで 1992 年 12 月に「中選挙区制廃止宣言」に署名したか否かの二値変数であり，ゲーム理論モデルでの改革志向イデオロギー r の代理変数である[106]．

制御変数は，自治体毎の得票データを用い，各議員の地盤について，その状況をより正確に反映するように加重平均してある[107]．補助金（対数）は地方自治体に対する地方交付税普通交付金，特別交付金，ならびに国庫支出金の人口一人あたり受取額である（地方財政調査研究会，各年版）．これは各議員による非排他的集票力 A_I の代理変数として意図している．他の条件を一定にするなら，国・都道府県・自治体の政策を調整し，補助事業を持ち帰る能力のある議員は，強固な非排他的集票力 A_I を備えており，与党による排他的集票力 A_X に依存する割合が少ない．従って補助金受取額の大きな地域を代表する議員が離党する確率が高いと考えられる．当選回数は議員の世代間対立を示す変数として先行研究において頻繁に用いられてきた．世襲議員は直近の親族から選挙地盤を引き継いだか否かの二値変数である（蒲島郁夫ゼミ 2000）．大嶽（1997：12-15）によれば，世襲議員改革は選挙地盤が安定しているだけでなく，親族からこれを相続したという負い目からこそ改革志向が強かったと論じている．これら議員個々人の属性の他に，選挙区毎の選挙競争の構図を導入する．得票率は前回選

---

[106] この変数はリード＝シャイナーが使用したものと同一である（Reed and Scheiner 2003）．
[107] インフラ貧弱指数と同様の方法で加重平均を算出した．

第7章 利益誘導と政界再編

表 7.4　離党・復党の決定因 (1993-2000)

従属変数 時期 自民党勢力	自民党離党 93年4月-93年6月 与党		自民党離党 93年8月-94年6月 野党		自民党復党 96年10月-00年5月 与党	
モデル	1	2	3	4	5	6
インフラ貧弱指標	−0.274	−0.651**	−0.081	−0.231	0.766*	1.124*
	(−1.76)	(2.75)	(−0.43)	(−0.64)	(2.32)	(2.50)
選挙制度改革	1.179**	1.206**	1.333**	1.644**	0.895	1.002
	(5.99)	(5.91)	(4.95)	(5.93)	(1.77)	(1.29)
補助金（対数）		0.397		0.59		−0.817
		(1.58)		(1.85)		(−1.23)
当選回数		−0.051		−0.012		0.023
		(−1.59)		(−0.24)		(0.21)
世　襲		−0.082		−0.207		0.059
		(−0.39)		(−0.64)		(0.10)
得票率		5.808		10.099**		−0.295
		(1.83)		(3.14)		(0.10)
定数格差		−0.933		−0.313		−1.373
		(1.62)		(−0.43)		(−0.77)
自民党現職議員数		1.487		−0.392		−0.460
		(1.79)		(−0.42)		(−1.15)
都市居住人口		0.153		−0.925		−0.298
		(0.21)		(−0.77)		(−0.18)
第一次産業就業者 比　率		2.943		−5.913		6.376
		(0.90)		(−1.13)		(0.70)
定数項	−1.291**	−2.121	−1.635**	−2.483	−1.056*	3.90
	(−8.10)	(−1.59)	(−6.82)	(−1.38)	(2.11)	(1.10)
標本数	273[a]	273[a]	177[b]	177[b]	42[c]	42[c]
対数尤度	−105.790	−101.579	−53.618	−47.195	−24.794	−21.174
疑似 R^2	0.167	0.200	0.193	0.290	0.147	0.289

注：表内はプロビット係数．括弧内は頑健 z 値．**1% 水準，*5% 水準でそれぞれ統計的に有意（両側検定）．a：自民党現職（93年4月），b：93年7月に再選された自民党現職議員，c：93年4月に自民党所属現職議員であり，なおかつ96年10月選挙直後に野党所属の現職議員．

挙の得票率である．自民党現職議員数は選挙区定数で除してある．定数格差は選挙区人口を定数で除したものであり，一票の重みを測っている．都市部有権者比率は人口集中地区人口の総人口に対する比率，第一次産業就業者比率は総就業者に対する一次産業の比率であり，それぞれ直近の国勢調査から採った

(総務庁統計局 1992, 1997).

　まず1993年自民党分裂を検討する（表7.4）．主要説明変数だけのモデルでは，インフラ指標が10％水準，選挙制度改革が1％水準で有意であり，係数符号も予想された方向である（表7.4，モデル1）．これらの変数の影響は，制御変数を導入した場合でも安定している（モデル2）．モデル2を用い試算すると，変数の値を平均値に固定した場合，離党確率の予測値は0.13である．中選挙区制廃止宣言に署名しなかった議員と署名した議員を比べると，予測確率は0.06対0.37であり，選挙制度改革志向の議員は離党確率が高かった．同様に，インフラ格差変数を0から2に上昇させた場合，離党の確率は0.25から0.03に減少する．他の制御変数は5％水準では有意でなかったが，離党確率は補助金配分額，得票率，定数格差による過大代表，自民党候補同士の競争と正の相関関係があったことが覗われる．定数格差において過大代表され，自民党現職候補者数が多い選挙区は，選挙制度改革によって人口一人あたりの議員数が削減される可能性が高く，政治的生き残りを賭けて離党する動機を持っていた．

　次に自民党が野党であった時期の離党行動を検討する（モデル3, 4）．この時期は政権の帰趨が不確かであり，ゲーム理論モデルによる予測通りインフラ格差の与える影響は有意ではなく，選挙制度改革を志向する議員が，有意に高い確率で自民党を離党したのであった．変数を平均値で固定した場合，改革志向議員の予測離党確率は0.38であり，非改革派は0.03であった（モデル4）．この時期，得票率が高く，選挙地盤の強い議員が離党する傾向にあったことが目を引く．

　自民党が政権に復帰し，新選挙制度下での優位を確固たるものにすると，以前離党した議員が復党する傾向を見せた．特に，インフラの貧弱な地域から選出されている議員が復党する傾向が強かったと言える（モデル5-6）．インフラ貧弱指標の影響は有意であり，それだけでなく実質的な影響度も大きい．モデル6の各変数を平均値に固定し，インフラ指標を0から2まで変化させると，自民党への復党確率は0.26から0.90まで増加する（モデル6）．中選挙区制廃止宣言に署名した議員の予想復党確率は0.56であり，署名しなかった議員の復党確率0.24よりも高かった[108]．

---

[108] この係数の解釈として，「中選挙区制廃止宣言」に署名した議員は，選挙制度改革には関心があったものの，二大政党制の確立という政治システム全般の改革は一義的な政策課題として認識していなかった可能性が考えられる．

これまで日本政治に関する既存の研究は，都市と農村の対立が投票行動を形作る主要な政治的断裂であったと論じているが（例：蒲島 2000, 菅原 2004, Scheiner 1999），インフラ格差の影響を考慮した場合，都市化の度合いは議員の行動に無視できる影響しか与えていない（モデル 2, 4, 6）．日本国内の政治的断裂は，長期にわたる人口移動による都市化というよりはむしろ，自民党の利益誘導政策の結果として形作られたインフラ格差に根ざしていたと考えられる．つまり，公共財による便益配分が，結果的に自民党の政党としての基盤を弱体化させてしまったのである．

VII. 結　語

　日本政治の研究者はこれまで，地域公共財の過剰供給が，自民党の選挙戦略を支えてきたと見なしてきた．しかし第 6 章で示したように，高速交通網の整備によって自民党の集票力は低下し，さらに本章で示したように党所属議員に対する規律も弱体化していった．与党としては社会資本整備を急いで効率的に推進することでは政治的な利益を得ることは出来なかったのである．新幹線や高速道路の整備は，政界再編の直接の原因とはいえないかもしれないが，どの議員が政治制度改革に参加していくかを間接的に決定づけることになった．

　自民党が野党に転落した 11 ヶ月間は，日本の政治史においては短期間だったが，衆議院の選挙制度変更という非常に大きな意味を持つ制度改革が行われた．そしてこの新選挙制度が定着していくことで，自民党政権の政策と集票組織の性格が着実に変容していくことになった．

第8章 選挙制度改革と政策変化：
　　　　政権交代への道のり

　「地方分権推進のため，補助金の統合化を一層進めるとともに，市町村合併を促進する見地から財政上のインセンティブの強化を図る109.」

三党連立政権合意書，1999年10月4日.

　「町村合併で，自民党を支えてくれた町会議員さんや村会議員さんが少なくなった．建設会社も，かつての力がなくなった．農協も，かつての面影はない．それを置き換える努力が足りなかった結果が今回ということだ110.」

2009年8月31日，石破茂農水大臣.

I. はじめに：細川政権が打ちこんだ楔

　1993年に自民党が分裂したことで誕生した非自民連立政権は，短期間で瓦解したものの，その後の日本政治の展開を大きく決定づける改革を実施した．衆議院の選挙制度改革によって，カネのかかる選挙の原因と見なされていた中選挙区制が廃止され，全国300小選挙区と，比例代表ブロック200議席を組み合わせた並立制が導入されることになった．この1994年選挙制度改革により，衆議院の総定数は511から500へと削減された．改革によって300の小選挙区と200議席の比例区議席を配分するための11の地域ブロックが導入され111，新選挙制度でこれまでに5回の選挙が行われた．

　非自民党政権において成立した選挙制度改革法案は，社会党との連立によっ

109　自民党小渕恵三総裁，自由党小沢一郎党首，公明党神崎武法代表による署名文書．全文は『自由民主』1999年11月，106-109参照．
110　テレビ朝日「スーパーモーニング」出演時の発言．
111　比例代表選出議員数は2000年選挙より180議席に削減されたが，小選挙区数は300のままである．

第 8 章　選挙制度改革と政策変化：政権交代への道のり

て政権に復帰した自民党の自民党政権維持戦略をも，大きく拘束することとなった．自民党を離党した議員は，その全てが非自民勢力に留まった訳ではなかったが，並立制が定着していく中で，単一の野党勢力を糾合し，二大政党制を確立していく推進力となり，結果的に 2009 年衆議院選挙において本格的な政権交代がなされた．

　本章では，新選挙制度に自民党がいかなる適応を行い，その結果として短期的には政権維持に成功するものの，長期的には党勢を弱体化させていく過程を分析する．まず次節では，選挙制度改革が，自民党の直面する政権維持戦略にいかなる変化をもたらしたかを示す．特に，選挙制度改革の副産物として定数格差が是正され，同時に同士討ちが解消され，資源配分戦略に変化が起こったことに焦点を当てる．第 III 節では，自民党が選挙制度改革に対してとった政治的，政策的適応策を分析する．公明党との連立と，政策変更による適応努力によって，自民党政権は一時的には延命されることになったが，一方で監視動員装置の弱体化によって，自民党への支持は揮発的なものになってしまった．第 IV 節では自民党が政権から転落する過程を，特に市町村合併に着目しながら明らかにする．

II.　選挙制度改革と政権維持戦略

　1994 年の選挙制度改革は，三つの意味で日本政治に大きな変化をもたらし，その後の政治史の展開を決定づけた．第一に，衆議院選挙制度改革によって都市型選挙区と農村型選挙区の相対的なバランスが大きく変化したことが指摘できる．第二に，並立制への移行によって，政権を維持するための公共政策のあり方に変更が迫られた．第三に，両院制を取る我が国の憲法体制の中で，両院の選挙制度の違いから「ねじれ現象」が恒常化する事態につながった．これらの状況について順を追って振り返ってみたい．

1.　定数格差是正

　選挙制度改革の主たる目的は，候補者個人名を過剰に重視する選挙運動スタイルから脱却し，政党本位，政策本意の競争を導入することであったが (Christensen 1994; 1998)，重要な副産物を伴った．定数格差の大規模な是正である．定数格差の是正は，必然的に都市部有権者を代表する議員を増大させる

II. 選挙制度改革と政権維持戦略

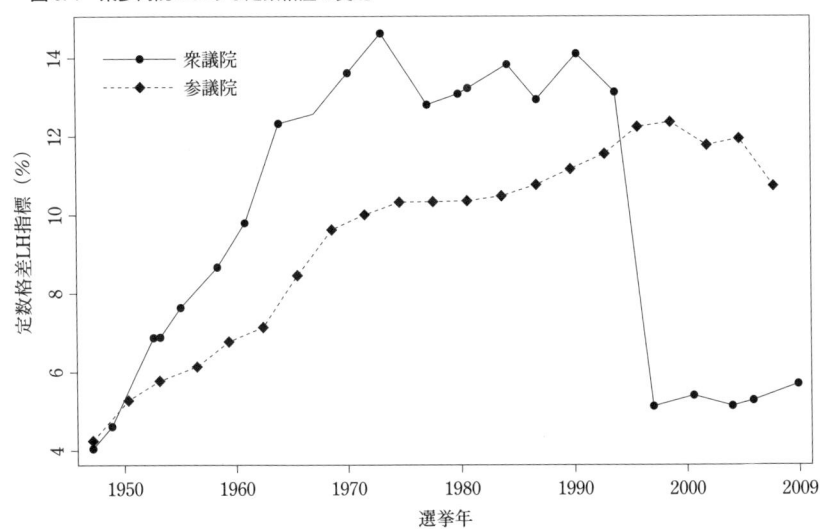

図 8.1 衆参両院における定数格差の変遷

ことになった.

　図 8.1 は衆参両院選挙における定数格差の推移をルーズモア・ハンビー指標（以下 LH 指標）として示したものである[112]. この指標は，各選挙区の人口比と議席比の乖離を絶対値として算出し，全選挙区の数値を足しあわせてパーセント表示したものである. 一票の格差が全く存在しない状況では0の値をとり，議席が不均衡に少数の選挙区に集中しているほど 100 に近づく. 一般に「定数格差3倍以上は……」という文脈で用いられる定数格差は，議員定数を選挙区人口で除したものについて，選挙回毎に最大と最小の比を算出した値について言及したものである. LH 指標は，この最大最小比に比べて使用頻度としては一般的ではないが，全選挙区の不均衡レベルを等しく考慮しているため議席配分不均衡の全体的な傾向をより正確に表していると言える[113]. 例えば，

---

[112] LH 指標は，s_i を選挙区 i の議席数，$S=\Sigma s_i$, n_i を有権者数，$N=\Sigma n_i$ とすると $LHI=\frac{1}{2}\Sigma_i |s_i/S - n_i/N|$ として定義される. つまり，i 番目の選挙区の議席数と人口をそれぞれ国全体の数値で割ったものの絶対偏差の和で表されている. 詳細については Taagepera and Shugart（1989）を参照.

[113] 定数格差の定量的測定については Samuels and Snyder（2001）および Monroe（1994）を参照.

第 8 章　選挙制度改革と政策変化：政権交代への道のり

1975 年を見ると最大最小比は 5.0 から 3.5 に減少したものの，LH 指標は 14.6 から 12.6 への減少にとどまり，実質的な定数格差是正にはつながっていなかったことがわかる．1994 年の定数格差是正は，一人一票原則という目標を完全に成し遂げることは出来なかったが，全体の不均衡配分を大幅に軽減した．LH 指標は選挙制度改革以前 1993 年の 13.1 から 5.1 に低下した[114]．一方で参議院では抜本的な定数格差是正が取られなかったため，相対的に一票の格差が放置されたままである[115]．

　第 5 章で検討したように，中選挙区時代に一票の格差が悪化する中で，自民党の得票と議席だけでなく，補助金の配分も過大代表された選挙区に集中するようになっていた．中選挙区制の時代，自民党の議席数と有権者一人当たり議席の間の相関係数を選挙毎に算出すると，0.37（1958 年）から 0.64（72 年）の間で変動した．並立制の導入によって定数格差が是正されたことは，すなわち自民党が新たに地盤を開拓しなければならない選挙区が増加したことを意味する．すなわち「逆説明責任」の機能しにくい都市部で議席を確保しなければ，政権を維持できなかったのである．

2．誘引の変化

　一方で，選挙制度改革はただ単に議員数の変化だけでなく，選挙競争のあり方を根本的に変化させることになった．第一に，イデオロギーに基づく競争のあり方が，変化したことである．中選挙区制の時代，左右両極に向かって遠ざかり，極端な意見を代表する誘引が働いていたものが，少なくとも小選挙区では中央にすり寄る方向に変化した．第二に，中選挙区制の時代には，同一政党候補者による同士討ちのため，政策による競争ではなく個人後援会を主体としたばらまき合戦主体の選挙戦だったものが（建林 2004），小選挙区制の導入により政党中心の競争に取って代わられた．第三に，複数人区は準比例代表制度として機能するため，中選挙区制の時代には少数の選挙区で集中的に得票することで議席を稼ぐ動機が働いていた．小選挙区制の導入により，多数のより競

---

[114] 並立制導入後の LH 指標については，小選挙区と比例代表区の議席構成比に応じて加重平均を算出し，示している．小選挙区対比例区の構成比は，1996 年で 300/500 対 200/500，以後は 300/480 対 180/480 である．

[115] 二票制を取る参議院と衆議院を比較可能にするために，衆議院での並立制導入後と同様に選挙区と全国の加重平均を示した．

合的な選挙区で議席を守る動機が働くため，公共政策は変更を迫られた．

比例代表制や中選挙区制では，政党は左右に極端な政策をとる誘引が働く (Cox 1990). しかし小選挙区制では「求心力」が作用し，主要政党が中位投票者の選好にすり寄るため，競合する主要政党の政策は中位投票者の選好に向かって均一化する (Black 1948). 日本の政党システムは，まさに数理政治学の予見通りに変貌してきたと言える．自民党と民主党の基本政策は，中選挙区時代の自民と日本社会党のような形で大きく異なるようなこともなくなった．民主党は，自民党に取って代わる代替政党としての地位を固め，やがて政権を奪取した．これは中選挙区制の時代に最大野党であった社会党が，その支持者でさえ自民党に対する実質的な政権交代勢力とは見なしていなかった時代とは大きな様変わりである．社会党は戦後当初，穏健な社会民主主義政党として政権を担ったが，支持基盤である総評系労働組合がイデオロギー的に先鋭化していくだけでなく，左翼票を巡って共産党と競合するにつれて，左翼色を鮮明にしていく (Kohno 1997b). 中選挙区制時代に非武装中立を主張してやまなかった社民党は，村山政権期に急速に中道寄りになる．しかし党が分裂し，党名を社民党に変更しつつ比例区主体の政党として存立する中で，一部の主張をやや左寄りに修正している．

「中位投票者定理」は，イデオロギー以外の側面にも影響を及ぼしているように思われる．例えば自民，民主の二大政党は，都市対農村という利害対立軸において，その違いが不明瞭になってきている．民主党結党直後数年の間，農村政党としての自民党，都市型政党の民主党という図式があったが，小泉政権期において自民党が都市部において善戦し，民主党が農村部で踏みとどまったことからもわかるように，その支持基盤は互いに類似性を持つようになってきた．自民党も民主党も，程度は異なるとはいえ都市部と農村部の双方を地盤として抱えるようになったと言える．

中選挙区制時代の衆議院は，選挙区定数が平均して4程度であり，過半数議席を単独で確保することを目指す政党は必然的に同一選挙区内で複数の議席を確保する必要に迫られた．しかし，同一の政党から立候補している候補者同士が国政の主要争点で競争することは政党としての信頼性を大きく損なうため，努めて避けられた．むしろ分配政策をてこにした陣取り合戦が自民党時代の候補者間競争を特徴付けることになった (Cox and Thies 1998; 建林 2004).

しかし小選挙区制を主体とする並立制に移行したことで，同士討ちの必要性

第8章 選挙制度改革と政策変化：政権交代への道のり

はなくなり，むしろ公共政策を主体とした政策論争が繰り広げられるようになった．2003年以降，民主党はマニフェストを前面に打ち出した選挙戦を展開してきたが，政権奪取後の公約実行工程や数値目標を掲げた公約集の選挙前の提示と，政権獲得後の点検作業は，中選挙区制時代の選挙戦には存在しないものであった．これは複数候補者が互いに個人後援会を競争させることで党組織の拡大を図ってきた自民党型選挙運動が弱体化を迫られることを意味していた．

選挙制度は一般的に，得票を議席に変換する階段関数である（Taagepera and Shugart 1989）．1994年選挙制度改革によって，この得票議席変換関数に変化が生じた．より具体的には，中選挙区時代に政権を維持するためには一部の選挙区で集中的に得票することが多数の議席を確保することにつながった．このためには市町村議員による選挙動員が極めて効果的であった．しかし，その効果は小選挙区主体の選挙制度に移行したことで急速に失われることになった．

この点をより明快に示すために，定数3の中選挙区と，小選挙区を対比する[116]．まず与党が選挙の際に動員する資源を増やせば増やすほど得票率が増大するが[117]，動員資源量と得票率との間には，収穫逓減の法則が働くと仮定する[118]．つまり得票率が高くなればなるほど，追加的に得票するための費用が増大していくのである[119]．選挙が安定的なデュベルジェ均衡状態にあるなら，定数＋1の候補者が均等に得票する（Reed 1990; Cox 1994）．小選挙区制と定数3の中選挙区制では得票と議席の間に図8.2の関係が生ずる．小選挙区で1議席を得るためには50％の得票が，定数3の中選挙区では1議席を得るのに25％，2議席を得るのに50％，3議席目に75％の得票がそれぞれ必要になる[120]．

中選挙区制において定数3の選挙区では75％の得票を占めることで全議席

---

[116] 同様の議論は任意の定数に対して成立するが，ここでは基本的な洞察を得ることが目的であり，単純化のため定数3の場合に議論を限定する．

[117] 与党得票率 $\nu \in [0, 1]$ が動員資源 $r \geq 0$ に対して $\partial \nu / \partial r > 0$ と仮定．つまり資源投入量を増加すれば得票率も増える．

[118] 同様に $\partial^2 \nu / \partial r^2 < 0$．すなわち，資源投入量の増加幅に対する得票の増加幅が，徐々に減少していくとの仮定である．

[119] 収穫逓減の仮定は，第2章で検討した利益誘導ゲームとも整合的である．イデオロギー的に遠い有権者の票を得るためにはより多額の便益を積む必要がある．

[120] 暗黙の仮定は，有権者が同質的であり，複数候補者を擁立する政党が，候補者間で均等に得票を分割できることである．

Ⅱ．選挙制度改革と政権維持戦略

図 8.2　選挙区レベルでの得票＝議席関数と資源動員量の関係

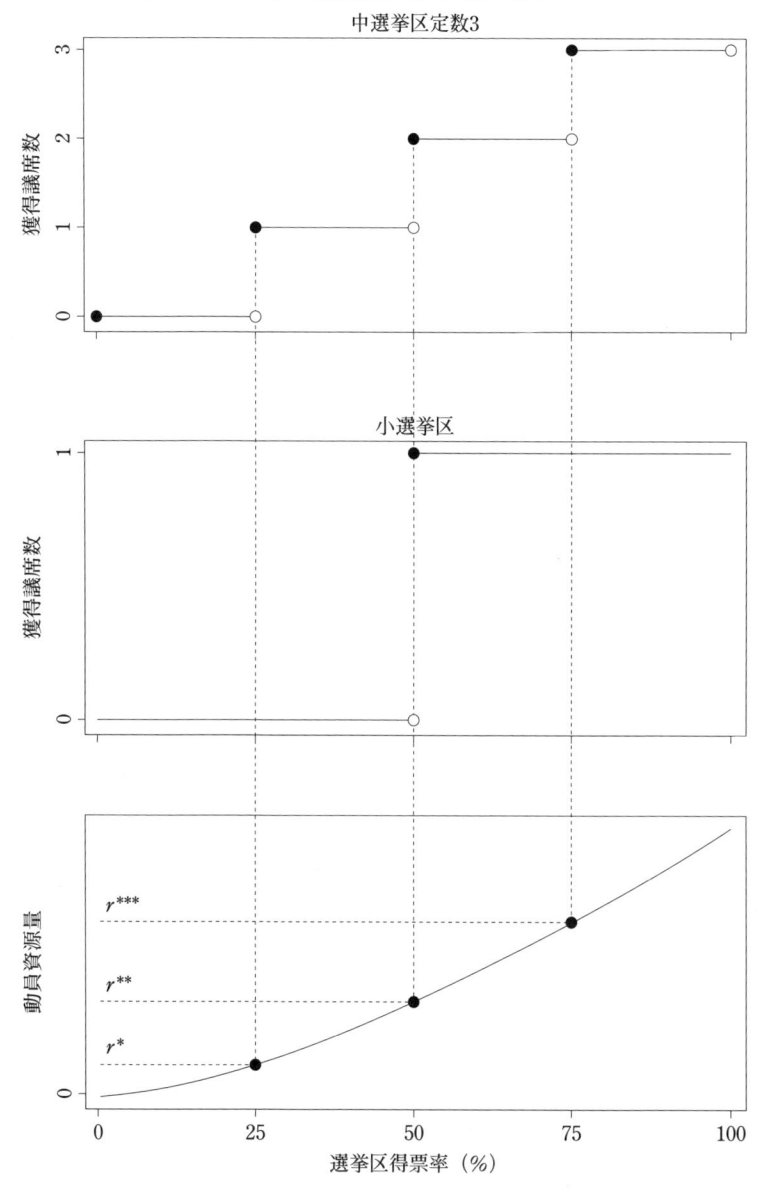

を占有することが出来る．全議席を占有するために必要な資源量は図8.2下段の r^{***} である．中選挙区制時代，衆議院の選挙区には大きな定数格差があり，自民党は，一議席当たりの有権者数が少ない，すなわち議席の「安価な」選挙区で集中的に議席を獲得する誘引があった．一方，定数3で1議席を確保するために必要な動員資源量は r^* にすぎず，一票の価値が比較的軽い選挙区では，相対的に少ない動員資源で少数の議席を確保していたと考えられる．一方で小選挙区制では，投票者の50％の得票を確保することで，当該選挙区の全議席（＝1）を占有できる．対応する必要資源量は r^{**} であり，これは中選挙区時代に定数3で2議席を確保するために必要だった動員資源量と同じである．逆に，得票を50％以上に増加させても議席を増加させることは出来ない．

単純化のために，全国の選挙区が均質で一票の価値が全選挙区で平等な場合を考える．全選挙区で定数3の中選挙区制であれば，全選挙区で少なくとも1議席を確保し，半分の選挙区で2議席目として確保することが最適解となる．結果として，全国の有権者の内，与党は $\frac{1}{4}+\frac{1}{2}\left(\frac{1}{4}\right)=\frac{3}{8}=37.5\%$ の得票を確保する必要がある．小選挙区制では全選挙区の半分で，少なくとも半分の得票を確保する必要が生ずる．政権を維持するのに最低限必要な得票は，全国集計で $\frac{1}{2}\left(\frac{1}{2}\right)=\frac{1}{4}=25.0\%$ である．

選挙制度改革が再分配政策に及ぼす影響を考察する上では，次の二点が指摘できる．まず第一に，全体的な再分配額の減少である．第二にかつての金城湯池を捨てて，競合的な選挙区を取りに行く動機である．定数格差が存在する状況では，より「安価な」議席を獲得する誘引が働くため，全国規模で見た場合に，より少ない得票で政権を維持することが可能になる．一方で他の条件が一定であれば，小選挙区制は中選挙区制に比較して比例性が低いため，政権を維持するために必要な得票が少なく，結果として要求される動員資源量も少ない．よって，全国的に動員資源量を減少させる誘引が働く[121]．次に地理的なばらつきを考えた場合，小選挙区への移行によって，中選挙区制時代の金城湯池，すなわち議員定数の全てを確保できる強い地盤を持つ地域では，動員資源量を減らす動機を持つことになる．

ここで注目すべきは，先述の通り自治体議会の定数上限が，地方自治法によ

---

[121] 平均的に必要な動員資源量が減少することから，自治体を分割して地方議員を増員させる必要が生じなかったとも考えられる．

コラム⑯　待てど暮らせど開通しない高速道路

　ここまでの議論を通じて，自民党はインフラを短期間で効率的に完成させる動機を持たなかったことを示した．図⑯aと図⑯bは日本とアメリカの高速道路供用路線延長の推移を示したものである．ここから明瞭に分かるように，アメリカの州際高速道路は全土一斉着工され，ネットワーク形成を重視していた．この整備にあたっては，州毎に面積，人口，自動車保有台数にウェイト付けした予算があらかじめ州政府に渡され，州政府はこの中で効率的に完成させる努力を行うことになった．このため基本計画が短期間に達成されてからは，新規路線の着工は小幅にとどまる．反対に日本の高速道路は徐々に計画路線網

図⑯a　高速道路供用路線延長の変遷（日本）

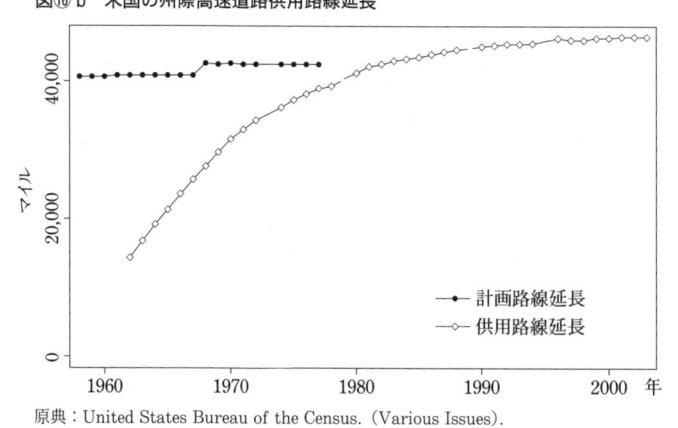

原典：全国高速道路建設協議会（2004）．

図⑯b　米国の州際高速道路供用路線延長

原典：United States Bureau of the Census.（Various Issues）．

> を拡大し，年々僅かずつ供用路線を増加させてきた．自民党政権では，党内の道路調査会や諮問機関としての国土開発幹線自動車道建設審議会が拒否点となり，中央政府の意向で地方のインフラ整備が決定される状況が続いた．

る規定から，自治体人口の凹関数として近似できるような形で設定されており（図2.3参照），人口の少ない小規模自治体ほど，人口一人当たりの議員数が多いという事実である．中央政府から地方自治体への補助金や公共事業が，政権与党による選挙活動の協力に対する見返りであるなら，合併を促進することで動員資源量（と得票率）の減少が予想される．

このように，選挙制度改革による誘引の変化が政策にもたらす影響を考えるならば，(1) 平均的に小さな規模の政府を志向し始めること，(2) かつて一票の重さが重かった地域が受け取る便益が減少すること，(3) 金城湯池，すなわち自民党が集中的に得票していた地域での便益が減少すること，以上の変化が予見される．

III. 政権維持のための適応

それでは選挙制度改革による誘引変化は，公共政策にいかなる影響を与えたであろうか．第3章で検討したように，都市化に伴って従来型集票組織は漸減していくことが明らかであった．自民党にとってより長期間にわたって懸念材料であった経済社会構造変化の影響は，選挙制度改革によって拡大されることになった．自民党は，次の三つの方策を組み合わせ新選挙制度に適応することで，政権を維持することを企図し，実際に制度改革後15年間にわたって政権の座にとどまることに成功した．第一に公明党との連立により，並立制における選挙地盤を安定化させたことである．第二に，政策の変更により，並立制での政権維持に適応していったことである．本節では規制緩和と補助金配分を事例として取り上げる．第三に，政策変更をより恒久的に持続させる手段として，市町村合併による地方行財政改革が行われたのである．

1. 選挙対策としての連立

自民党が政権に復帰した後，選挙制度を改変しなかった理由の一つは，並立制が必ずしも自民党にとって不利ではなかったからである．小選挙区制による

Ⅲ．政権維持のための適応

> **コラム⑰　県庁幹部の嘆き**
>
> 「高速道路や新幹線は，大きな経済効果が見込まれた．本来なら自腹を切ってでもやりたかった．でも審議会を通さなければならなかったし，補助につられて効果が期待できないと分かっていながら土地改良やらダム事業をやって来た．本当はさっさと経済インフラをやりたかったなぁ．」筆者は，山形県の幹部職員がこのように嘆いたのを鮮明に覚えている．結果的に，農業県の産業構造転換は進まず，地域間格差が温存された．仮に地方政府が，地域開発の優先順位付けを自ら行っていたとすれば，好んでダムを造ったりしただろうか？ちなみに群馬県八ッ場ダムの総事業費4,600億円に対し，北陸新幹線の金沢＝福井間の事業費は2,600億円である．
>
> 日本の中央集権体制では，地方政府が地域開発において枢要なインフラ建設の決定権を持たない．このため，地域開発に貢献する事業を最優先で選択することが困難である．道路を管轄する国土交通省，農業を管轄する農林水産省がそれぞれ自分の縄張りの中で収益性を査定するため，道路の中での優先順位，農水事業の中での優先順位に基づいて地域への箇所付けがなされる．結果的に高速道路や新幹線は大都市部から着工され（第6章），地方の整備は後回しになった．

非比例性の恩恵を最大限に享受したのは，後の自公連立期も含めて自民党であった（図3.7）．しかし一方で，中選挙区制時代の集票戦略そのままで政権が維持できないことは明らかであった．野党得票の合計は与党得票合計を優に上回る状況が続き，ひとたび野党勢力が単一の勢力として糾合されれば，多くの選挙区で自民党現職が苦杯をなめるであろうことは明白であった．

公明党との連立は，ただ単に自民党の得票力を強化しただけでなく，まさに自民党が最も必要とする形で票を積み増すという意味で，中選挙区時代の従来組織を代替する可能性の高い提携関係であった．図8.3は，連立政権発足直前の段階で，自民党，公明党の得票力と自治体人口規模にいかなる関係があったかを図示したものである．明らかに自民党は小規模自治体で得票率が高く，多数の市町村議会議員が選挙運動を支えてきたことを示す．一方，公明党は市町村規模にほぼ無関係に満遍なく，有権者のおよそ8%，有効得票に対して14%程度の得票力を持っていた．当時の自民党政権の中枢にあった野中広務が後に認めるように，競合区で確実に議席を獲得し，それまで野党候補に歯が立たなかった選挙区を競合区に変える上で，公明党の支援を得ることは自民党にとっては非常に有効な手段だったのである（五百旗頭・伊藤・薬師寺 2008：第5

第 8 章　選挙制度改革と政策変化：政権交代への道のり

図 8.3　自公連立と選挙戦術上の代替関係

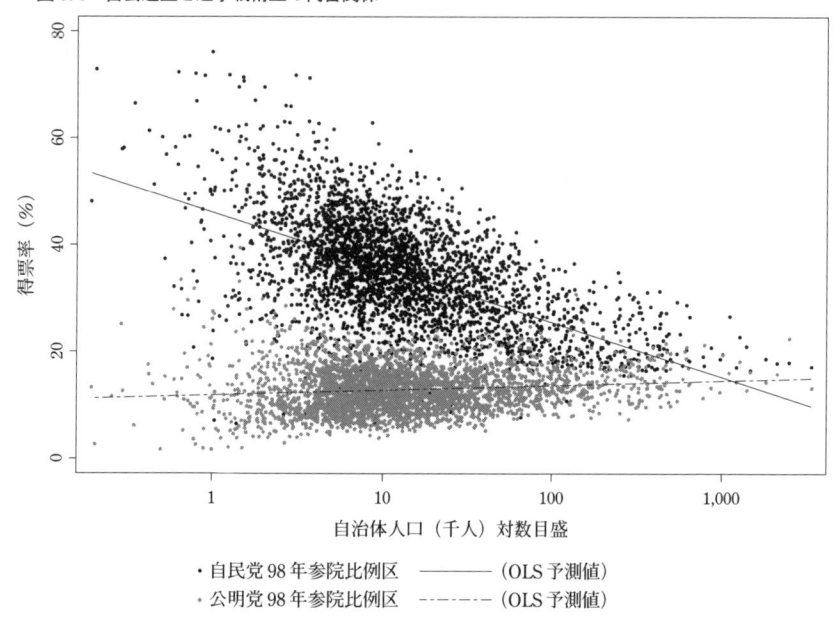

・自民党 98 年参院比例区　――――（OLS 予測値）
・公明党 98 年参院比例区　------（OLS 予測値）

章).

　自民党候補者が公明党による支援への依存を強めていく中で，政権の帰趨は公明党の動向いかんで左右されうる状況に至った（蒲島・菅原 2004）．そのような状況で，従来の寺社と密接なつながりを保ちながら行われてきた地域行事に創価学会員が参加し始めるなど，「地域での自公連立」が展開することで公明党の支持母体も変容していった（玉野 2008）．

2. 政策変化

　政権の枠組みとして自公連立政権が定着し，自民党が都市型政党への転換を図る中で，公共政策も次第に変容していった．自民党は，地域振興券や定額給付金など，公明党の政策要求を受け入れる一方で，公明党はイラクへの自衛隊派遣などにおいて，自民党政権の政策を容認することになった．公明党が相対的に都市型の政党である以上に，都市部で議席を確保しなければ政権を維持できないという自明の状況があったため，自民党の再分配政策は徐々に変化していくことになる．

Ⅲ. 政権維持のための適応

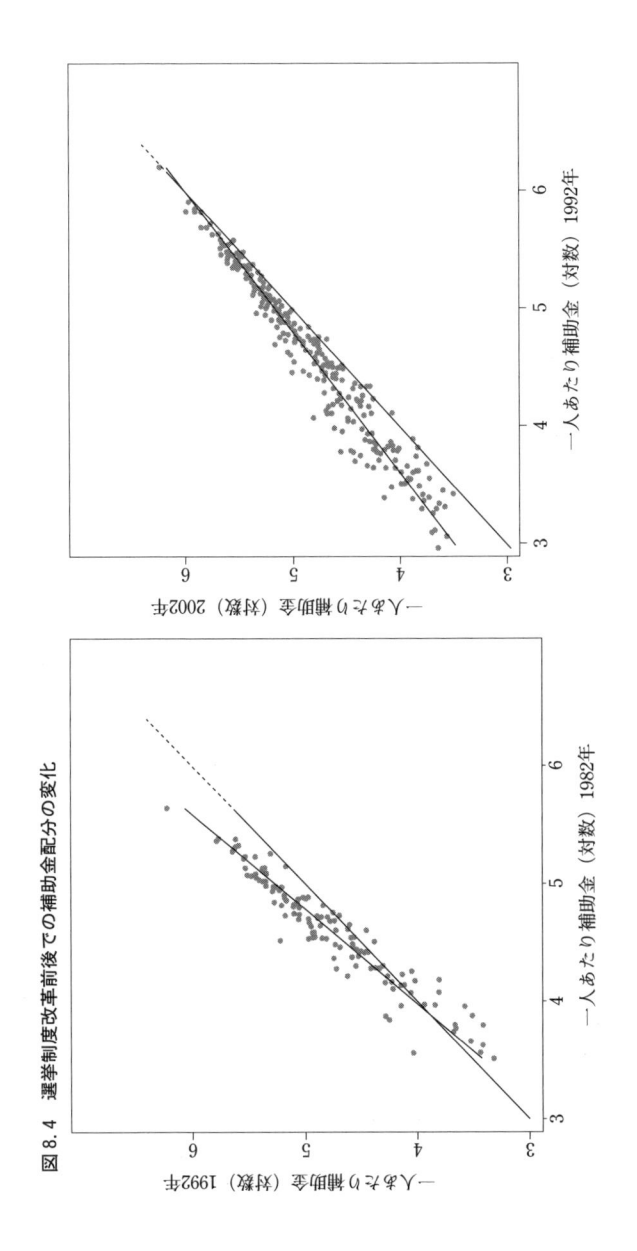

図 8.4 選挙制度改革前後での補助金配分の変化

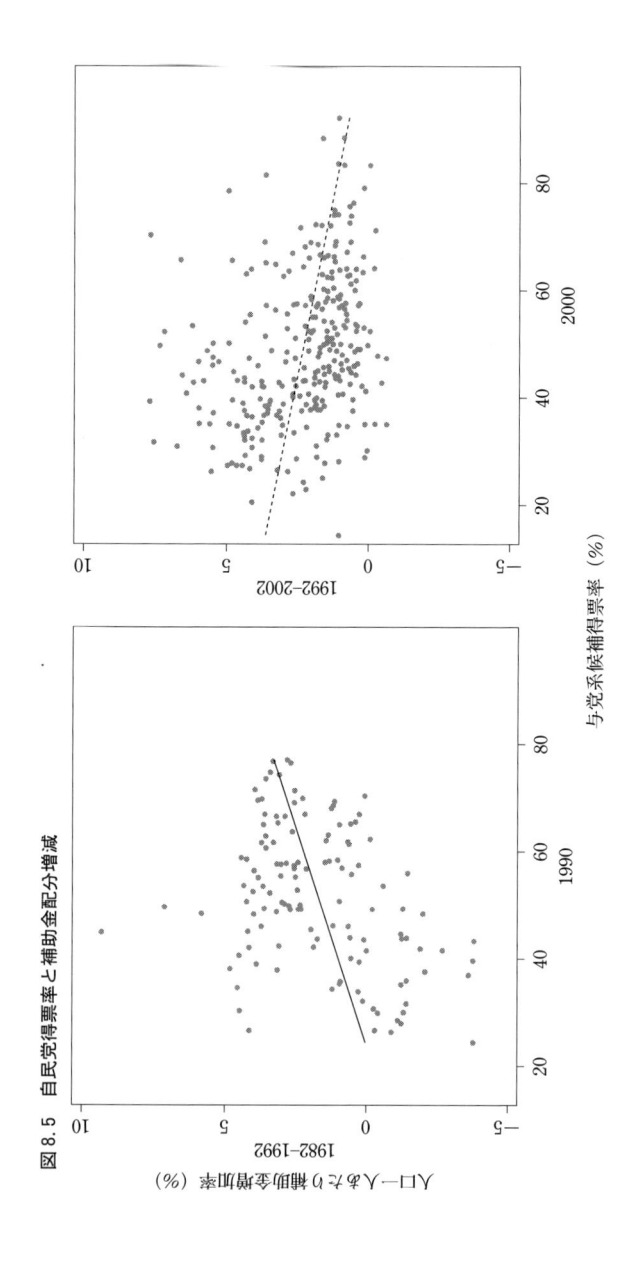

第 8 章　選挙制度改革と政策変化：政権交代への道のり

図 8.5　自民党得票率と補助金配分増減

高度成長期とは異なり，順調に税収が拡大していくあてもないままに無限に財政支出を膨張させることは出来ない．結局，自公連立政権が着手したのは規制緩和措置であった．つまり，直接的な財政支出を伴わない利益誘導が行われたのである．都市部での容積率の緩和はこの好例である．他に構造改革特区を導入し，地域毎に限定した改革を認可したことは，裏を返せば大胆な財政支出を伴わない形で，政治の裁量を働かせる政策枠組みであった．

　一方で財政支出を伴う選挙対策も大きく変化していくこととなった．これまで自治体単位の分析において，選挙制度改革に伴う定数格差是正によって，地方交付税交付金と国庫支出金に代表される補助金配分格差が縮小したことが示されている（Horiuchi and Saito 2003; 堀内・斉藤 2003）．図 8.4 は，選挙区毎に集計した一人当たり補助金額の 10 年間の変化を散布図に示したものである[122]．左側は中選挙区制時代の内，1982 年から 92 年までの 10 年間を，右側は選挙制度改革を挟む 92 年から 2002 年までの変化を示している．横軸は基点での一人当たり補助金配分額，縦軸は基点から 10 年後の配分額である．図中の 45 度線は，人口一人当たり補助金額に 10 年間で変化がないことを示す．実際の観測値が示す通り，中選挙区時代は補助金依存度の高い選挙区がますますその依存度を高める傾向にあった．ところが，1992 年と 2002 年の変化を見る限り，回帰線の傾きは 45 度線よりも緩やかであり，かつ補助金受取額の少ない選挙区への配分が増加していることがわかる．

　図 8.5 は同時期における与党得票率と補助金の変化を対照させたものである．選挙制度改革以前は，得票率の高い金城湯池において補助金が増加する傾向にあったのに対して，選挙制度改革後は補助金増加幅が大きいのは主として接戦区においてである．中選挙区制時代は一つの選挙区に複数の「当選ライン」が存在したが，小選挙区では一つの選挙区に一つだけである．つまり，選挙制度改革を挟んでの地方財政制度の変化は，中選挙区時代に自民党の金城湯池だった地域への財政移転を減らし，新選挙制度での接戦区で勝利を収めるためのものであった．

3. 市町村合併

　このように地域的再配分政策に一定の変化が起こったが，この変化を制度的

---

[122] ここで用いている補助金額は，市町村に対する地方交付税交付金と国庫支出金の和を住民基本台帳人口で除したものである．

第 8 章　選挙制度改革と政策変化：政権交代への道のり

に持続させるために与党が推進したのが平成大合併であった．興味深いことに「平成の大合併」を巡る議論は，自民党が大敗した 1998 年参議院選挙の頃から活発化し始め，2000 年衆議院選挙以降，合併促進策の具体化とともに実行に移されていく．これまで国政選挙の運動員として重要な役割を担ってきた地方議員を，合併によって整理することになった理由には，どのようなものがあるだろうか．

　米国のように，地方自治体の存立が州憲法で規定されている連邦制とは異なり，日本の地方自治体の存立基盤は，憲法並びに地方自治法である．言い換えるなら，中央政府の意向いかんで，基礎的自治体の規模や存立要件を定めることが出来る．スウェーデンやニュージーランドのように，町村合併と同時に二層制に移行するなどの改革は行われず，現状の三層制を維持しながら，市町村規模を拡大させる誘導策をとった[123]．また，法令に基づく強制策ではなく，合併特例債というアメと，一律の補助金削減というムチを使いながら，巧妙に自治体を合併に誘導していったことに，平成大合併の特徴がある．このため，全国的に合併が急速に進展した地域と，そうでなかった地域のまだら模様が生じることになった．

　合併を促進する理由を説明する上で頻繁に言及されるのが，過疎化・少子高齢化への対応や，経済効率の追求である．まず第一に，過疎地域において人口が急速に減少していく中で，これまでのように自治体を維持することが実質的に不可能になった，いわゆる「限界自治体」の解消が今回の大合併の背景にあるとの議論がある．自民党による政策文書でも，合併推進の理由の一つとして少子高齢化を挙げている（自由民主党行政改革推進本部 1998）．しかし，過疎化は高度成長期から既に長期間にわたって進行しており，なぜ 1998 年以降に政府が急速に合併を促進したか，説明できない．少子高齢化も，1970 年代から予見されたことである．第二に，経済効率や規模の経済と言うことが重要であれば，なぜ自治体規模について下限を設け，強制的に合併策を推進することがなかったのかが説明できない．政府が合併を促進するために採用した施策は経済的誘引に基づく施策であり，合併へ向けての取り組みについて，地域的なばらつきが発生することが十分に予見される内容であった．同様に，自動車社会の進展や道路網の整備による広域行政促進という説明にも同様に無理がある．高

---

[123] 二層制とは中央政府と自治体，もしくは中央政府と都道府県のみが存在する制度的枠組みである．現在の日本は三層制をとり，国，都道府県，市区町村が併存している．

III. 政権維持のための適応

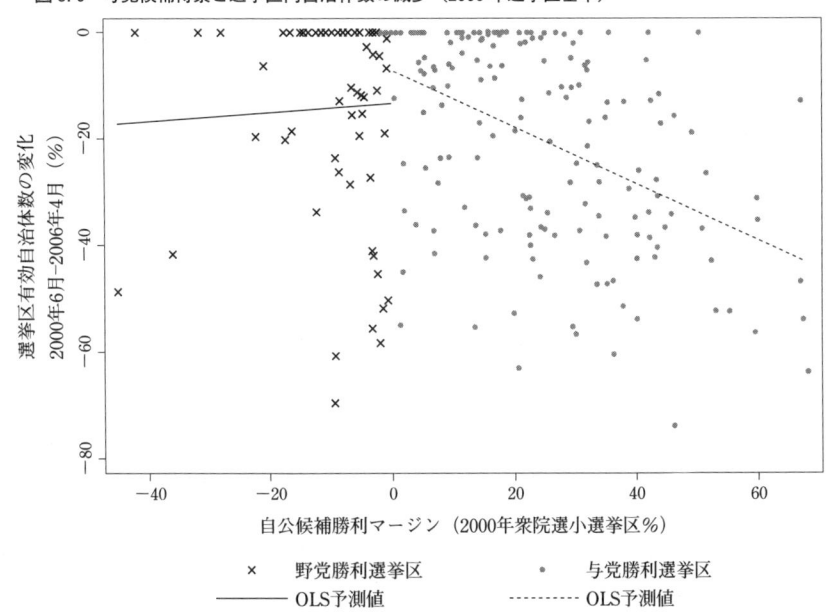

図 8.6　与党候補得票と選挙区内自治体数の減少（2000 年選挙区基準）

速交通網の整備は高度成長期から継続しているが，インフラが早い時期から行き届いていた首都圏や京阪神地域は，平成大合併ではほとんど自体境界に変化が見られなかった．経済効率性に基づく議論では，最近の変化のタイミングだけではなく，そもそもなぜ戦後の長期にわたって小規模自治体が維持されてきたかが説明されないままである．突然に，しかも全国の一部の地域だけを対象に合併を推進する政策転換が行われた理由は，経済的動機からだけでは説明できない．

実際には，合併がより積極的に実施されたのは，自民党の金城湯池と言われる選挙区であった．図 8.6 は，2000 年衆議院選挙での自公候補得票マージンと，2006 年までの自治体数減少の関係を示したものである．与党候補が勝利を収めた小選挙区では勝利マージンは正，野党候補が当選した選挙区では負の値を取る．与党候補が当選した小選挙区では，得票差が大きいほど自治体数の減少幅が大きい．一方で野党候補が当選した小選挙区についてはこのような関係は見られない．

IV. 政権交代へ向けての変化

1. 小泉政権と郵政選挙

　都市型選挙区の増大に対処するために，自公連立に続いて自民党が選択したのは，支持率の高い総裁を戴くことであった．公明党との連立により，小渕，森政権を維持したものの，森政権の支持率は低迷していた．2000年総選挙では野党陣営の分裂に助けられる形で政権を維持したものの，同年11月加藤の乱，翌2001年2月えひめ丸事件への対応を巡って森内閣の支持率はさらに低下し，夏に予定されていた参議院選挙での敗退は免れないとの観測が強まっていた．

　こうした状況で，都市有権者への訴求力の高い指導者として登場したのが小泉純一郎総裁であった．小泉政権は，少なくとも次の側面において自民党の延命に貢献した．まず第一に公明党との円滑な関係を保ち，両党間の選挙協力を盤石にした．第二に，郵政民営化に代表されるように，自民党内抵抗勢力と政権との対立を効果的に演じ，民主党をはじめとする野党勢力をマスコミ報道において埋没させた．第三に，公共事業予算の削減や女性閣僚の登用など，かねてから民主党が主張してきた政策を取り入れ，野党が政策における独自の訴求力を持つ余地を極小化した．

　これに対して野党勢力の動きを見ると，2003年10月には民主党と自由党が合併し，自民党への対抗勢力としての民主党の基盤が強化された．これに対して自民党は都市部での得票力をさらに強化していく方向に動いていった．2005年9月の郵政選挙では，自公連立与党は解散時勢力を大幅に上回る327議席を獲得した．しかし，長期的取引関係を前提とする逆説明責任体制とは異なり，小泉政権が開拓した無党派層の支持は，揮発的なものであり，ひとたび外生的なショックが与えられれば雲散霧消してしまう性質のものであった．

2. 無期限囚人のジレンマに終わりが見えたとき

　小泉政権によって自民党は政権にとどまったものの，延命策は自民党の長期的ないしは構造的な弱体化という代償を払うものであった．市町村合併により自民党の運動を長年にわたって支えてきた地方議員，すなわち監視と動員の担

い手が減少した．公共事業の削減は動員資源の総量としての減少につながった．抵抗勢力を党外に追いやることは，強固な個人的選挙地盤を有する有力政治家の票を，野党陣営に明け渡すことを意味した．

自民党だけでなく，連立パートナーとして政権を支えた公明党も，支持者が離反していく状況に苦悩せざるを得なかった（島田 2007）．ブッシュ政権によるイラク戦争への協力と，構造改革による低所得者層へのしわ寄せは，必ずしも支持者の選好や利害と一致しないため，少なからぬ割合の公明党支持者が，民主党をはじめとする野党に投票するようになった．

自民党と公明党の弱体化は，無期限囚人のジレンマの協調状態が，次の三つの理由によって終わってしまったものとして解釈できる．まず第一に，政党の側が「裏切り」を犯し，協調状態に終止符を打ったのである．旧来の支援者の監視動員努力に対し，便益分配によって報いることをしなければ，トリガー戦略を採る支援者は離反する．残るのはイデオロギー的理由から支持を続ける層だけとなる．第二に，市町村合併はある意味，地方政府を媒介して自民党と有権者が繰り広げていた無限繰り返し囚人のジレンマゲームを，有限繰り返しゲームに変化させてしまった．一度限りの囚人のジレンマで協調解が均衡でないのと同様に，有期限繰り返し囚人のジレンマを後退帰納法で解けば，協調はゲームの初回から破綻する．自民党とそのマシーンが戦後の大部分の期間にわたって繰り返してきたゲームは，終わりが明確に見えた段階で変質し，自らの再選運動をかねて国政候補者のために運動をしていた元地方議員は，積極的に選挙運動に関わることを辞めてしまった．第三に，市町村合併とは無関係の地域でも，自民党の終焉が見えてきたことで，監視と動員に基づく逆説明責任型の選挙戦術の有効性が損なわれてしまったのである[124]．

従来の選挙スタイルから脱却しつつ，政権を維持するためには，必然的に中位投票者への訴求による多数票確保へ，政党のあり方を転換していかなければならない．しかし選挙手法の転換は必ずしも順調に進んだわけではなかった．市町村合併という不可逆的な改革を行い，逆説明責任を機能させる組織的基盤

---

[124] 無限繰り返しゲームで，割引因子を解釈する際に，取引がランダムに終わる確率が現在価値に反映されるとする考え方がある．ゲーム一回あたりの利得に対して利子率を$\gamma>0$，今すぐに取引が終わる確率をϕとすると，割引因子は$\delta=(1-\phi)/(1+\gamma)$として表現できる．当然，$\phi$が1に近づくにつれて割り引き因子は低下し，第二章で検討した無限繰り返し利益誘導ゲームで，協調解は維持されにくくなる．

を弱体化させながらも，安倍政権期以降，自民党は旧来の自民党に戻ろうと試みた．郵政離党組の復党や，麻生政権期の公共事業主体の景気対策である．しかし態勢のないところに資源を投入しても，砂漠に水をまく結果に終わる．

3. 参議院選挙 2007

自民党政権が終わる可能性を，有権者一般が幅広く認識してしまったこと自体も，旧来型の「与党であることで与党であり続ける」政権運営をより困難にした．第 2 章の無期限繰り返し囚人のジレンマで，割引因子が低下し，有権者が近視眼的に行動すれば，どのように巨額の便益を投入しても，協調解が維持できなくなるのと同様である．中選挙区制時代であれば，自民党が過半数割れをしたとしても，民社党や公明党を抱き込む形で政権にとどまる選択肢も存在したであろう．しかし小選挙区制において，既に連立によって政権を維持する選択肢を使い果たしてしまった自民党には，選挙での敗北はすなわち政権の喪失を意味した．そして政権交代が現実の可能性として明確に意識されるきっかけになったのが，2007 年参院選であった．

小泉政権による自民党生き残り策は，ある意味で新選挙制度での衆議院で過半数を確保することに最適化されたものであった．議院内閣制を取る限り，政権の座にとどまるためには衆議院で過半数議席を確保しなければならない．しかし選挙制度改革により都市型選挙区が増大した衆議院とは異なり，参議院では引き続き農村の比重が高い県から選出される議員が相対的に多数である[125]．そして市町村合併によって弱体化を強いられた地方組織を率いて，自民党が非都市型県で苦戦したのが，2007 年参院選であった．

平成大合併を誘導するための財政措置の期限となる 2006 年 3 月 31 日，ちょうど時を同じくするように民主党は前原代表が辞任し，翌 4 月 7 日，代表選挙を経て小沢一郎代表が就任した．自民党は小泉純一郎首相が，総裁としての任期満了となる 9 月に勇退し，総裁選挙を経て安倍晋三総裁が就任している．若手総裁の就任は，2005 年郵政選挙で圧勝した勢いを保持しながら，改革政党としてのイメージ戦略に基づく選挙戦を展開することを意味するものであった．当初は内閣支持率，政党支持率ともに順調であり，政権交代を現実の可能性として論ずる見方はほとんど存在していなかった．しかし，郵政民営化法案採決

---

[125] この点については図 8.1 で示した衆参定数格差の変遷が何よりも明瞭に物語る．

表 8.1 市町村合併と与党系候補絶対得票率の変化（参議院選挙）

選挙 （自治体数）	全自治体 （1,827）	合併自治体 （557）	非合併自治体 （1,270）	二群の差 （t 値）
参 2001〜2004	−11.72 (0.32)	−11.28 (0.53)	−11.92 (0.39)	0.59 (0.96)
参 2001〜2007	−6.72 (0.15)	−7.83 (0.27)	−6.24 (0.18)	−1.59** (4.91)
参 2004〜2007	−0.83 (0.32)	−2.16 (0.27)	−0.25 (0.18)	−1.90** (5.96)

注：2007年通常選挙時点での自治体境界を元に，選挙区得票率の階差を単純平均した．合併自治体とは，2001年，2007年参院選の間に合併した自治体である．＊＊1％水準，＊5％水準で有意（両側検定）．

に当たって造反した議員の復党が 2006 年 12 月に及んで認められると，内閣支持率，自民党支持率双方ともに低下に歯止めがかからない状況が続いた．翌 2007 年 2 月に，いわゆる「消えた年金」問題が明らかになるにつれ，自民党の政権担当能力自体が疑われる状況になった．

表 8.1 は 2001 年から 2007 年参議院選挙の市町村別得票の変化を，自治体単位で階差を取り単純平均を算出したものである[126]．2001 年 7 月に 3,247 存在した市町村は，2004 年選挙の段階で 3,122 に，2007 年選挙では 1,827 に減少している．平成大合併が終息する 2006 年 3 月末を挟んで，合併自治体とそうでない自治体の間には与党候補得票力に有意な差が生じ，その差は単純平均で 1.5％ から 2％ 近い．

自公連立政権が参議院で過半数を割ったことで，民主党主導の参議院が法案成立を拒むことが可能になった．2008 年春のガソリン暫定税率を巡る攻防に象徴されるように，ねじれ現象により自公連立政権が立ち往生し，民主党が政策実績を誇るにつれ，以前は意識されることすらなかった政権交代の現実的可能性が，遠くない将来のものとして認識されるようになったのである．

4. 総選挙 2009

ねじれ現象で弱体化を余儀なくされた自民党政権は，参院選惨敗から程なく安倍総裁が辞任，福田康夫総裁が就任し，僅か 1 年で麻生太郎総裁に交代した．

---

[126] データは朝日新聞（2001, 2004, 2007）に基づく．

第8章　選挙制度改革と政策変化：政権交代への道のり

表8.2　市町村合併と与党系候補絶対得票率の変化（衆議院選挙）

合併の有無 （自治体数）	全自治体 (1,798)	合併自治体 (566)	非合併自治体 (1,232)	二群の差 (t値)
衆 2003〜2005	−1.58 (0.23)	−1.67 (0.43)	−1.54 (0.26)	−0.14 (0.27)
衆 2003〜2009	−3.93 (0.22)	−4.82 (0.39)	−3.53 (0.27)	−1.29** (2.71)
衆 2005〜2009	−5.61 (0.23)	−6.54 (0.43)	−5.18 (0.27)	−1.36** (2.68)

注：2009年総選挙時点での自治体境界を元に，小選挙区得票率の階差を単純平均した．合併自治体とは，2003年，2009年衆院選の間に合併した自治体である．**1%水準，*5%水準で有意（両側検定）．括弧内は標準誤差．

この間，リーマン・ブラザーズの破綻に端を発する世界金融危機への対応などを理由に解散を延ばし，結局は任期満了を間近に控えた2009年8月30日投票の日程となった．この間，自民党内ではRDD方式による自動世論調査を繰り返し行い，解散のタイミングを探ってきたが，2006年末以降，民主党に対して優位に立つ局面がないまま解散に突入することになった（峰久2009）．自民党現職総裁から見た場合，第4章で想定したように，敗北が確実な情勢で解散を行いすぐに政権を失うよりは，任期満了まで政権を維持することが理にかなった選択であったのであろう．

第45回衆議院総選挙は，平成大合併が一段落してから初めての総選挙であった．表8.2は，与党候補者得票率の変化を，合併自治体と非合併自治体で比べたものである[127]．2003年11月に3,204存在した自治体は，2005年総選挙時点で2,351に，2009年総選挙の時点で1,798市町村に減少している．興味深いのは，全自治体の単純平均で見た場合，与党が大勝した2005年郵政選挙においても，自民党候補の得票率は2003年に比べて減少していることである．2005年と2003年の階差では合併の影響は必ずしも明瞭ではないが，2009年選挙を見ると，2003年，2005年どちらの選挙を基準にとったとしても，得票率の変化に有意な影響を与えており，単純平均で1%以上の差が生じている．特に小選挙区では三乗比の法則が働くため（Tufte 1974），1%程度の得票変動がより大きな形で議席の変動に影響することに留意する必要がある．

---

[127] データは朝日新聞（2003, 2005, 2009）に基づく．

Ⅳ. 政権交代へ向けての変化

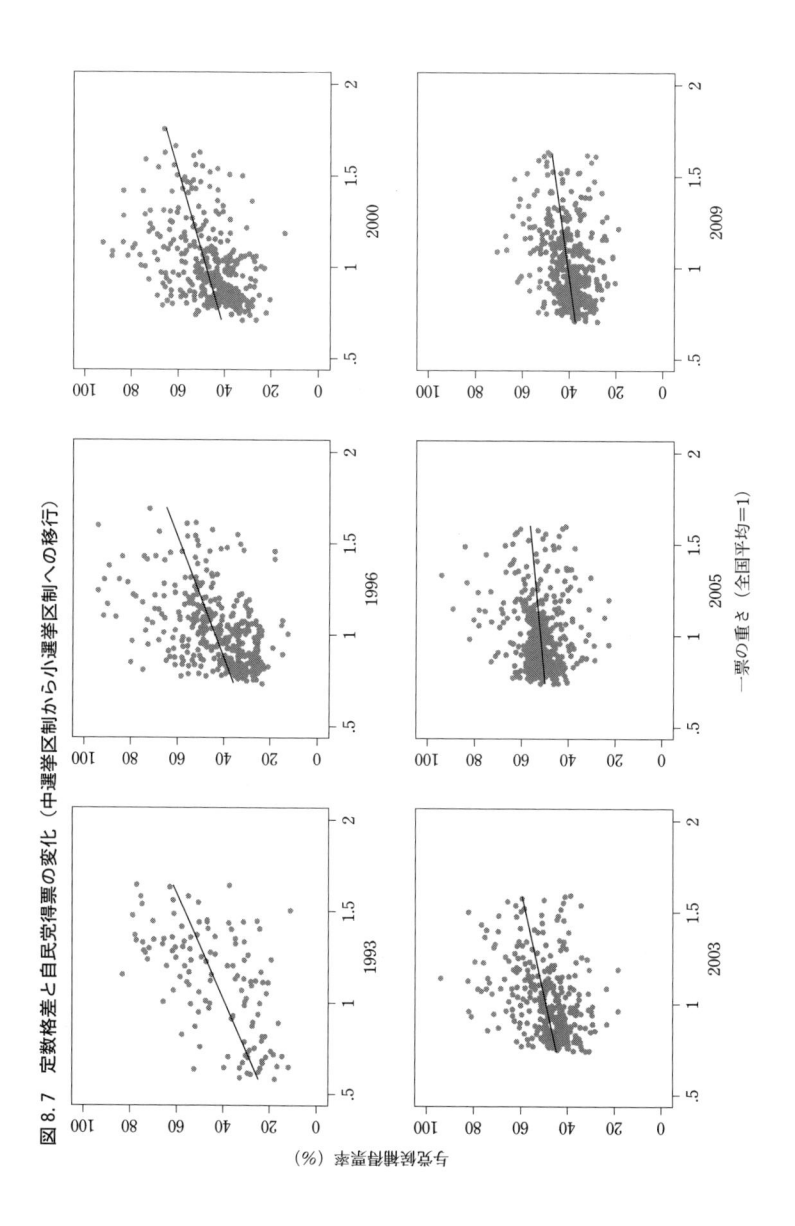

図 8.7 定数格差と自民党得票の変化（中選挙区制から小選挙区制への移行）

与党得票率 (%)

一票の重さ（全国平均＝1）

203

第 8 章　選挙制度改革と政策変化：政権交代への道のり

　政権交代は，自民党が新選挙制度に適応する過程において陥ったジレンマから起こった．新制度に適応しなければ早期に政権を失う可能性が高く，新制度に適応すれば旧来自らを支えてきた組織的基盤と運動の論理を崩壊させる可能性が高かった．自民党は後者の戦略を選択し，そして政権を明け渡すことになった．この間，自民党の集票構造は農村部偏重の中選挙区型構造を徐々に改め，都市型選挙区での集票力を相対的に高めていく．一方で農村型選挙区での集票力は衰えを見せる．図 8.7 は自民党および連立与党の得票力と定数格差の相関関係が，どのような形で変化していったかを示したものである．中選挙区時代，回帰線は右肩上がりで，有権者一人当たり議席数の多い選挙区で自民党が集中的に得票し議席を確保する構造があった．選挙制度改革以後，徐々に傾きが緩やかなものになり，最終的には定数格差とは無関係に全国的に得票を低下させていく．同様の散布図は，選挙区の都市人口比率と与党得票率についても成り立つ．言うまでもなく，この調整過程を支えたのが公明党との連立であり，市町村合併に代表される地方行財政改革であった．

V. 結　語

　自民党長期政権は，重層的かつ堅牢な制度的保護装置によって守られた体制であった．従って，この解体過程も，複数の触媒による多段階の化学反応を伴うものであった．自民党が依拠する監視と動員の体制は，経済構造の近代化とともに弱体化していく宿命にあった．しかも，自民党による利益誘導政策そのものの実現が，その弱体化を加速させる側面があった．自民党が 1993 年に短期間ながらも政権から脱落したのは，インフラ整備の行き届いた地域での所属議員の離反によるものであった．非自民連立政権期に行われた選挙制度改革と，その後の自公連立政権による政策運営は，短期的には自民党による政権延命を助けることになったが，長期的にはむしろ自民党の組織的基盤が弱体化していった．

　政権交代にあたって象徴的なのは，有権者は必ずしも民主党の政策を支持していたわけではなかったことである．例えば『朝日新聞』が 2009 年総選挙直後に実施した世論調査によれば，「高速道路無料化」や「子ども手当」などの目玉政策について，反対との回答が賛成を大幅に上回っていた[128]．「有権者が政策を支持したことが民主大勝の理由」かどうかを尋ねる設問に対しては，過

Ⅴ. 結　語

半数の回答者が否定的であった．この数字が物語るのは，有権者が積極的に民主党の政策を選択したのではなく，本来は動員によって自民党への投票を呼びかけてきた勢力が弱体化したことで，自民党が政権から滑り落ちてしまった事実である．

---

128 『朝日新聞』2009 年 9 月 2 日．

第9章　同時代史としての自民党長期政権：
逆説明責任体制の帰結

I. 政治学と自民党

　本章では，本書全体の議論を振り返り，日本の戦後民主主義において自民党が果たした役割を概念論争の中で再検討する．特に，従来の自民党観を特徴付けてきた多元主義と恩顧主義について，その分析概念としての有効性を問い直す．さらに，政治過程を理解する上で通説となってきた官僚主導の政治運営と，増分主義的な政策変更という理解に対して，根本的な疑義を提起する．

　本書は，自民党長期政権を逆説明責任の政治体制として捉え，この論理構造を与党と有権者が無限回繰り返す囚人のジレンマとして表現し，この均衡条件を通して戦後史の展開と公共政策を再解釈した．自民党が長期間にわたって与党であり続けるとの予想が幅広く共有される中で，自民党が有権者に対して説明責任を果たすよりはむしろ，有権者の側が利益分配を求める競争に立たされてきたことを指摘してきた．

　戦後日本の政治過程を分析する中で，自民党政権を肯定的に捉えてきた多元主義論者も，批判的に検討してきた恩顧主義論者も，自民党を支持する有権者には，何らかの形で経済的利益が発生していたと仮定してきた．すなわち，発生する便益が公共財か私的財かはさておき，有権者と自民党の間には互恵的な関係が存在したことを前提としてきたのである．一方で経済多元主義的な見方を取るなら，規制措置や政治制度に至るまで金銭で購入できるのであり (Becker 1983)，政府支出は各種利害団体の経済力を反映するに過ぎず，政策は利害団体の影響力に比例して徐々に変化して行くであろう．他方で，日本の予算配分を増分主義的だと特徴付けてきた論者は，こうした漸進的な政策変化を根拠に，自らの議論を正当化するであろう (Campbel 1977; 野口・新村・内村・巾

第9章 同時代史としての自民党長期政権：逆説明責任体制の帰結

村 1979)．

　自民党が包括政党として，自民党に必ずしも投票するとは限らない有権者も含め，広範な利益分配を行っていたとする慈悲深い自民党像に対して，近年の研究は，自民党を恩顧主義政党として再検討してきた．いわば自民党と支持者の関係を，庇護者と随従者として捉える分析視点である．この解釈では，与党所属国会議員が国と地方との「パイプライン」の役割を果たし，地方議員を中心とする地元組織が利益誘導の蛇口として機能することで (Scheiner 2005a, b)，地理的にもしくは業種別に限定された狭い範囲での利益が発生していた．

　一方で本書は，補助金という細切れの便益配分に預かっていた金城湯池は，むしろ自民党支配に隷属した犠牲者であり，生産性効果の高いインフラ投資を受け，経済発展の機会を得た都市居住者こそが，自民党政権の受益者であった可能性を論じてきた．そして都市居住者はその恩恵に対して自民党に投票することはなく，むしろ支配の対象であった農村部居住者が，集合行為問題に直面しながら自民党への支持表出を迫られたのである．その意味で，日本の選挙過程には説明責任の倒錯が生じていたのである．そして，自民党は逆説明責任体制を維持するために，財政政策や規制措置を操作し続けてきたのである．

　この主張を裏付ける意味で，本章では長期にわたる政府支出の動向と，地域経済の成長を検討する．日本の政治が，官僚主導の開発国家として特徴付けられるのであれば，政治家の利害とは無関係に，経済成長に寄与する支出が増大して行くであろう．多元主義的もしくは増分主義的な予算配分がなされるなら，政府支出は自民党の直面した政治危機とは無関係に漸進的に変化して行くであろう．次節では，長期の政府支出分野別配分動向を検討することで，開発国家論，経済多元主義，増分主義のいずれもが経験的根拠を欠いていた可能性を示す．むしろ自民党の直面した政権維持動機こそが財政支出を特徴付けてきたのである．第III節では，地域経済の成長率を振り返り，自民党の政策と，その支持者の利害が必ずしも一致していなかった可能性を示す．

II. 政権維持動機と政府支出

　先進資本主義経済の比較検討を通して明らかになってきた日本の特徴は，先進諸外国に比べて相対的に小さな財政規模と，雇用を直接的に提供することで，失業給付や福祉機能を代替させてきたことである (Estévez-Abe 2008)．その手

II. 政権維持動機と政府支出

図9.1 公共事業支出の対GDP比

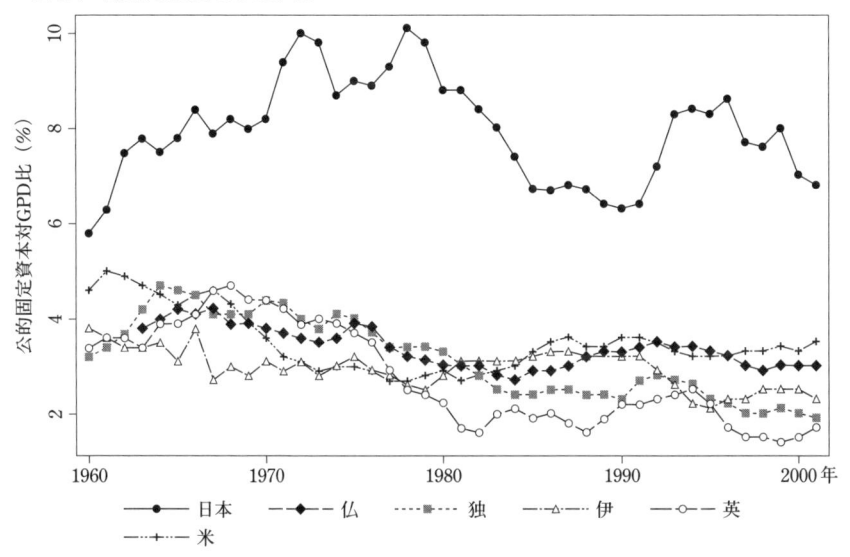

公的固定資本対GPD比（%）

凡例：—●— 日本　—◆— 仏　┅■┅ 独　—△— 伊　—○— 英　—+— 米

出所：Kamps (2006).

段となったのが，公共事業支出であった．図9.1は，主要国におけるGDPに対する公的固定資本形成額すなわち公共事業費の推移を，過去40年間にわたって示したものである．1960年以降，ほとんどの予算年度で，日本政府は他のどの国よりも多額の公共投資を行ってきた．しかも，GDP比で諸外国の2倍から3倍を上回るペースで予算を使い，公共投資総額は米国の軍事予算総額を上回る年度もあった．1996年を取り出してみると，OECD全体の公共投資のうち，およそ7割が日本一国で行われた．自民党は与党としてこの莫大な公共事業予算を操り，そして与党であり続けたのである[129]．この公共事業支出は，どのような結果を日本の政治経済にもたらしたのであろうか．

1. 土木事業の分野別配分

選択的便益供与が利益誘導政治の根幹だとするならば，地理的なねらい打ち

---

[129] 最近のGDP統計では，公共事業支出はGDP比で4％以下まで低下し，他のOECD諸国と変わらない水準になっている．ただし公団等の民営化など，実質的な変化を伴わない費目の移し替えには注意が必要である．

第9章　同時代史としての自民党長期政権：逆説明責任体制の帰結

図 9.2　土木事業の分野別配分の推移

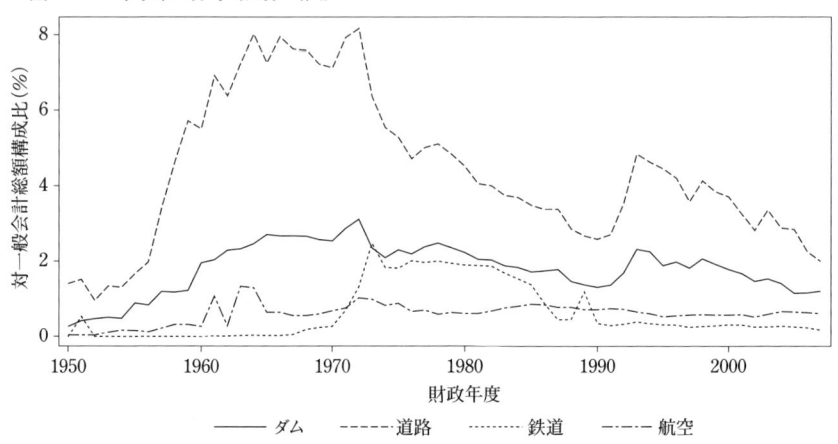

出所：財務省決算データベース（http://www1.mof.go.jp/data/index.htm）．「ダム」は決算項目名に「ダム」「治水」「砂防」「治山」を含み，「鉄道」は「鉄道」「地下鉄」，「航空」は項目名に「空港」「航空」を含む．

が可能な予算項目について時系列での変化をより詳細に検討する必要がある．図 9.2 は，一般会計におけるダム，道路，鉄道，航空，各分野における支出シェアを時系列で示したものである．ダム事業は，砂防，治山，治水各項目予算をも含む．吉野川可動堰や川辺川ダムに象徴されるように，ダム事業予算は政治問題化することが多く，環境保護運動が主として関心を持ってきた領域である．道路と鉄道については，利益誘導政治の根幹に位置するものとみなされてきた．しかし第 6，7 章で詳細に検討した通り，交通インフラは経済活動全体において実体的で目に見える経済効果が発生するだけでなく，自民党の選挙にはマイナスであった．空港も同様の性格を持つと言って良いであろう．

　道路や鉄道も，自民党による利益誘導政治の象徴と見なされてきたが，予算データは興味深いトレンドを示している．道路予算は 60 年代から 70 年代にかけて上昇したが，90 年代にかけて着実に減少している．特別会計における特定財源からの支出は別途検討する必要があるが，少なくとも一般財源を見る限り，高度成長が終わって以来，道路への支出は抑制されている．90 年代前半にバブル崩壊後の景気対策でいったん持ち直すが，以後は再び抑制傾向にある．反面，ダム事業予算は非常に安定的に推移している．航空関係の事業は財政投融資計画を通じて賄われ，一般会計，すなわち目的税以外の税金投入は最小限

> **コラム⑱　汚職の計測手法**
>
> 　筆者の関心領域の一つは，汚職や選挙違反のデータ分析である．悩ましいのは，社会的に必ずしも望ましくない行為に手を染める者は，自らがその行為に関わった証拠を隠滅しようとするため，研究者が望むようなデータは決して集まらないことだ．
> 　このような場合，研究者は特別な工夫を行うことで，証拠を掴もうとする．政治とは直接の関係はないが，例えばドゥガンとレビットが相撲の星取り表から，八百長が発生するパターンを発見したのは，研究手法として興味深い（Duggan and Levitt 2002; Levitt and Dubner 2005）．日本と同じように政治腐敗が深刻なイタリアについて，州毎の汚職水準を推計したゴールデン＝ピッチによる研究も，同様の観点から非常に面白い（Golden and Picci 2005）．ゴールデンらは，長期間にわたる政府支出データに対して現存する物的社会資本データを照合した．つまり過去数十年に投入した教育予算に対して現存する教室数，道路予算に対して道路延長，医療予算に対して病院ベッド数などを様々な政策分野にわたって対照させたのである．要するに，汚職と政治腐敗によって資源が漏洩してしまえば，大量の学校建設予算をつぎ込んでも，学校施設は手抜き工事になり，教室数が足りなくなる．結果的にゴールデンらが算出した指標は予想通り，マフィアのはびこる南部イタリアで汚職が激しいことを示すものであった．

に抑えられている．赤字経営が強く批判された旧国鉄も，実際には国費投入は限定的であった．80年代初頭にかけて上越，東北新幹線の整備や国鉄債務整理に予算が投入された以外，支出は必ずしも多くはない．自民党の選挙利害を考えた場合，地域の産業構造や人口動態に影響を及ぼさない，経済効果の少ない事業に多額の予算を使い，建設業において兼業農家の雇用を維持する必要があった．結果的に，道路，空港，新幹線のような経済効果のある事業ではなく，ダム建設，農業土地改良などの事業が選択され，一定の支出水準が維持されたのである．

2. 高齢者福祉支出

　これまで日本の予算配分は官僚主導で増分主義的になされてきたとの誤解が共有されてきた．短期的には前年度実績を参考に予算編成していることは誰の目にも明らかだが，公共政策を長期的に概観した場合には，必ずしも増分主義では簡単に片付けられない変化が生じていることを見逃してしまう．一方で多元主義的解釈では，自民党が1980年代において得票力を回復させたのは，拡

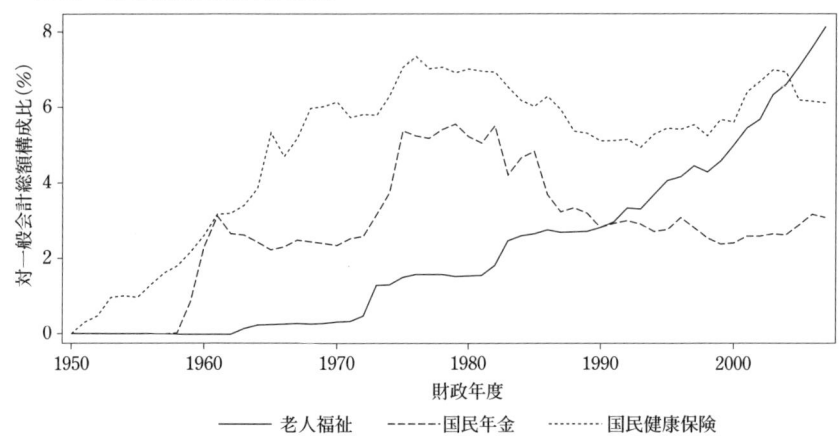

第9章　同時代史としての自民党長期政権：逆説明責任体制の帰結

図 9.3　老人医療福祉関連予算の推移

出所：財務省決算データベース（http://www1.mof.go.jp/data/index.htm）．「老人福祉」は決算項目名に「老人福祉」「老人医療」「介護保険」を含む．

大し続ける都市中間大衆層に対して，最も有効に支持を拡大したのが自民党だったからである（猪口 1983，村上 1984，佐藤・松崎 1986）．

　人口動態を見れば明らかなように，人口の都市化と高齢化は，徐々に進行していた（図3.3）．一方で70年代後半以降，生産者米価を維持するための予算が削減され，浮いた予算は老人福祉関係予算の増額に回った．老人福祉関係の支出増大は急激に，しかも70年代初めと80年代初めの2回に分かれて起こった（図9.3）．国民年金会計への一般財源からの繰り入れは，60年代と70年代半ばに増加し，80年代以降は減少か横ばいである[130]．国民健康保険への支出は，70年代初めにかけて増加し，その後は安定的に推移している．非常に興味深いことに，老人福祉関係予算の増額は，自民党が過半数割れの危機に瀕していた70年代初期と，80年代初期に起こっている．データを見る限り，都市部での自民党復調は，政府支出の優先順位変更によって支えられていたのである．以後，人口の高齢化と軌を一にするように，福祉支出は急速に上昇していく．

---

[130] 福祉支出がルールに則って配分される限り，ただ乗りの誘引が働き，集票につながらない．しかし受給資格の確認において政治家が介入する仕組みを残すことで，こうした問題は排除できる．「消えた年金」が長期間にわたって放置された背景には，こうした政治的誘引が存在した可能性がある．

III. 自民党と地域経済

このように，日本の財政支出は必ずしも増分主義的でもなければ，官僚機構が経済効率を高めるために投資していたわけでもないことを示した．それでは，選挙目的で公共政策が操作されうるときに，いかなる結果が生ずるのであろうか．蒲島郁夫の議論では，「自民党システムとは，経済成長を進めながら，その成長の果実を，経済発展から取り残される農民などの社会集団に政治的に分配することによって，政治的支持を調達しようとするシステム」であった（蒲島 2004：vii）．この見方に立つなら，自民党が利益分配を取り仕切ったからこそ，ハンティントン的政治発展論の世界では両立するはずのない，急速な経済発展と広範な政治参加が（Huntington and Nelson 1976），高度成長期の日本では両立し得たのである．そして，自民党が都市部から農村部への再分配政策を取り，所得を平等化させ，政治的安定を確保しただけではなく，農村部の有権者が，経済成長志向の自民党を支えるために政治過程に積極的に参加したのである（蒲島 2004：14）．

自民党が支持者の利益に尽くしていたかどうかを検証するためには，何よりもその支持基盤の経済成長率を検討する必要がある．なぜならば，自民党が担っていた政策は外交政策や，関税率，税制一般，規制措置に至るまで様々な分野にまたがる．種々の政策が何らかの形で分配的帰結が伴うときに，結局は総合指標である所得の増加を検討することで，支持者に利益が発生しているかを検討すべきだからである（Levitt and Poterba 1999）．

図9.4は都道府県別に，自民党議席と政府投資（＝公共事業支出），自民党議席と一人当たり総生産（＝都道府県人口当たりGDP）の関係を，高度成長期（1960-1972，上段），オイルショック後からバブル期（1975-1990，下段）の二つの時期について示したものである．ここで自民党議席は，衆参両院定数合計に対しての自民党所属議員数の割合である[131]．左列は政府投資の増加率との関係だが，高度成長期には自民党の強さと政府投資増加率の間には明瞭な関係は認められない．オイルショック以後は，自民党議席が高い県ほど金額で見た公共投資の伸び率が高いが，それでも明確な関係とは言えない．中列は，自民党議席と一

---

[131] 各年4月1日時点の議席率を，期間中を通じて単純平均した．

人当たり総生産の伸び率(年率換算)である．高度成長期には，自民党議席の高い県ほど成長率が高い相関関係があった．しかしオイルショック以後は，相関関係は消失した．

それでは蒲島が言うように，地方の有権者は積極的に政治過程に参加し，成長の果実を得たのであろうか．図9.4の左列を見る限り，自民党の地盤が成長を遂げた高度成長期，他地域に比べて多額の公共投資が流入していたわけではない．逆に自民党の地盤に公共投資が流入したオイルショック以後，これらの地域の成長にはつながらなかった．むしろ高度成長期には，バローの収斂が日本の都道府県において働いていた可能性がある．つまり，当初所得が低い地域ほど，資源の動員と模倣によって生産性を高める余地が大きいため，急速に成長するのである(Barro and Sala-i-Martin 1992)．図9.4の右列を見ると，高度成長期は1960年段階で所得の低かった地域がより早く成長する傾向があり，所得水準の「収束」が発生していた．成長が自民党による活発な再分配政策によるものであると結論づけるなら，おそらくは標準的な経済理論を無視する形で，自民党の貢献を過大評価していることになる．

一般に非民主主義国は都市部住民の利益を過大代表し(Bates 1981)，民主主義国は農村利益を過大代表する傾向がある(Sheingate 2001)．日本は戦前に近代化を経験し，識字率や所得水準など初期条件が整った中で，敗戦という外生的な要因によって民主化した[132]．ある意味でハンティントンが想定していた発展途上国とは異質であり，ひとたび民主化すれば，自民党以外の政権でも安定的に民主主義体制を維持し得た可能性が高い．

自民党結成後間もない時期，自民党の得票率，議席率はともに過半数を優に超え，選挙で過半数議席を維持しなければならないという制約条件は，自民党の政策選択を厳格に縛り付けるようなものではなかった．そのため，日本経済の成長は必ずしも政権維持の障害にはならず，むしろ拡大する税収を逆説明責任体制に活用する形で，地方政府への再分配制度を確立していった．しかし経済の急速な成長が，人口動態に急激な変化をもたらすにつれて，自民党の従来の選挙基盤は浸食されて続けた．これは自民党型選挙運動において必要不可欠の要素である監視と報復能力が低下していった過程と表裏一体である．経済成

---

[132] 民主化要因の研究は，所得水準の上昇が民主化をもたらす内生的民主化過程と，外生的な要因によって民主化した場合に高所得国では民主主義が持続しやすい傾向に着目する外生的民主化過程を区別する(Boix and Stokes 2003)．

Ⅲ．自民党と地域経済

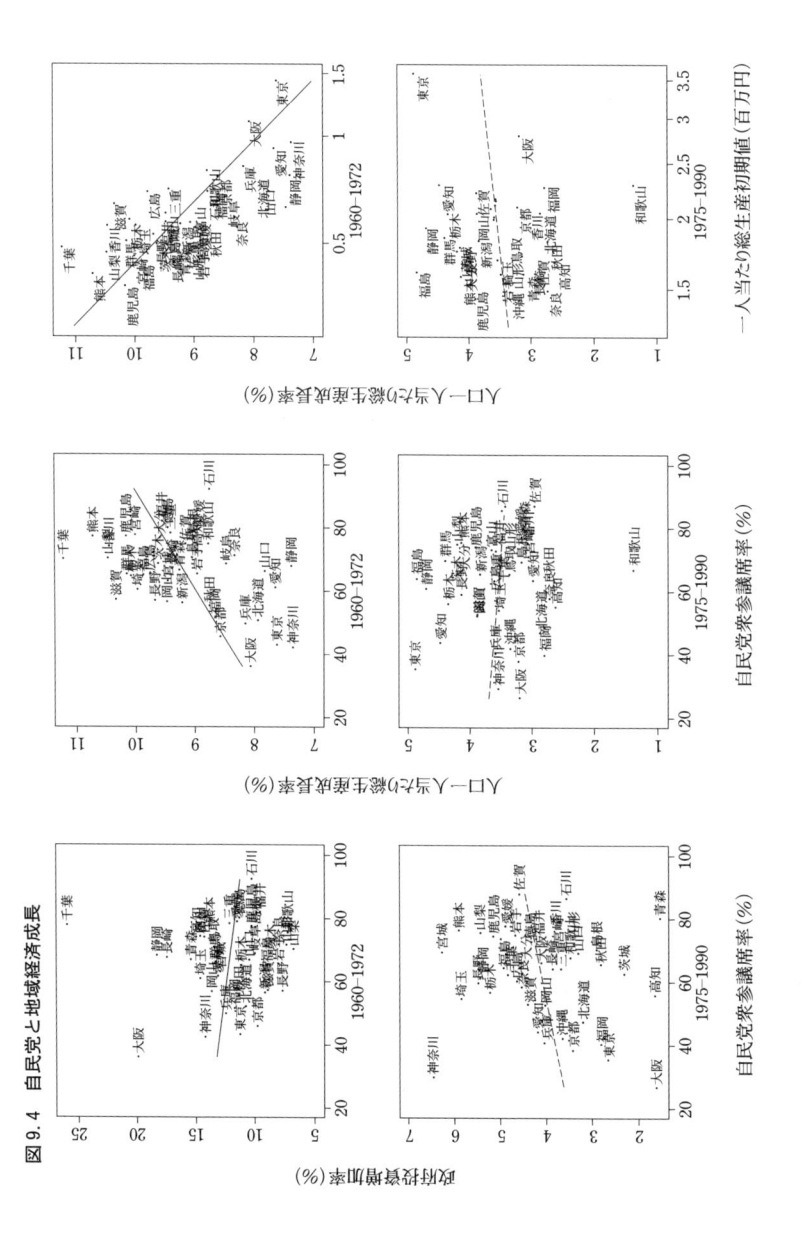

図 9.4 自民党と地域経済成長

215

第9章　同時代史としての自民党長期政権：逆説明責任体制の帰結

長が自党の支持基盤を蚕食することが明らかになるにつれて，むしろ自民党はその支持基盤において成長速度を緩やかにする，もしくは成長自体を阻害する政策を取り，選択的な補償措置により，選挙において支持を表明した者にのみ細切れの利益が及ぶような政策を重視するようになった．中選挙区制によって政党システムが分極化し，野党が政権交代準備勢力として成長することが出来なかったことも，自民党がこうした政策を継続する余裕を与えた．あるいは，中選挙区制によって議員が選出されている状況では，いかなる政党が政権を握ったとしても，自民党的な公共政策の袋小路に迷い込むことになっていたのであろう．

しかしオイルショック以後の地域経済成長率を見ると，自民党が地域的に弱体だったにも拘わらず，東京の経済成長率が高い．バローの収束はもはや作用せず，初期値である1975年の総生産は，その後の成長率とほとんど関係がない．逆にこの時期に良好な成長率を記録した県は，福島，静岡，愛知，群馬，栃木など新幹線沿線地域が多く，インフラ空白域であった和歌山，奈良，高知，秋田などの諸県は，自民党への強固な支持にも拘わらず低迷している．

生産性向上効果の高い公共財によって支持を獲得することが困難な場合，生産性向上とは無関係な私的財によってより直接的に集票した方が選挙対策として効率的である．しかしながら，与党がその支持基盤に対して私的財をばらまくためには税収源が必要である．オイルショック以後，バブルの時期にかけて，東京は成長率を高めていくが，結果的に自民党の利益誘導策を支える税収源としての役割を担ったのである．そして生産性向上，税収増加を目的とした公共投資は，選挙対策とは無関係に行われたのであった（第6章）．

一方で与党の金城湯池といわれる選挙区では，地域住民の多くが与党に対して忠実に投票してきたにもかかわらず，地域開発は遅れたままになった．反対に与党によるインフラ投資による恩恵を受け，経済が成長する地域の住民は，与党に票を投じなくなる．このようにして，政策便益の提供と投票による支持表明の間に，断裂が生じた．こうしている間に，日本政府は結果的に先進国でも最大規模の財政赤字をため込むことになった．河川が三面コンクリート張に改修され，丘陵地帯がブルドーザーによって平坦化されようとも，生産性向上につながらない場合，公共投資の果実を税収として回収することは出来なかったのだ．

コラム⑲　公共事業とその成果：日本の場合

　自民党が政権を取って以来，日本ではGDP比で他の先進民主主義国の2倍から3倍の公共事業支出が行われてきた．このような著しい支出実績を誇る傍ら，日本国内での社会資本整備はいっこうに進まなかった．例えば公共事業予算のおよそ4分の1が毎年のように支出されてきた道路部門を検討してみよう．表⑲は2007年現在で供用されている高速道路の路線延長を示したものだが，高速道路路線延長は人口一人あたりで見ても，国土面積1平方キロメートルあたりで見ても，OECD諸国で中位以下である．国土交通省関係者は，急峻な地形と高い地価によって工事費がかさむため，諸外国と同じような費用で道路建設をすることは不可能だと主張する（大石 2003）．しかし，日本の高速道路路線延長は，同じく山がちな地形を持つスイスと比べても見劣りする．地震の多発という要因は考慮に入れなければならないが，耐震設計や地形的要因の影響をそれほど受けないであろう他分野の社会資本，例えば公園，空港，下水道，図書館などの社会資本ストックでも他の先進諸国に大きく見劣りする（Flath 2000：220）．なぜだろう？

表⑲　高速道路路線延長の国際比較

国名（ABC順）	人口100万人あたり高速道路供用路線延長		国土面積千平方kmあたり高速道路供用路線延長	
	(km)	順位	(km)	順位
オーストラリア	935.0	1	2.4	17
オーストリア	201.7	6	20.0	9
ベルギー	165.9	10	57.8	2
デンマーク	194.8	7	24.7	6
フィンランド	132.4	13	2.1	18
フランス	178.4	9	20.0	9
ドイツ	153.1	11	35.3	4
ギリシャ	77.5	15	6.6	14
アイルランド	45.8	19	2.8	16
イタリア	112.8	14	22.2	8
日本	57.8	17	19.5	11
オランダ	152.6	12	66.9	1
ニュージーランド	40.7	20	0.6	20
ノルウェー	57.5	18	0.8	19
ポルトガル	246.3	4	28.4	5
スペイン	269.6	2	23.9	7
スウェーデン	190.6	8	4.0	15
スイス	233.8	5	42.8	3
イギリス	60.2	16	15.1	12
合衆国	250.1	3	7.8	13

原典：International Road Federation (2009)．アクセス制限付き高速道路の路線延長．オーストラリアの数値は2002年版に基づく．

第9章　同時代史としての自民党長期政権：逆説明責任体制の帰結

IV. 結　語

　本書の規範的な意義は，日本で民主的説明責任が断絶した事実を示し，その原因を探求したことにある．シュンペーター以来，政権を獲得するために，あるいは政権に留まるために，政治エリートが競争を繰り広げるからこそ，市民は異議申し立ての機会を得，健全な民主主義が機能するとされてきた（Dahl 1971）．権力の座にあるものが，自らが代表する市民に対して政策的便益を供給する競争が起こるからこそ，民主主義体制では市民に対する支配が極小化され，共通善の追求が可能になる（Shapiro 2003）．自民党政権は，逆説明責任体制として機能していたがゆえに，与党への投票と公共政策による裨益の関係に断絶が発生した．しかも政党から有権者への説明責任の回路が機能しなかったために，熟議の過程として民主主義を捉えた場合にも，民主的説明責任の回路が空洞化していたのである．

　本書は，自民党長期政権を逆説明責任体制として捉え，これが存立する条件を分析し，戦後日本の公共政策を再解釈してきた．自民党は1955年にいわゆる保守合同によって誕生したが，自民党が自負してきた保守主義は，西欧諸国に見られるようなイデオロギーや宗教的な意味での保守主義というよりもむしろ，自らの選挙地盤を保守・維持していくという意味での保守主義であった．集落や寺社を中心とした小共同体には，日本的価値観以上に自民党の集票基盤としての大きな意味があった．そしてこれを維持するために，自民党は減反を堅持し，公共事業によって地域の雇用を守り，小規模市町村が存立する財政補填制度を維持したのである．

　政治家は，選挙区に生産的なインフラを築くよりはむしろ，河川をセメントで護岸し，田圃にブルドーザーを入れることで地盤を保持した．そうでない政治家は，政治市場（史上）から姿を消すか，もしくは自民党から離党していった．自民党が維持した公共政策が，日本の長期的な経済成長と整合的ならともかく，戦後日本に「開発国家」が存在したことなどなかった．

　支配政党としての自民党は，中選挙区制という日本の選挙過程に特徴的な制度に適応していく形で，結晶化されていった．しかしながら利益誘導措置が経済成長効果を持つ場合，自民党の存立基盤である集票組織が弱体化してしまう矛盾を抱えていた．並立制導入に至る選挙制度改革は，新幹線沿線選出議員が

IV. 結　語

自民党を離党したことで可能になった．そして政権交代は，自民党が並立制への適応を通じ，自民党を存立させていた組織基盤を自ら崩壊させていく過程であった．

　自民党が長期政権を維持し，公共政策の舵取りをする中で，日本人はどのような利益を得たのであろうか．冷戦期の激しい東西対立の中で，政治的な安定を確保することは，それ自体が望ましいことだったのかもしれない．しかし，この間蓄積された財政赤字や，生産性向上に貢献しない負の社会資本は，将来の複数世代にわたって，どの政党が政権を担おうとも，選択しうる公共政策を制約し続けるであろう．

　本書の実証分析は，日本のデータに限定されたものであったが，ここから得られる示唆は，民主主義体制における幅広く一般的な本人＝代理人関係の問題点を明らかにする．いったん現状が変化し，政治的課題が達成されると，その過程において多大な努力を惜しまず提供した貢献者の多くは，政治の表舞台から姿を消してきた．「狡兎死して良狗烹られ，高鳥尽きて良弓蔵われ，敵国敗れて謀臣滅ぶ．」紀元前 90 年頃，司馬遷によって書かれた『史記』によれば，かつて漢の名将として名を馳せた韓信は，楚王位を剥奪された際にこう言い放ったと伝えられる．

　どの政治体制であっても，権力の座にあるものは，良狗の辿った運命を回避するために市民の望む政策を放棄し，政権基盤を保守するための政策を行う可能性がある．民主主義が良好に機能するためには，政権党に説明責任を負わせるための制度的設計と，有権者の集合行為ジレンマという二つの問題が付きまとう．日本の事例は，戦後の大部分の期間を通じて政権に留まった自民党の公共政策を通じ，この問題点を明らかにしたのである．

参考資料

浅野正彦　1998.「国政選挙における地方政治家の選挙動員："亥年現象"の謎」『選挙研究』13, 120-29.
朝日新聞　1970.『自民党：保守権力の構造』朝日新聞.
朝日新聞　1994.『孤高の王国裁判所』朝日新聞.
朝日新聞　2001, 2004, 2007.『Asahi.comで見る参院選の全て』朝日新聞.
朝日新聞　2003, 2005, 2009.『Asahi.comで見る総選挙の全て』朝日新聞.
新しい日本を作る国民会議　1992.「中選挙区制廃止宣言」新しい日本を作る国民会議.
五百旗頭真・伊藤元重・薬師寺克行　2008.『野中広務：権力の興亡』朝日新聞社.
五十嵐敬喜・小川明雄　1997.『公共事業をどうするか』岩波新書.
石川真澄　1983.「『土建国家』ニッポン：政権再生産システムの安定と動揺」『世界』8月号, 50-61.
石川真澄　1995.『戦後政治史』岩波書店.
石川真澄　1999.『堕ちていく政治』岩波書店.
石川真澄・ジェラルド＝カーティス　1983.『土建国家ニッポン』光文社.
石川真澄・広瀬道貞　1989.『自民党:長期支配の構造』岩波書店.
石田博英　1963.「保守党のビジョン」『中央公論』1月, 83-97.
出井信夫・参議院総務委員会調査室　2006.『地方財政データブック：平成18年度版』学陽書房.
伊藤大一　1980.『現代日本官僚制の分析』東京大学出版会.
稲葉継陽　1998.『戦国時代の荘園制と村落』校倉書房.
猪口孝　1983.『現代日本政治経済の構図：政府と市場』東洋経済新報.
猪口孝・岩井奉信　1987.『族議員の研究：自民党政権を牛耳る主役たち』日本経済新聞社.
井堀利宏　2009.『要説日本の財政・税制』税務経理協会.
井堀利宏・土居丈朗　1998.『日本政治の経済分析』木鐸社.
井堀利宏・横山彰　1998.「連立政権における政治活動と効率性」『公共選択の研究』30：43-49.
今井亮一・工藤教孝・佐々木勝・清水崇　2007.『サーチ理論：分権的取引の経済学』東京大学出版会.
内川昭比古　2005.『フランチャイズ・ビジネスの実際』日本経済新聞社.
運輸省　1974.『運輸白書』大蔵省印刷局.
大石久和　2003.「本当に公共事業は悪役なのですか」『中央公論』10月, 160-75.
大嶽秀夫　1997.「政治改革を目指した二つの政治勢力」大嶽秀夫（編）『政界再編の研究：新選挙制度による総選挙』有斐閣, 3-33.

参考資料

葛西敬之　2007．『国鉄改革の真実：宮廷革命と啓蒙運動』中央公論新社．
蒲島郁夫　1988．『政治参加』東京大学出版会．
蒲島郁夫　2000．「地方の王国と都市の反乱」『中央公論』8月号，130-143．
蒲島郁夫　2004．『戦後政治の軌跡：自民党システムの形成と変容』岩波書店．
蒲島郁夫・菅原琢　2004．「公明がどちらを選ぶかで政権は替わる」『中央公論』1月：190-9．
蒲島郁夫ゼミ　2000．『現代日本の政治家像』木鐸社．
河田潤一（編）　2008．『汚職・腐敗・クライエンテリズムの政治学』ミネルヴァ書房．
川人貞史　1990．「90年選挙とナショナル・スウィング」『世界』5月，216-225．
川人貞史　1996．「シニオリティ・ルールと派閥：自民党における人事配分の変化」『レヴァイアサン』冬，111-45．
川人貞史・川人典子　1997．『衆議院総選挙候補者選挙区統計 1890-1990』エルディービー．
河中二講　1961．「地域の行政組織と支配構造」『思想』5月，536-50．
菊池和宏　1989．「政府支出の地域配分から見た政策運営の推移」『レヴァイアサン』4，78-99．
北村行伸　2005．『パネルデータ分析』岩波書店．
久米郁男　2005．『労働政治：戦後政治の中の労働組合』中央公論新社．
経済企画庁　1978．『新国民経済計算の見方・使い方―新SNAの特徴』大蔵省印刷局．
経済企画庁　1991．『長期遡及推計県民経済計算報告』経済企画庁．
厚生労働省　2008．『平成20年労働組合基礎調査結果』厚生労働省．
神門善久　2006．『日本の食と農：危機の本質』NTT出版．
国土交通省鉄道局　2004．『鉄道要覧』電気車研究会鉄道図書刊行会．
国土交通省　2007．『国土交通白書平成18年度版』ぎょうせい．
後藤達也　2004．「社会資本の生産力効果に関する分野別評価」『会計検査研究』9月，81-98．
小林正弥　2000．『政治的恩顧主義論』東京大学出版会．
斉藤淳　2008．「地域経済開発におけるインフラの役割：日本の戦後経済成長の経験」『開発金融研究所報』37：64-114．
坂本修　2000．「竹下登消えて大接戦，平成維新あるか：島根2区」『週刊朝日』6月30日，23-4．
佐藤誠三郎・松崎哲久　1986．『自民党政権』中央公論．
島田裕巳　2007．『公明党 vs. 創価学会』朝日新聞社．
清水剛　2001．『合併行動と企業の寿命：企業行動への新しいアプローチ』有斐閣．
自由民主党行政改革推進本部　1998．「市町村合併等についての考え方」自由民主党．
菅原琢　2004．「日本政治における農村バイアス」『日本政治研究』1（1）：53-86．
全国高速道路建設協議会　2004．『高速道路便覧』全国高速道路建設協議会．
想田和弘（監督・プロデューサー）．2006．『選挙』[映画] New York：Laboratory X．
総務省統計局　2002, 2007．『国勢調査』日本統計協会．
総務庁統計局　1987, 1992, 1997．『国勢調査』日本統計協会．
総理府統計局　1962, 1967, 1972, 1977, 1982．『国勢調査』日本統計協会．

参考資料

高木鉦作　1960.「東京都・区政と町会連合会」日本政治学会（編）『日本の圧力団体』岩波書店, 146-59.

高橋明善　1964.「農協組織と農民運動」綿貫譲治・松原治郎・蓮見音彦（編）『農村社会構造と農協組織』時潮社, 219-47.

高畠通敏　1997.『地方の王国』岩波書店.

竹下登　2001.『政治とは何か：竹下登回顧録』講談社.

武田尚志　2003.『全国都道府県市町村緯度経度位置データベース』ベクター（http://www.vector.co.jp/soft/data/home/se156040.html）.

立花隆　1982.『田中角栄研究全記録』講談社.

建林正彦　2004.『議員行動の政治経済学：自民党支配の制度分析』有斐閣.

田中角栄　1972.『日本列島改造論』日刊工業新聞社.

玉野和志　2008.『創価学会の研究』講談社.

地方財政調査研究会　各年版（1977-2008）.『市町村別決算状況調』地方財務協会.

辻清明　1969.『新版：日本官僚制の研究』東京大学出版会.

辻村みよ子　1982.「選挙権：議員定数不均衡違憲判決」大須賀明・中村睦男・横田耕一・吉田善明（編）『憲法判例の研究』敬文堂, 159-188.

寺西重郎　1982.『日本の経済発展と金融』岩波書店.

土居丈朗・芦谷政浩　1997.「国庫支出金分配と政権与党の関係」『日本経済研究』1997年4月, 180-94.

土居丈朗　1998.「日本の財政金融政策：景気循環と選挙」『東京大学経済学研究』40：29-46.

鳥越皓之　1994.『地域自治会の研究：部落会・町内会・自治会の展開過程』ミネルヴァ書房.

中川剛　1980.『町内会：日本人の自治感覚』中央公論.

中里透　2003.「社会資本整備と経済成長：道路投資を対象とした実証分析」『内閣府経済社会総合研究所ディスカッションペーパー』51.

中邨章　1984.「自由民主党の四つの顔」中邨章・竹下譲（編）『日本の政策過程』梓出版, 3-63.

中村剛　2001.『Cox比例ハザードモデル』朝倉書店.

鍋島, ケニー（作）・前川つかさ（画）　1989.『票田のトラクター』第1巻, 小学館.

日本航空協会　2004.『航空統計要覧』日本航空協会.

日本ダム協会　2005.『ダム年鑑』日本ダム協会.

根本清樹・鈴木基顕　1989.「竹下流出世術の威力と限界」『AERA』1989年5月16日, 14-16.

野口悠紀雄　2002.『1940年体制：さらば戦時経済』東洋経済.

野口悠紀雄・新村保子・内村広志・巾村和敏　1979.『予算編成における公共的意志決定過程の研究』経済企画庁経済研究所.

野中尚人　2008.『自民党政治の終わり』ちくま新書.

花岡信昭・小林静雄　1987.『竹下登・全人像』行研出版局.

参考資料

広瀬道貞　1981.『補助金と政権党』朝日新聞社.
深川博史　2002.「WTO 体制下の国際農業政策と韓国農政の転換」『経済学研究』68（4/5）: 191-213.
細川護熙・岩國哲人　1991.『雛の論理』光文社.
堀内勇作・斉藤淳　2003.「選挙制度改革に伴う議員定数配分格差の是正と補助金配分格差の是正」『レヴァイアサン』32：29-49.
毎日新聞社社会部　1956.『官僚にっぽん』毎日新聞社.
升味準之輔　1969.『現代日本の政治体制』岩波書店.
升味準之輔　1985.『現代政治：1955 年以後（下）』東京大学出版会.
松井茂記　1999.『日本国憲法』有斐閣.
松下圭一　1961.「地域民主主義の課題と展望」『思想』5 月号, 515-23.
松本正生　2001.『政治意識図説：「政党支持世代」の退場』中央公論.
丸山真男　1957.『現代政治の思想と行動』未来社.
水崎節文　1993.『総選挙データベース：JED-M データ（第 28 回-40 回）』LDB.
水崎節文　1996.『第 41 回 JED-M データ』東京：LDB.
水崎節文　2000.『第 42 回 JED-M データ』東京：LDB.
村上泰亮　1984.『新中間大衆の時代』中央公論.
村田治・森澤達也　2003.「分野別社会資本の生産力効果」『トヨタ財団ディスカッション・ペーパー』.
村松岐夫　1981.『戦後日本の官僚制』東洋経済新報社.
峰久和哲　2009.「一度もなかった解散の好機」『朝日新聞』2009 年 7 月 18 日.
文部科学省　2005.「教職員の組織する教職員団体に関する調査結果の概要について」文部科学省.
山内和彦　2007.『自民党で選挙と議員をやりました』角川書店.
山崎養世　2003.『日本列島快走論：高速道路を無料にして日本再生へ』NHK 出版.
吉野直行・吉田祐幸　1988.「公共投資の地方への配分の実証分析：生活・産業基盤投資は地域格差是正に寄与」『ESP』6 月, 42-7.
リード, スティーブン　2009.「勝てば自民党」宮野勝（編）『選挙の基礎的研究』中央大学出版部, 第 2 章.
若田恭二　1981.『現代日本の政治と風土』ミネルヴァ書房.
若松加寿江・松岡昌志・杉浦正美・久保純子・長谷川浩一　2005.『日本の地形・地盤デジタルマップ』東京大学出版会.
和田淳一郎　1985.「政治過程の経済学的分析：日本における politico-economics モデルの適用」『ヘルメス』36, 75-115.
渡辺隆裕　2008.『ゲーム理論入門』日本経済新聞社.
綿貫譲治　1967.『日本の政治社会』東京大学出版会.

Ackerman, Bruce. 2000. "The New Separation of Powers." *Harvard Law Review*, 113（3）: 633-729.

参考資料

Aldrich, Daniel P. 2008. *Site Fights : Divisive Facilities and Civil Society in Japan and the West.* Ithaca : Cornell University Press.

Alesina, Alberto, Gerald D. Cohen, and Nouriel Roubini. 1993. "Electoral Business Cycles in Industrial Democracies." *European Journal of Political Economy*, 9 (1) : 1-23.

Amemiya, Takeshi. 1979. "The Estimation of a Simultaneous-Equation Tobit Model." *International Economic Review*, 20 (1) : 169-81.

Ansolabehere, Stephen, Alan Gerber, and James M. Snyder, Jr. 2002. "Equal Votes, Equal Money : Court Ordered Redistricting and the Distribution of Public Expenditures in the American States." *American Political Science Review*, 94 (4) : 767-77.

Ansolabehere, Stephen, Jr., James M Snyder, and Michael Ting. 2003. "Bargaining in Bicameral Legislatures : When and Why Does Malapportionment Matter?" *American Political Science Review*, 97 (3) : 471-81.

Apter, David E. and Nagayo Sawa. 1984. *Against the State : Politics and Social Protest in Japan.* Cambridge : Harvard University Press.

Aschauer, David Alan. 1989. "Is Public Expenditure Productive?" *Journal of Monetary Economics*, 23 (1) : 177-200.

Atlas, Cary M, Thomas W. Giligan, Robert J. Hendershott, and Mark A. Zupan. 1995. "Slicing the Federal Government Net Spending Pie : Who Wins, Who Loses, and Why." *American Economic Review*, 85 (3) : 624-9.

Axelrod, Robert M. 1984. *The Evolution of Cooperation.* New York : Basic Books. ［松田浩之（訳）1998.『つきあい方の科学：バクテリアから国際関係まで』ミネルヴァ書房.］

Baerwald, Hans H. 1974. *Japan's Parliament : An Introduction.* Cambridge : Cambridge University Press. ［橋本彰・中邨章（訳）1974.『日本人と政治文化』人間の科学社.］

Bates, Robert H. 1981. *Markets and States in Tropical Africa : The Political Basis of Agricultural Policies, California Series on Social Choice and Political Economy.* Berkeley : University of California Press.

Barro, Robert J. and Xavier Sala-i-Martin. 1992. "Convergence." *Journal of Political Economy*, 100 (2) : 223-51.

Baron, David P. and John Ferejohn. 1989. "Bargaining in Legislatures." *American Political Science Review*, 83 (4) : 1181-206.

Barro, Robert J. 1991. "Economic Growth in A Cross Section of Countries." *Quarterly Journal of Economics*, 106 (2) : 407-43.

Bawn, Kathleen. 1999. "Money and Majorities in the Federal Republic of Germany : Evidence for a Veto Players Model of Government Spending." *American Journal of Political Science*, 43 (3) : 707-36.

参考資料

Becker, Gary. 1983. "A Theory of Competition Among Pressure Groups for Political Influence." *Quarterly Journal of Economics*, 98 (3) : 371-400.

Black, Duncan. 1948. "On the Rationale of Group Decision-making." *Journal of Political Economy*, 56 (1) : 23-34.

Boix, Carles, and Susan Stokes. 2003. "Endogenous Democratization." *World Politics* 55 (4) :517-49.

Brennan, Geoffrey and James M. Buchanan. 1984. "Voter Choice." *American Behavioral Scientist*, 28 (2) : 185-201.

Buchanan, James M. and Gordon Tullock. 1962. *The Calculus of Consent : Logical Foundations of Constitutional Democracy*. Ann Arbor : University of Michigan Press.

Calder, Kent E. 1988. *Crisis and Compensation : Public Policy and Political Stability in Japan, 1949-1986*. Princeton : Princeton University Press. [カルダー淑子（訳）1989.『自民党長期政権の研究』文藝春秋.]

Calder, Kent E. 1993. *Strategic Capitalism : Private Business and Public Purpose in Japanese Industrial Finance*. Princeton : Princeton University Press.

Calvert, Randall L., Mark J. Moran, and Barry R. Weingast. 1987. "Congressional Influence over Policy Making : The Case of the FTC." in Matthew D. McCubbins and Terry Sullivan (eds.) *Congress : Structure and Policy*. Cambridge : Cambridge University Press, 493-552.

Campbell, John C. 1977. *Contemporary Japanese Budget Politics*. Berkeley : University of California Press.

Carey, John M. and Matthew Soberg Shugart. 1995. "Incentives to Cultivate Personal Vote : A Rank Ordering of Electoral Formulas." *Electoral Studies*, 14 (4) : 417-39.

Cargill, Thomas F. and Michael M. Hutchison. 1991a. "Political Business Cycles with Endogenous Election Timing : Evidence from Japan." *Review of Economics and Statistics*, 73 (4) : 733-9.

Cargill, Thomas F. and Michael M. Hutchison. 1991b. "The Bank of Japan's Response to Elections." *Journal of the Japanese and International Economies*, 5 (2) : 120-39.

Chowdhury, Adhur R. 1993. "Political Surfing Over Economic Waves : Parliamentary Election Timing in India." *American Journal of Political Science*, 37 (4) : 1100-18.

Christensen, Raymond V. 1994. "Electoral Reform in Japan : How It Was Enacted and Changes It May Bring." *Asian Survey*, 34 (7) : 589-605.

Christensen, Raymond V. 1998. "The Effect of Electora Reforms on Campaign Practices in Japan." *Asian Survey*, 38 (10) : 986-1004.

Cox, Gary W. 1990. "Centripetal and Centrifugal Incentives in Electoral Systems."

American Journal of Political Science, 34（4）: 903-35.

Cox, Gary W. 1994. "Strategic Voting Equilibria Under the Single Nontransferable Vote." *American Political Science Review*, 88（3）: 608-21.

Cox, Gary W. 1997. *Making Votes Count : Strategic Coordination in the World's Electoral Systems*. New York : Cambridge University Press.

Cox, Gary W., Mikitaka Masuyama, and Mathew D. McCubbins. 2000. "Agenda Power in the Japanese House of Representatives." *Japanese Journal of Political Science*, 1（1）: 1-21.

Cox, Gary W. and Frances M. Rosenbluth. 1993. "The Electoral Fortunes of Legislative Factions in Japan." *American Political Science Review*, 87（3）: 577-89.

Cox, Gary W., Frances M. Rosenbluth, and Michael F. Thies. 1999. "Electoral Reform and the Fate of Factions : The Case of Japan's Liberal Democratic Party." *British Journal of Political Science*, 29（1）: 33-56.

Cox, Gary W., Frances M. Rosenbluth, and Michael F. Thies. 2000. "Electoral Rules, Career Ambitions, and Party Structure : Comparing Factions in Japan's Upper and Lower Houses." *American Journal of Political Science*, 44（1）: 115-22.

Cox, Gary W. and Frances M. Rosenbluth. 1995. "Anatomy of a Split : the Liberal Democrats of Japan." *Electoral Studies*, 14（4）: 355-76.

Cox, Gary W. and Michael F. Thies. 1998. "The Cost of Intraparty Competition : The Single Nontransferable Vote and Money Politics in Japan." *Comparative Political Studies*, 31（3）: 267-91.

Cox, Gary W. and Matthew D. McCubbins. 1986. "Electoral Politics as a Redistributive Game." *Journal of Politics*, 48（2）: 370-89.

Curtis, Gerald L. 1971. *Election Campaigning : Japanese Style*. New York : Columbia University Press.［山岡清二（訳）1971.『代議士の誕生』サイマル出版会.］

Curtis, Gerald L. 1988. *The Japanese Way of Politics*. New York : Columbia University Press.［山岡清二（訳）1987.『日本型政治の本質：自民党支配の民主主義』TBSブリタニカ.］

Curtis, Gerald L. 1992. "Japan." In *Electioneering : A Comparative Study of Continuity and Change*, ed. D. Butler and A. Ranney. Oxford : Clarendon.

Curtis, Gerald L. 1999. *The Logic of Japanese Politics : Leaders, Institutions, and the Limits of Change*. New York : Columbia University Press.［野上やよい（訳）2001.『永田町政治の興亡』新潮社.］

Dahl, Robert A. 1971. *Polyarchy : Participation and Opposition*. New Haven : Yale University Press.［高畠通敏・前田脩（訳）1981.『ポリアーキー』三一書房.］

Dahl, Robert A. 2006. *On Political Equality*. New Haven : Yale University Press.［飯田文雄・辻康夫・早川誠（訳）2009.『政治的平等とは何か』法政大学出版局.］

Dixit, Avinash and John Londregan. 1998. "Ideology, Tactics, and Efficiency in

Redistributive Politics. *Quarterly Journal of Economics*, 113 (2): 497-529.
Dore, Ronald. 1986. Flexible *Rigidities: Industrial Policy and Structural Adjustment in the Japanese Economy*, 1970-1980. Stanford: Stanford University Press.
Downs, Anthony. 1957. *An Economic Theory of Democracy*. New York: Harper Collins. ［吉田精司（監訳）1980.『民主主義の経済理論』成文堂］
Duggan, Mark and Steven D. Levitt. 2002. "Winning Isn't Everything: Corruption in Sumo Wrestling." *American Economic Review* 92 (5): 1594-605.
Duverger, Maurice. 1951. *Les Partis Politiquese*. Paris: Collin. ［岡野加穂留（訳）1970.『政党社会学：現代政党の組織と活動』潮出版社.］
Estévez-Abe, Margarita. 2008. *Welfare and Capitalism in Postwar Japan*. Cambridge: Cambridge University Press.
Fallows, James M. 1989. *More Like Us: Making America Great Again*. Boston: Houghton Mifflin. ［大前正臣（訳）1989.『日本封じ込め：強い日本 vs. 巻き返すアメリカ』TBS ブリタニカ.］
Fearon, James D. 1991. "Counterfactuals and Hypothesis Testing in Political Science." *World Politics*, 43 (1): 169-95.
Fenno, Richard F. 1973. *Congressmen in Committees*. Boston: Little Brown.
Fingleton, Eamonn. 1995. "Japan's Invisible Leviathan." *Foreign Affairs*, 74 (2): 69-85.
Fiorina, Morris P. 1981. *Retrospective Voting in American National Elections*. New Haven: Yale University Press.
Flath, David. 2000. *The Japanese Economy*. Oxford: Oxford University Press.
Freeman, Laurie Anne. 2000. *Closing the Shop: Information Cartels and Japan's Mass Media*. Princeton, N. J.: Princeton University Press.
Frey, Bruno S. and Friedrich Schneider. 1978. "An Empirical Study of Politico-Economic Interaction in the United States." *Review of Economics and Statistics*, 43 (2): 174-83.
Fukui, Haruhiro and Shigeko N. Fukai. 1996. "Pork Barrel Politics, Networks, and Local Economic Development in Contemporary Japan." *Asian Survey*, 36 (3): 268-86.
Fukui, Haruhiro. 1977. "Studies in Policymaking: A Review of Literature." in T. J. Pempel (ed.) *Policymaking in Contemporary Japan*. Ithaca: Cornell University Press, 22-59.
Golden, David G. and James M. Poterba. 1980. "The Price of Popularity: The Political Business Cycle Reexamined." *American Journal of Political Science*, 24 (4): 696-714.
Golden, Miriam A. and Lucio Picci. 2005. "Proposal for a New Measure of Corruption: Illustrated with Italian Data." *Economics and Politics*, 17 (1): 37-75.

Gramlich, Edward. 1994. "Infrastructure Development : A Review Essay." *Journal of Economic Literature*, 32 (3) : 1176-1196.

Haley, John Owen. 2008. "Rivers and Rice : What Lawyers and Legal Historians Should Know about Medieval Japan." Typescript, Washington University, St. Louis.

Hata, Hiroyuki. 1990. "Malapportionment of Representation in the National Diet." *Law and Contemporary Problems*, 53 (1-2) : 167-70.

Heckelman, Jac C. and Hakan Berument. 1998. "Political Business Cycles and Endogenous Elections." *Southern Economic Journal*, 64 (4) : 987-1000.

Hibbs, Douglas A. Jr. 1977. "Political Parties and Macroeconomic Policy." *American Political Science Review*, 71 (4) : 1467-87.

Horiuchi, Yusaku and Saito, Jun. 2003. "Reapportionment and Redistribution : Consequences of Electoral Reform in Japan." *American Journal of Political Science*, 47 (4) : 669-82.

Horiuchi, Yusaku and Jun Saito. 2007. "Rain, Election, and Money : The Impacts of Voter Turnout on Distributive Outcomes." Australian National University.

Horiuchi, Yusaku. 2005. *Institutions, Incentives and Electoral Participation in Japan : Cross-Level and Cross-National Perspectives*. London : Routledge Curzon.

Huntington, Samuel P., and Joan M. Nelson. 1976. *No Easy Choice : Political Participation in Developing Countries*. Cambridge : Harvard University Press.

Ike, Nobutaka. 1972. *Japanese Politics : Patron-Client Democracy*. 2d ed. New York : Knopf.

Imai, Masami. 2009a. "Ideologies, Vested Interest Groups, and Postal Saving Privatization in Japan." *Public Choice*, 138 (1-2) : 137-60.

Imai, Masami. 2009b. "Political Determinants of Government Loans in Japan." *Journal of Law and Economics*, 52 (1) : 41-70.

Inoguchi, Takashi. 1979. "Political Surfing over Economic Waves : A Simple Model of the Japanese Political Economic System in Comparative Perspective." Paper presented at the World Congress of the International Political Science Association, Moscow, August, 12-18.

International Road Federation. 2009. *World Road Statistics*. Geneva, Switzerland : International Road Federation.

Ito, Takatoshi and Jan Hyuk Park. 1988. "Political Business Cycles in the Parliamentary Systems." *Economic Letters*, 27 (3) : 233-8.

Ito, Takatoshi. 1990a. "International Impacts on Domestic Political Economy : A Case of Japanese General Elections." NBER Working Paper.

Ito, Takatoshi. 1990b. "The Timing of Elections and Political Business Cycles in Japan." *Journal of Asian Economics*, 1 (1) : 135-56.

Johnson, Chalmers A. 1975. "Japan : Who Governs? An Essay on Official Bureau

cracy." *Journal of Japanese Studies*, 2 (1) : 1-28.
Johnson, Chalmers A. 1982. *MITI and the Japanese Miracle : The Growth of Industrial Policy, 1925-1975*. Stanford : Stanford University Press.
Johnson, Chalmers A. 1986. "Tanaka Kakuei, Structural Corruption, and the Advent of Machine Politics in Japan." *Journal of Japanese Studies*, 12 (1) : 1-28.
Johnson, Chalmers A. 1987. "Political Institutions and Economic Performance : The Government-Business Relationship in Japan, South Korea, and Taiwan." in Frederic C. Deyo (ed.) *The Political Economy of the New Asian Industrialism*. Ithaca : Cornell University Press, 136-64.
Jones, Charles I. 2002. *Introduction to Economic Growth, 2nd ed.* New York : W. W. Norton.
Kabashima, Ikuo. 1984. "Supportive Participation With Economic Growth : The Case of Japan." *World Politics*, 36 (3) : 309-38.
Kalandrakis, Tasos. 2003. "Bicameral Winning Coalitions and Equilibrim Federal Legislatures." *Legislative Studies Quarterly*, 29 (1) : 49-79.
Kamps, Christophe. 2006. "New Estimates of Government Net Capital Stocks for 22 OECD Countries, 1960-2001." *IMF Staff Papers*, 53 (1) : 120-50.
Kato, Junko. 1998. "When the Party Breaks Up : Exit and Voice among Japanese Legislators." *American Political Science Review*, 92 (4) : 857-70.
Kawato, Sadafumi. 2000. "Strategic Contexts of the Vote on Political Reform Bills." *Japanese Journal of Political Science*, 1 (1) : 23-51.
Kayser, Mark Andreas. 2005. "Who Surfs, Who Manipulates? The Determinants of Opportunistic Election Timing and Electorally Motivated Economic Intervention." *American Political Science Review*, 89 (1) : 17-27.
Key, Jr., V. O. 1966. *The Responsible Electorate : Rationality in Presidential Voting, 1936-1960*. Cambridge : Harvard University Press.
Klein, Axel (Director / Producer). 2008. *Pictures at an Election* [Motion picture]. Tokyo : Deutsches Institut für Japanstudien.
Knight, Brian. 2004. Legislative Represenation, Bargaining Power, and the Distribution of Federal Funds : Evidence from the U. S. Senate. *NBER Working Paper Series*, No. 10385.
Kohno, Masaru and Yoshitaka Nishizawa. 1990. "A Study of Electoral Business Cycle in Japan : Elections and Government Spending on Public Construction". *Comparative Politics*, 22 (2) : 151-66.
Kohno, Masaru. 1997a. *Japan's Postwar Party Politics*. Princeton : Princeton University Press.
Kohno, Masaru. 1997b. "Electoral Origins of Japanese Socialists' Stagnation." *Comparative Political Studies*, 30 (1) : 55-77.
Krugman, Paul. 1994. "The Myth of Asia's Miracle." *Foreign Affairs*, 73 (6) : 63-

79.

Lasswell, Harold Dwight. 1936. *Politics : Who Gets What, When, How.* New York : McGraw-Hill.［久保田きぬ子（訳）1959.『政治：動態分析』岩波書店.］

Lee, Frances E. 2000. "Senate Representation and Coalition Building in Distributive Politics." *American Political Science Review*, 94 (1) : 59-72.

Lee, Frances E. 2004. "Bicameral Institutions and Geographic Politics : Allocating Federal Funds for Transportation in the House and Senate." *Legislative Studies Quarterly*, 26 (2) : 185-213.

Leiserson, Michael. 1968. "Factions and Coalitions in One-party Japan : An Interpretation Based on the Theory of Games." *American Political Science Review*, 62 (3) : 770-87.

Levitt, Steven D. and James M. Poterba. 1999. "Congressional Distributive Politics and State Economic Performance." *Public Choice*, 99 (1-2) : 185-216.

Levitt, Steven D. and James M. Snyder, Jr. 1997. "The Impact of Federal Spending on House Election Outcomes." *Journal of Political Economy*, 105 (1) : 30-53.

Levitt, Steven D. and Stephen J. Dubner. 2005. *Freakonomics : A Rogue Economist Explores the Hidden Side of Everything.* 1st ed. New York : William Morrow. ［望月衛（訳）2007.『ヤバい経済学』東洋経済新報社.］

Lindbeck, Assar and Jorgen W. Weibull. 1987. "Balanced-budget Redistribution as the Outcome of Political Competition." *Public Choice*, 52 (3) : 273-97.

Linz, Juan. 1990. "The Perils of Presidentialism." *Journal of Democracy*, 1 (1) : 51-69.

Lizzeri, Alessandro and Nicola Persico. 2001. "The Provision of Public Goods Under Alternative Electoral Incentives." *American Economic Review*, 91 (1) : 225-39.

Lovelock, Christopher H. and Jochen Wirtz. 2007. *Services Marketing : People, Technology, Strategy.* 6th ed. Upper Saddle River, N. J. : Pearson/Prentice Hall. ［武田玲子（訳）2008.『サービス・マーケティング』ピアソン・エデュケーション.］

Lupia, Arthur and Kaare Strøm. 1995. "Coalition Termination and the Strategic Timing of Parliamentary Elections." *American Political Science Review*, 89 (3) : 648-65.

Maeda, Ko and Misa Nishikawa. 2006. "Duration of Party Control in Parliamentary and Presidential Governments : A Study of 65 Democracies, 1950-1998." *Comparative Political Studies* 39 (3) : 352-74.

Mayhew, David R. 1974. *Congress : The Electoral Connection.* New Haven : Yale University Press.

McCarty, Nolan M. 2000. "Presidential Pork : Executive Veto Power and Distributive Politics. "*American Political Science Review*, 94 (1) : 117-29.

McCubbins, Mathew D. and Frances M. Rosenbluth. 1995. "Party Provision for

参考資料

Personal Politics : Dividing the Vote in Japan." in Peter F. Cowhey and Matthew D. McCubbins (eds.) *Structure and Policy in Japan and the United States.* New York : Cambridge University Press.
McCubbins, Mathew D. and Gregory W. Noble. 1995a. "The Appearance of Power : Legislators, Bureaucrats, and the Budget Process in the United States and Japan." in Peter F. Cowhey and Matthew D. McCubbins (eds.) *Structure and Policy in Japan and the United States.* New York : Cambridge University Press, 56-80.
McCubbins, Mathew D. and Gregory W. Noble. 1995b. "Perceptions and Realities of Japanese Budgeting." in Peter F. Cowhey and Matthew D. McCubbins (eds.) *Structure and Policy in Japan and the United States.* New York : Cambridge University Press, 81-118.
McCubbins, Mathew D. and Thomas Schwartz. 1988. "Congress, the Courts, and Public Policy : Consequences of the One Man, One Vote Rule." *American Journal of Politcal Science*, 32 (2) : 388-415.
McCubbins, Mathew D. and Michael F. Thies. 1997. "As a Matter of Factions : The Budgetary Implications of Shifting Factional Control in Japan's LDP." *Legislative Studies Quarterly*, 22 (3) : 293-328.
McDonald, Mary G. 1996. "Farmers as Workers in Japan's Regional Economic Restructuring, 1965-1985." *Economic Geography*, 72 (1) : 49-72.
McElwain, Kenneth M. 2008. "Manipulating Electoral Rules to Manufacture Single-party Dominance." *American Journal of Political Science* 52 (1) : 32-47.
Meyer, Steven A. and Shigeto Naka. 1998. "Legislative Influences in Japanese Budgetary Politics." *Public Choice*, 94 (3/4), 267-88.
Minami, Ryoshin. 1994. *The Economic Development of Japan : A Quantitative Study, 2nd ed.* New York : St. Martin's Press.
Monroe, Burt L. 1994. "Disproportional and Malapportionment : Measuring Inequity." *Electoral Studies*, 13 (2) : 132-49.
Monroe, Burt L. and Amanda G. Rose. 2002. "Electoral Systems and Unimagined Consequences : Partisan Effects of Districted Proportional Representation." *American Journal of Political Science*, 46 (1) : 67-89.
Morales, Waltrand Q. and Corinne B. Young. 1999. "Mexico : Revolution in the Revolution?" in Marco Rimanelli (ed.) *Comparative Democratization and Peaceful Change in Single-Party-Dominant Countries.* New York : St. Martin's, 291-308.
Muramatsu, Michio and Ellis S. Krauss. 1984. "Bureaucrats and Politicians in Policymaking : The Case of Japan." *American Political Science Review*, 78 (1) : 126-46.
Muramatsu, Michio and Ellis S. Krauss. 1987. "The Conservative Policy Line and the Development of Patterned Pluralism." in Kozo Yamamura and Yasukichi Yasuba (eds.) *The Political Economy of Japan : Volume 1, The Domestic*

Transformation. Stanford : Stanford University Press, 516-554.

Myerson, Roger B. 1993. "Incentives to Cultivate Favored Minorities Under Alternative Electoral Systems." *American Political Science Review*, 87 (4) : 856-69.

Noguchi, Yukio. 1991. "Budget Policy Making in Japan." in Samuel Kernell (ed.) *Parallel Politics : Economic Policymaking in Japan and the United States.* Washington, D. C. : Brookings Institution.

Nordhaus, William. D. 1975. "The Political Business Cycle." *Review of Economic Studies*, 42 (1) : 169-89.

North, Douglass C. and Robert Paul Thomas. 1973. *The Rise of the Western World : A New Economic History.* Cambridge : Cambridge University Press.

Okimoto, Daniel I. 1989. *Between MITI and the Market : Japanese Industrial Policy for High Technology.* Stanford : Stanford University Press.

Peltzman, Samuel. 1980. "The Growth of Government." *Journal of Law and Economics*, 23 (2) : 181-210.

Pempel, T. J. (ed). 1977. *Policymaking in Contemporary Japan.* Ithaca : Cornell University Press.

Pempel, T. J. (ed). 1990. *Uncommon Democracies : The One-party Dominant Regimes.* Ithaca : Cornell University Press.

Pempel, T. J. 1974. "The Bureaucratization of Policymaking in Postwar Japan." *American Journal of Political Science*, 18 (4) : 647-64.

Pempel, T. J. 1975. "The Dilemma of Parliamentary Opposition in Japan." *Polity*, 8 (1) : 63-79.

Pempel, T. J. and Keiichi Tsunekawa. 1979. "Corporatism without Labor? : The Japanese Anomaly." in Phillippe C. Schmitter and Gerhard Lehmbruch (eds.) *Trends Towards Corporatist Intermediation.* Beverly Hills : SAGE Publications, 231-70.

Persson, Torsten, Gerald Roland, and Guido Tabellini. 2000. "Comparative Politics and Public Finance." *Journal of Political Economy*, 108 (6) : 1121-61.

Persson, Torsten and Guido Tabellini,. 2000. *Political Economics : Explaining EconomicPolicy.* Cambridge : MIT Press.

Persson, Torsten and Guido Tabellini. 2002. "Do Electoral Cycles Differ Across Political Systems?" Typescript, Stockholm University.

Prais, S. J. and C. B. Winsten. 1954. "Trend Estimators and Serial Correlation." Working paper 383, Cowles Commission.

Ramseyer, J. Mark and Eric B. Rasmusen. 2001. "Why Are Japanese Judges so Conservative in Politically Charged Cases?" *American Political Science Review*, 95 (2) : 331-44.

Ramseyer, J. Mark and Frances M. Rosenbluth. 1993. *Japan's Political Marketplace.* Cambridge : Harvard University Press. [川辺裕幸・細野助博（訳）1995.『日本政治

の経済学』弘文堂.]

Reed, Steven R. 1986. *Japanese Prefectures and Policymaking*. Pittsburgh : University of Pittsburgh Press.

Reed, Steven R. 1990. "Structure and Behavior : Extending Duverger's Law to the Japanese Case." *British Journal of Political Science*, 20 (2) : 335-56.

Reed, Steven R. and Ethan Scheiner. 2003. "Electoral Incentives and Policy Preferences : Mixed Motives behind Party Defections in Japan." *British Journal of Political Science*, 33 (3) : 469-90.

Richardson, Bradley M. 1967. "Japanese Local Politics : Support Mobilization and Leadership Styles." *Asian Survey*, 7 (12) : 860-75.

Richardson, Bradley M. 1997. *Japanese Democracy : Power, Coordination, and Performance*. New Haven : Yale University Press.

Riker, William H. 1962. *The Theory of Political Coalitions*. New Haven : Yale University Press.

Riker, William H. and Peter C. Ordeshook. 1968. "A Theory of the Calculus of Voting." *American Political Science Review*, 62 (1) : 25-42.

Rivers, Douglas, and Morris P. Fiorina. 1989. "Constituency Service, Reputation, and the Incumbency Advantage." in Morris P. Fiorina and David W. R. Rohde (eds.) *Home Style and Washington Work : Studies of Congressional Politics*. Ann Arbor : University of Michigan Press, 17-46.

Robinson, James. 1998. "Theories of Bad Policy." *Policy Reform*, 1 (1) : 1-45.

Rogowski, Ronald. 1987. "Trade and the Variety of Democratic Institutions." *International Organization*, 41 (2) : 203-23.

Rosenbluth, Frances McCall. 1989. *Financial Politics in Contemporary Japan*. Ithaca : Cornell University Press.

Samuels, David and Richard Snyder. 2001. "The Value of a Vote : Malapportionment in Comparative Perspective." *British Journal of Political Science*, 31 (3) : 651-71.

Samuels, Richard J. 1987. *The Business of the Japanese State : Energy Markets in Comparative and Historical Perspective*. Ithaca : Comell University Press.

Schattschneider, Elmer Eric. 1942. *Party Government*. New York : Holt.

Scheiner, Ethan. 1999. "Urban Outfitters : City-based Strategies and Success in Postwar Japanese Politics." *Electoral Studies*, 18 (2) : 179-98.

Scheiner, Ethan. 2005a. *Democracy Without Competition in Japan : Opposition Failure in a One-Party Dominant State*. New York : Cambridge University Press.

Scheiner, Ethan. 2005b. "Pipelines of Pork : Japanese Politics and a Model of Local Opposition Party Failure." *Comparative Political Studies*, 38 (7) : 799-823.

Schlesinger, Jacob M. 1997. *Shadow Shoguns : The Rise and Fall of Japan's Postwar Political Machine*. New York : Simon and Schuster.

Schoppa, Leonard J. 2006. *Race for the Exits : the Unraveling of Japan's System of*

Social Protection. Ithaca : Cornell University Press.
Schoppa, Leonard. 2009. "Greener Grass and Local Civic Engagement : the Effects of Housing Market Structure on Politics in Japan and the United States." Paper presented at the UCLA Conference on Japan's Politics and Economy, September 11-12, 2009.
Schwartz, Thomas. 1987. "Your Vote Counts on Account of the Way It Is Counted : An Institutional Solution to the Paradox of Not Voting." *Public Choice*, 54 (2) : 101-21.
Schultz, Kenneth A. 1995. "The Politics of the Political Business Cycle." *British Journal of Political Science*, 25 (1) : 79-99.
Schumpeter, Joseph Alois. 1942. *Capitalism, Socialism, and Democracy*. New York : Harper and Brothers.
Shapiro, Ian. 2003. *The State of Democratic Theory*. Princeton, N. J. : Princeton University Press. [中道壽一（訳）2010.『民主主義理論の現在』慶応大学出版会.]
Sheingate, Adam D. 2001. *The Rise of the Agricultural Welfare State : Institutions and Interest Group Power in the United States, France, and Japan, Princeton Studies in American Politics*. Princeton, N. J. : Princeton University Press.
Shioji, Etsuro. 2001. "Public Capital and Economic Growth : A Conergence Approach." *Journal of Economic Growth*, 6 (3) : 205-227.
Shugart, Matthew Soberg. 1998. "The Inverse Relationship Between Party Strength and Executive Strength : A Theory of Politician's Constitutional Choices." *British Journal of Political Science*, 28 (1) : 1-30.
Silberman, Bernard. 1982. "The Bureaucratic State in Japan : The Problem of Authority and Legitimacy." in Tetsuo Najita and and J. Victor Koshmann (eds.) *Conflict in Modern Japanese History : The Neglected Tradition*. Princeton : Princeton University Press.
Smith, Alastair. 1996. "Endogenous Election Timing in Majoritarian Parliamentary Systems." *Economics and Politics*, 8 (2) : 85-110.
Smith, Alastair. 2003. "Election Timing in Majoritarian Parliaments." *British Journal of Political Science*, 33 (3) : 397-418.
Stokes, Susan C. 2005. "Perverse Accountability : A Formal Model of Machine Politics with Evidence from Argentina." *American Political Science Review*, 99 (3) : 315-25.
Stratmann, Thomas and Martin Baur. 2002. "Plurality Rule, Proportional Representation, and the German Bundestag : How Incentives to Pork-Barrel Differ across Electoral Systems." *American Journal of Political Science*, 46 (3) : 506-14.
Taagepera, Rein and Matthew Soberg Shugart. 1989. *Seats and Votes : The Effects and Determinants of Electoral Systems*. New Haven : Yale University Press.
Tamada, Keiko. 2009. "The Effect of Election Outcomes on the Allocation of

参考資料

Government Spending in Japan: Evidence from the Weather on Election Days." *Japanese Economy*, 36 (1): 3-26.

Thies, Michael F. 1998. "When Will Pork Leave the Farm? Institutional Bias in Japan and the United States." *Legislative Studies Quarterly*, 23 (4): 467-92.

Tilly, Charles. 2007. *Democracy*. Cambridge: Cambridge University Press.

Tsebelis, George. 1995. "Decision Making in Political Systems: Veto Players in Presidentialism, Parliamentalism, Muliticameralism and Multipartism." *British Journal of Political Science*, 25 (3): 289-326.

Tsebelis, George. 2002. *Veto Players: How Political Institutions Work*. Princeton: Princeton University Press.

Tufte, Edward R. 1974. *Data Analysis for Politics and Policy*. Englewood Cliffs: Prentice-Hall.

United States Bureau of the Census. Various Issues (1955-2005). *Statistical Abstract of the United States*. Washington, D. C.: United States Bureau of the Census.

Van Wolfren, Karel. 1989. *The Enigma of Japanese Power: People and Politics in a Stateless Nation*. New York: Norton.［篠原勝（訳）1990.『日本権力構造の謎』早川書房］

Varian, Hal R. 1992. *Microeconomic Analysis*. 3rd ed. New York: Norton.［佐藤隆三・三野和雄（訳）1986.『ミクロ経済分析』勁草書房.］

Vogel, Ezra F. 1979. *Japan as Number One: Lessons for America*. Cambridge: Harvard Univrsity Press.［広中和歌子・木元彰子（訳）2004.『ジャパン・アズ・ナンバーワン』阪急コミュニケーションズ.］

Ware, Alan. 1987. *Citizens, Parties, and the State: A Reappraisal*. Princeton: Princeton University Press.

Watkins, Ralph J. 1956. *The Condition of Japanese Roads*. Tokyo: Ministry of Construction.［建設省道路局（訳）1956.『名古屋・神戸高速道路調査報告書』建設省.］

Weiner, Tim. 2007. *Legacy of Ashes: The History of the CIA*. New York: Doubleday.［藤田博司・山田侑平・佐藤信行（訳）2008.『CIA秘録（上・下）』文藝春秋.］

Weingast, Barry R. 1979. "A Rational Choice Perspective on Congressional Norms." *American Journal of Political Science*, 23 (2): 245-62.

Weingast, Barry R., Kenneth A. Shepsle, and Christopher Johnsen. 1981. "The Political Economy of Benefits and Costs: A Neoclassical Approach to Distributive Politics." *Journal of Political Economy*, 89 (4): 642-64.

White, James W. 1995. *Ikki: Social Conflict and Political Protest in Early Modern Japan*. Ithaca: Cornell University Press.

Wilcoxon, Frank. 1945. "Individual Comparisons by Ranking Methods." *Biometrics Bulletin*, 1: 80-3.

Wittman, Donald. 1989. "Why Democracies Produce Efficient Results." *Journal of Political Economy*, 97 (6): 1395-424.

Woodall, Brian. 1996. *Japan Under Construction : Corruption, Politics, and Public Works*. Berkeley : University of California Press.

Wooldridge, Jeffrey M. 2002. *Econometric Analysis of Cross Section and Panel Data*. Cambridge : MIT Press.

Zakaria, Fareed. 1997. "The Rise of Illiberal Democracy." *Foreign Affairs*, 76 (6) : 22-43.

Zysman, John. 1983. *Governments, Markets, and Growth : Financial Systems and the Politics of Industrial Change*. Ithaca : Cornell University Press.

索引

あ行

青木　幹雄　131
足利市（栃木県）　161-164
麻生　太郎　79, 104, 200-201
安倍　晋三　200
池田　勇人　128
石川　真澄　79
石田　博英　53, 66
石破　茂　151, 173, 181
一党優位　10
稲葉　修　130
猪口　孝　4, 15, 84, 93, 101, 107
岩井　奉信　107
インフラ　32, 126, 156-157
上田市（長野県）　168-170
ウォルフレン，カレル・ヴァン　3, 14
宇野　宗佑　153
大野　伴睦　125
大平　正芳　133, 168
小沢　一郎　154, 174, 181
小渕　恵三　169, 181
小山市（栃木県）　161-164
恩顧主義（クライエンテリズム）　6, 7, 8, 207

か行

解散権　9, 72, 80, 84-85, 100
開発国家　13, 53, 208, 218
箇所付け　85
我田引鉄　126, 137-139
加藤　淳子　151, 155
加藤の乱　170, 176, 198
蒲島　郁夫　180, 192, 213
カルダー，ケント　6, 53, 79, 81, 83
神崎　武法　181
監視能力　29-31
官僚優位説　13, 15, 207
議院内閣制　9
期成同盟会　132-133
北村　直人　173
岐阜羽島駅　125
逆説明責任　8, 14, 16, 21-22, 104, 111, 184, 208
旧市街　38
共産党　49-50, 185
行政投資　133
業績評価投票　126
グリム・トリガー戦略　27, 28, 30
経済成長　4, 13, 54, 63, 156, 208, 213-216
経済成長率　53-54, 87-88, 95, 100, 213-216
建設業　32, 37, 46, 50, 53, 60, 209-211
減反　48, 59, 69
小泉　純一郎　79, 169, 198
後援会　8, 12, 16, 22, 42, 139-141, 157
公共財　32, 46-47, 156
公共事業　46, 48, 59, 95, 133-135, 213, 217, 209
公職選挙法　42
高速道路　128, 136, 139, 144, 147, 189, 217
高速道路無料化　139, 149, 204

索引

高度成長　54, 65-66, 89
公務員　57, 61
公明党　40, 66, 75, 86, 153-155, 182, 190, 191, 192, 198, 199, 200
合理的行為主体　11
高齢化　61-63, 212
国民行動党（メキシコ）　2
コックス，ギャリー　105-107, 151, 155, 185
コックス比例ハザードモデル　90-92, 142-145
国庫支出金　116
固定為替相場制　55, 87, 91, 100

さ行

酒田市（山形県）　167
桜内　義雄　131
佐橋　滋　1
サミュエルズ，リチャード　14, 53
参議院　40, 55, 63, 83, 92, 183-184
三乗比の法則　72, 202
山陽新幹線　135-136
シース，マイケル　106-107
自署式投票用紙　33, 41
自治会（町内会，部落会，住民団体）　34-36, 38-39
市町村合併　44, 76-78, 195-197, 199
しっぺ返し戦略　27
島根県　131-135
自民党，議席率　65-66, 69, 91, 117, 214
自民党，支配政党　i, 126, 218
自民党，得票率　44-45, 63-64, 111, 214
自民党，フランチャイズ政党としての　74
自民党，包括政党としての　2, 47, 208
自民党，擁立カルテルとしての　72
シャイナー，イーザン　7, 8, 106, 151, 155, 180, 208

社会党・社民党　48, 50, 66, 74-75, 153, 181-182, 185
社会民主労働党（スウェーデン）　106
シャットスナイダー，E. E.　33
衆議院の優越　100
州際高速道路（米国）　189
囚人のジレンマ　23, 24, 69
囚人のジレンマ，無限繰り返し　26, 199
自由党　66, 154-155, 198
シュンペーター，ジョセフ　21, 103, 218
上越新幹線　136, 163
小選挙区制　68, 195
小選挙区比例代表並立制　66, 69, 184, 219
食管制度　48, 69
所得補償政策　77
ジョンソン，チャーマーズ　1, 13, 14, 53, 76
新幹線　128, 132, 136, 139, 144, 147
新興住宅街　39
人口集中地区（DID）　55, 119-120, 146, 178
新宗教　40
新自由クラブ　75
新進党　153-154
新生党　152, 172
新党さきがけ　66, 75, 153
進歩保守党（カナダ）　80
人民行動党（シンガポール）　3
菅原　琢　75, 180, 192
鈴木　善幸　166
ストークス，スーザン　21
政界再編　151
政権交代　157, 198-204
政治景気循環論　92
政治任用　36
政治文化　3
製造業　57, 60-61
制度的革命党（メキシコ）　2

説明責任　7
選挙カー（街宣車）　17, 41-42
選挙制度改革　66, 177, 182
増分主義　207, 211
族議員　11, 107, 157
園田　博之　173

た行

大統領制　9
太平洋ベルト地帯構想　128
竹下　登　21, 131-133, 153
武村　正義　174
多元主義　13-15, 22, 207, 211
立花　隆　3
建林　正彦　106-107, 155, 184
田中　角栄　3, 129, 133, 166, 168, 173
ダム　144, 147, 191, 210
談合　46
地域公共財　23, 32, 126-127, 137-139,
地方議員（市区町村議会，県議会）　22,
　34, 37, 43-44, 76-78, 111-112
地方交付税交付金　108, 116
地方自治体（市町村）　29, 35-36, 43,
　104, 107-109, 196
中位投票者　81-84, 94, 185
中選挙区制　68, 72, 91, 106, 111, 186,
　195, 216
陳情　8, 109, 115
辻立ち　5
恒川　恵市　60
鶴岡市（山形県）　168-170
定数格差　9-10, 47, 67-68, 110-111, 182,
　184
デュベルジェ，モーリス　i, 186
土居　丈朗　85, 93
東海道新幹線　135-136
同型写像　11-12
同士討ち　185

東北新幹線　136, 163
都市化　55, 66, 69, 148
共倒れ　72

な行

内閣支持率　81, 83, 86-88, 97-100, 198,
　200
中海干拓　134
中西　啓介　171
長野新幹線　136, 169
波乗り仮説　84
新潟県　129-131
二階　俊博　171
二階堂　進　103
日本国憲法　8, 67, 80
日本新党　153
農村　34, 37, 126, 185
農民運動　48
農林漁業　57
ノードハウス，ウィリアム　92, 96
野中　広務　191

は行

橋本　登美三郎　166
羽田　孜　153, 162, 168
八戸市（青森県）　164-168
バロー，ロバート　214-216
ハンティントン，サミュエル　213-214
秘密投票　30, 41
『票田のトラクター』　103
弘前市（青森県）　164-167
福田　康夫　201
ベルトラン競争　122
変動為替相場制　55, 91, 100
ペンペル，T. J.　10, 14, 60
報復戦略　26-27, 32
保守主義　218

索引

保守党　172
補助金　36, 44-45, 103-104, 126-127, 137-139, 157-159, 181, 192-195
細川　護熙　108, 153, 171
細田　吉蔵　131
ポリティ指標　2

ま行

マイアーソン，ロジャー　105
マカビンズ，マシュー　93
松下　圭一　36
丸山　真男　14
宮沢　喜一　152, 169
民社党　48, 50, 153, 200
民主党　75, 151, 154-155, 185, 198
村山　富市　66, 153
メイヒュー，デービッド　11

森　喜朗　170

ら行

リード，スティーブン　74, 151, 155
利益誘導　16-17, 23-29, 137
ルーズモア・ハンビー指標（定数格差）　183
連立政権　85
労働組合　49-50, 60-61
労働党（英国）　80
ローゼンブルース，フランセス　93, 107, 151, 155

わ行

割引因子　27, 199

あとがき

　本書は，2006年3月にエール大学に提出した博士論文 "Pork Barrel Politics in Contemporary Japan"（現代日本の利益誘導政治）をもとに，日本語で再執筆したものである．原文が英語だっただけでなく，原稿の半分以上は新たに書き加え，学説史上の議論を中心に削りとったため，博士論文としての原形は留めていない．

　なお第6章は，斉藤淳 2008.「地域経済開発におけるインフラの役割：日本の戦後経済成長の経験」『開発金融研究所報』第37号，64-114 をもとに，第7章は，Jun Saito. 2009. "Pork Barrel and Partisan Realignment in Japan." in Steven R. Reed, Kay Shimizu and Kenneth M. McElwain (eds.) *Political Change in Japan : Electoral Behavior, Party Realignment, and the Koizumi Reforms?* Stanford, CA : Walter H. Shorenstein Asia-Pacific Research Center, Chapter 4 および Jun Saito. 2009. "Infrastructure as the Magnet of Power : Explaining Why Japanese Legislators Left and Returned to the LDP." *Journal of East Asian Studies*, 9 (3) : 467-93 として発表された二つの論文をもとに，再執筆した．

　本書の構想から執筆に至るまでの経緯を振り返りながら，本文中には収めきれなかった事柄を，少しばかり書き記すことをお許し頂きたい．博士論文のテーマとして利益誘導政治を選んだのは，これが日本の公共政策を考える上で大問題となっていると考えたからだ．これまでの日本政治の実証的研究は，政策過程論という名称で，政策が決定されるプロセスを詳細かつ記述的に分析するスタイルが主流だったが，私はこうした研究に非常に強い違和感を抱いていた．というのは，政治の影響にさらされながら暮らす市民生活の中で，永田町や霞ヶ関の中でのお話を中心とする政策過程論は，政策の出口を無視した内幕話か，展開形ゲームを中間地点から恣意的に解いているように思われた．政策には当然，分配的効果があり，ここから後退帰納法でゲームを解くからこそ政策過程を議論する意味がある．自分の研究は，政策への示唆を持つものでありたいという願望を込めてテーマを選択した．

あとがき

　その後，研究構想をまとめ，データを整理していく中で，既存の学術的議論には多くの誤りがあるのではないかという疑念を強めていった．しかし一方で私は生来，想像力に乏しい人間で，実際に自分で体験してみない限り，様々な現象の構造が良く認識できない．低開発状況におかれ，不平を言いながらも自民党に投票し続ける有権者の姿に，なぜなのだろうかという疑問を払拭できないでいた．

　これはとりもなおさず自分が生まれ育った郷里の姿であったが，当時アメリカにいて遠くから自分の故郷が経済的に衰退していく状況を眺めているのは大変に辛く，一体自分は何のために政治学を研究しているのか，自問したものである．博士論文執筆の途半ばの2002年，いったんは全てをなげうつ覚悟で郷里山形4区の衆議院補欠選挙に立候補させて頂く機会を得た．多くの方々からご支援を頂き，おかげさまで1年間だけではあったが衆議院の議席を預からせて頂いた．

　私は決してフィールドワークのつもりで選挙に出たわけではなく，公共政策の歪みをどうにか出来ないか，政治の側から何か出来ないか真剣に考えていた．特に自分が議席を預かった1年間，地方の経済は停滞のただ中にあり，そんな中で選挙区を一軒一軒歩きながら，多くを学ばせて頂いた．しかし，現実の政治生活は微妙な解釈学と同時に，苛烈な選挙競争，生存競争でもある．資金力もなく，政治経験も乏しい私は程なく落選を経験し，むしろ落選の経験から，さらに多くを学ばせて頂いた．研究の世界には，それなりの厳しい競争がつきものだが，それでも世界経済の変動にもまれながら家族の生活を守り，家業，社業を守る努力を続け，地域を支えておられる方々の努力に思いを馳せるとき，これしきの試練は何でもないと言い聞かせ続けた．本書はある意味で負け犬の遠吠えとしてのそしりを免れないだろう．しかし，自分が体験した選挙過程を分析的に振り返ることで，日本の民主主義の抱える問題点を描ききることが自分に課された宿題だと考え，まずは最初に日本語で出版することを選ばせて頂いた．

謝辞

　いかなる学術書の謝辞も，通例はごく簡潔なものになる．しかし，本書の謝辞は，様々な理由によって長大なものになった．当然ながら本書の間違いは全て筆者の責任であるが，それにしても長期間にわたる調査・研究の過程において，多くの方々にお世話になった．

　エール大学大学院での指導教官であるフランセス・ローゼンブルース教授は，常に辛抱強く見守って下さり，温かい励ましを幾度となく与えて下さった．そもそも，ローゼンブルース先生の著作を拝読していなかったら，渡米留学を思い立つことすらなかったかもしれない．先生の指導を頂いていなかったら，博士論文を完成させることも覚束なかったであろう．

　スーザン・ローズ＝アッカーマン，ジャスティン・フォックス両先生と幾度となく議論を重ねることが出来たのも，大変な幸運だったと言える．他にもいろいろな機会で指導頂いたのは，ABC順に，ソクジュ・チョ，ジェフリー・ギャレット，浜田宏一，セオドア・ホルフォード，アナスタシオソス・カランドラキス，ジョン・ラピンスキ，フィオナ・マギリブレイ，グスタフ・ラニス，イアン・シャピロ，スティーブン・スコレネック，アラスター・スミス，ジム・ブリーランドの各先生方である．厚く御礼を申し上げたい．エール大学東アジア研究評議会，同マクミラン・センターからは，院生として，後に教員として手厚い研究助成を頂いた．記して感謝したい．

　本書に関連する研究について，コメントを寄せて下さった次の各氏にも感謝の気持ちを記させて頂きたい．ダン・オルドリッチ，有賀賢一，浅野正彦，ギャリー・コックス，ダイアナ・エヴァンス，ロバート・フェルドマン，福元健太郎，ミリアム・ゴールデン，シゲオ・ヒラノ，樋渡展洋，堀内勇作，飯田健，今井雅巳，蒲島郁夫，籠谷公司，加藤淳子，小林良彰，河野勝，久賀谷亮，松田なつ，水野宏美，小川禎友，スティーブン・リード，イーザン・シャイナー，ユーミン・シェン，清水直樹，清水剛，下村恭民，谷岡慎一，田伏恭子，建林正彦，名取良太，浜中新吾，和田淳一郎，ロバート・ワイナー，山田晶子，山

謝辞

田恭平,山田真裕,山崎養世,吉岡一.特に籠谷さんから頂いた建設的な批判は,執筆の最終盤において非常に有益であった.浅野正彦教授には,草稿の一部を授業でテキストとして使って頂き,学生の皆さんから多くの有益なコメントを頂いた.小林誉明,小宮山利恵子の両氏は,アメリカからはなかなか入手できない資料を収集する上でいろいろと力を貸して下さった.また執筆の最終段階で若山将実,仁木研太,田中世紀,ユー・タネベの各氏と勁草書房の徳田慎一郎氏に様々なお手伝いを頂いた.

本書を構成する議論は,次の大学,学会,研究機関において行われたセミナーで報告し,様々なフィードバックを頂いた.アメリカ政治学会,エール大学,同経営大学院,ウェズリアン大学,ウッドロー・ウィルソン国際学術センター,オーストラリア国立大学,オクラホマ大学,オハイオ州立大学,神戸大学,国際開発学会大学院生部会,国際協力銀行,シカゴ大学,時事通信アメリカ総局,スタンフォード大学,対外政策研究所,中西部政治学会,東京大学,ニューヨーク大学,ニューヨーク日本協会,日本政治研究学会,日本選挙学会,ハミルトン・カレッジ,フランクリン・マーシャル・カレッジ,マイアミ大学,モルガン・スタンレー証券,UCLA,和光大学,早稲田大学.これらのセミナー参加者に感謝したい.

国際開発学会大学院生部会で,多くの分野の研究者・大学院生と知己を得たことで,日本の利益誘導政治を,社会開発の視点から捉えることが出来たと思う.特に,会の設立と運営で中心的な役割を果たした井上肇,野田真里の両氏にこの場を借りて感謝したい.

私は上智大学で学部生として過ごし,大学院博士課程の途中まで在籍した.その際にお世話になった先生方は,私の研究者としての基盤を培って下さったかけがえのない恩師である.卒業後も温かい励ましのお言葉を欠かさずに頂いたリチャード・キューレ,ドナル・ドイル,デービッド・ウェッセルズの各先生に感謝申し上げたい.そして今井圭子,猪口邦子,緒方貞子,小倉充夫,織完,広野良吉,八代尚宏,蠟山道雄,綿貫譲治の各先生に頂いたご指導に改めて感謝申し上げたい.

研究者としての道を歩む上で,文字通り最初の一歩を踏み出すときに経済的な御支援を頂いた平岡芳江先生には,真理を探究する道の深遠さと幅広さを教わった.

謝辞

*

　博士論文，あるいはほぼ全ての学術研究の謝辞は，通常このあたりで終了するのであろう．しかしこのスペースにはとても書き記すことが出来ない数多くの市民の皆様のご支援により，2002年10月の補欠選挙で当選させて頂き，私は衆議院議員として1年間，議席を預かる機会を頂いた．残念ながら2003年総選挙では再選を果たすことが出来ず，様々な事情もありエール大学に戻り，研究を再開することになった．選挙に出て，そして学問の世界へと往復する中で，結果的にどれだけ多くの方々にご迷惑をおかけしたか，とても言葉では記すことの出来ない申し訳ない気持ちで，博士論文を，そして本書を一行一行執筆していくことになった．

　政治的にご指導を頂き，そしてご迷惑をおかけすることになった下記の方々に改めて御礼とお詫びを申し上げたい．阿部昭吾，星川保松，鹿野道彦，木村昌夫，近藤洋介，守谷吉男，斉藤健，関口修，高橋昭一，田辺省二，土田広志，和嶋未希，吉泉秀男．また連合傘下の労働組合の皆様，郷里で温かく見守って下さった方々，そして全国から「もっけ連」として集ってくれたボランティアの皆様にも，今改めて感謝の気持ちを申し上げたい．本書が，日本型民主主義の抱える根本的な問題を把握することが少しでも出来ているとしたら，それは多くの方々の多年の努力の賜物である．本書が，私がお世話になった方々が日夜奮闘し，そして少しでも社会を良くしようと情熱を傾けている政策課題を解決する上で，幾ばくかでもヒントになるなら，望外の喜びである．

　最後に，本書を郷里で暮らす両親と祖母に捧げることをお許し頂きたい．父，誠一と母，よし子は，人生において率直で実直であることの重要さを教えてくれた．祖母，宮子は，逆境において微笑みを絶やさないことがいかに大切なことかを教えてくれた．今日に至るまで，私に注いでくれた愛情に，今改めて感謝したい．

2010年7月　ソウル市高麗大学のキャンパスにて

斉藤　淳

著者略歴

1969年生まれ．エール大学大学院博士課程修了，Ph.D.（政治学）．エール大学政治学助教授．日本政治，政治経済学．この間，2002年から2003年まで衆議院議員（山形4区）．

自民党長期政権の政治経済学
利益誘導政治の自己矛盾

2010年 8月20日 第1版第1刷発行
2011年10月30日 第1版第3刷発行

著 者　斉藤　淳（さいとう　じゅん）

発行者　井 村 寿 人

発行所　株式会社　勁草書房（けいそうしょぼう）

112-0005 東京都文京区水道 2-1-1　振替 00150-2-175253
（編集）電話 03-3815-5277／FAX 03-3814-6968
（営業）電話 03-3814-6861／FAX 03-3814-6854

三秀舎・青木製本所

© SAITO Jun 2010

ISBN978-4-326-30190-4　Printed in Japan

JCOPY　＜(社)出版者著作権管理機構　委託出版物＞

本書の無断複写は著作権法上での例外を除き禁じられています．複写される場合は，そのつど事前に，(社)出版者著作権管理機構（電話 03-3513-6969，FAX 03-3513-6979，e-mail: info@jcopy.or.jp）の許諾を得てください．

＊落丁本・乱丁本はお取替いたします．

http://www.keisoshobo.co.jp

スティーヴン・ヴァン・エヴェラ　野口和彦・渡辺紫乃 訳
政治学のリサーチ・メソッド
すぐれた研究の進め方とは？　全米の大学で使われている定番テキストをついに完訳！　社会科学のエッセンスを伝授する．　　1995円

H. ブレイディ＝D. コリアー編　泉川泰博・宮下明聡 訳
社会科学の方法論争──多様な分析道具と共通の基準
Rethinking Social Inquiry の全訳．どの研究手法をどう使えばいいのか？　KKV 論争がこれで理解できる．便利な用語解説つき．　　4935円

河野勝・真渕勝 監修
ポリティカル・サイエンス・クラシックス（第1期）

M. ラムザイヤー＝F. ローゼンブルース　河野勝 監訳
日本政治と合理的選択──寡頭政治の制度的ダイナミクス 1868-1932
現代政治学と歴史学の交差．戦前日本政治の変動を，政治家の個性やイデオロギー対立ではなく合理的選択論から解明する．　　3780円

アレンド・レイプハルト　粕谷祐子 訳
民主主義対民主主義──多数決型とコンセンサス型の36ヶ国比較研究
「ベストな」民主主義を探る比較政治学の古典．イギリス型デモクラシーを理想視する印象論に実証データで異議を唱える．　　3990円

ケネス・ウォルツ　河野勝・岡垣知子 訳
国際政治の理論
国際関係論におけるネオリアリズムの金字塔．政治家や国家体制ではなく無政府状態とパワー分布から戦争原因を明らかにする．　　3990円

トーマス・シェリング　河野勝 監訳
紛争の戦略──ゲーム理論のエッセンス
ゲーム理論を学ぶうえでの必読文献．身近な問題から核戦略まで，戦略的意思決定に関するさまざまな問題を解き明かす．　　3990円

勁草書房刊

＊刊行状況と表示価格は 2011 年 10 月現在。消費税が含まれております。